clave

La obra de **Osho** invita a los lectores a examinar y liberarse de los condicionantes, los sistemas de creencias y los prejuicios que limitan su capacidad de experimentar la vida en toda su plenitud. Osho, uno de los místicos más conocidos y provocadores del siglo XX, ha sido definido por *The Sunday Times* de Londres como «uno de los hacedores del siglo XX». Es conocido por su revolucionaria contribución a la ciencia de la transformación interna, y la influencia de sus enseñanzas continúa creciendo y llega hasta gente con inquietudes de todas las edades en prácticamente todos los países del mundo.

Para más información, puedes consultar la página web del autor:
www.osho.com

OSHO

Meditación

La primera y última libertad

Traducción de
Luis Martín-Santos Laffón

DEBOLS!LLO

Papel certificado por el Forest Stewardship Council®

FSC
www.fsc.org
MIXTO
Papel | Apoyando la silvicultura responsable
FSC® C117695

Penguin
Random House
Grupo Editorial

Título original: Meditation: *The First and Last Freedom*

Primera edición revisada y ampliada en Debolsillo: septiembre de 2024

El material de este libro ha sido seleccionado de entre varias conferencias impartidas por Osho ante un auditorio durante más de treinta años. Todas las conferencias de Osho han sido publicadas de forma íntegra en diferentes libros, pero también están disponibles las grabaciones originales en formato sonoro. Las grabaciones sonoras y el archivo escrito completo pueden encontrarse de forma online en OSHO Library, en www.osho.com.

Diseño de la cubierta: Penguin Random House Grupo Editorial / Marina Martínez
Imagen de la cubierta: Boris Misevic, Unsplash

Printed in Spain – Impreso en España

ISBN: 978-84-663-7246-6
Depósito legal: B-11.259-2024

Compuesto en Pleca Digital, S. L. U.
Impreso en Novoprint, Sant Andreu de la Barca (Barcelona)

P 3 7 2 4 6 6

Índice

II. Las meditaciones

NOTA: Los consejos y las enseñanzas que se brindan en este libro no pretenden sustituir a las recomendaciones de médicos, psicólogos o psiquiatras, ni tampoco suponer una alternativa al tratamiento médico profesional. Este libro no ofrece ni diagnóstico, ni tratamiento médico para ningún problema físico o psicológico que usted pudiera tener. Algunas de las meditaciones incluyen actividad física intensa; si considera que dicha actividad puede tener efectos sobre su salud, debe consultar con su médico antes de optar por tales meditaciones.

Introducción

Todo el mundo conoce esta sensación: llegar a casa y darte cuenta de que no recuerdas nada del viaje. Has vuelto perfectamente con el piloto automático puesto, mientras, al mismo tiempo, estabas inmerso en una especie de sueño diurno o trance. Es como si hubieses estado en una película imaginaria que sucedía en otro lugar.

Las investigaciones sugieren que los seres humanos pasamos la mitad de nuestras horas de vigilia en esos espacios «ausentes». Más extraño aún es que esas mismas investigaciones nos muestran que somos más felices cuando estamos presentes que cuando estamos ausentes, independientemente de lo que nos diga nuestra mente de lo poco que nos gusta la tarea que nos ocupa en ese momento.

¿La mitad de nuestras horas de vigilia? ¡Eso es la mitad de nuestra vida! Imagínate que vas al médico y te dice que tu estado actual ha reducido tu esperanza de vida a la mitad. ¿Y lo que te preocupa es la cantidad de sal que tomas en las comidas?

A lo largo de nuestra vida, resulta interesante ver con qué frecuencia la gente nos recuerda que asistamos a una reunión, o a un evento, o que no deberíamos perdernos una película o dejar de leer un libro. Esto ha sucedido siempre: recordatorios para que vayamos al colegio, al trabajo, a la iglesia, a las bodas de los amigos... Y, sin embargo, nadie nos recuerda que debemos estar presentes en nuestra propia vida.

No importa demasiado no asistir a la boda de un amigo, pero ¿no asistir a nuestra propia vida? ¿Y ser menos feliz en el proceso? Para una especie, en principio, tan inteligente como la nuestra, esta es una situación un poco extraña. Quizá no resulte tan sorprendente que el planeta Tierra esté hecho un desastre si caemos en la cuenta de que siete mil millones de personas están yendo por ahí con el piloto automático la mitad del tiempo.

¿Realmente podemos dudar de que las cosas vayan mejor cuando estamos presentes? Siempre resulta de gran ayuda estar presente, ya sea peleando para que nos salga a devolver el impuesto sobre la renta o paseando con un amigo.

Tienes que preguntarte de qué va todo esto. Parece como si estuviésemos funcionando con una versión de hardware/software que fue diseñada para un tipo de mundo, mientras estamos tratando de vivir en otro. Quizá solo se trate de esto. Hemos estado viviendo en los árboles millones de años. Olvídate de la cantidad de sal que tomas en las comidas. ¡Durante casi todo ese tiempo fuimos felices, simplemente evitando convertirnos en el desayuno de cualquier animal salvaje! Y, además, solo nos preocupaba cazar las mejores piezas para nuestras comidas. Ahora, la única caza en la que estamos empeñados es en rascar aquí o allá tratando de pagar la tarjeta de crédito.

De modo que los siete mil millones de sonámbulos a tiempo parcial que somos nos seguimos complicando la vida a nosotros mismos y a los demás, así como al planeta. Y como estamos medio dormidos, ni siquiera nos damos cuenta de lo que está sucediendo; olvídate de la posibilidad de disfrutarlo.

Al final, alguien tuvo que darse cuenta. Y cuando la gente se fijó en esta circunstancia, fue para descubrir que en eso consiste la meditación: estar presente y despierto.

Para el ser humano contemporáneo, posmoderno, es natural. Tiene más interés en su calidad de vida que en la cantidad de cosas que posee. Está más abierto a lo femenino, a la paciencia, y contempla los valores patriarcales como algo primitivo. Por contra, le interesa menos la autoridad externa, bien sea la religión o la ciencia, y en cambio indaga en su interior sobre qué es lo correcto. Quiere adecuar su vida a él mismo; no es un borrego fabricado en serie en busca de un pastor. Para este tipo de personas la vida en sí misma es un arte, no un medio para quién sabe qué.

Luego los académicos se dieron cuenta. Las mejores universidades estadounidenses cuentan con departamentos que están descubriendo que los meditadores envejecen más despacio, padecen menos estrés, están más sanos, son más considerados con los demás, son mejores líderes, más creativos, más productivos... Y por encima de todo, han descubierto que el cerebro es un órgano que tiene plasticidad. Es como un ordenador, que cambia dependiendo de cómo lo uses. ¡Solo depende de ti!

Más tarde, los empresarios se dieron cuenta. ¿Has dicho más productividad? Si estás pagando a alguien por trabajar, y se pasa la mitad del día soñando, seguro que te choca. Y ¿qué pasa con mi propia productividad? ¿No sería lógico estar presente en lo que estoy haciendo? Y ¿has mencionado el estrés y la salud? Dos tercios de las consultas médicas están relacionadas con molestias asociadas al estrés. Y luego todas las bajas laborales... Esto supone una cifra nada modesta de trescientos mil millones de dólares. Sin mencionar siquiera el sufrimiento de la gente.

O dicho de otro modo: ¿no sería bueno para ellos, para la empresa y para la comunidad, en general, una mano de obra implicada, entusiasta y saludable? No resulta sorprendente que en todas partes las empresas se estén moviendo en esa dirección: una cuarta parte de las compañías estadounidenses en este momento están ofreciendo algún tipo de programa para la reducción del estrés. Están comenzando a darse cuenta de que a las empresas con empleados que no están bien, a ellas tampoco les va bien.

Por eso, te importe o no tu propia situación, la de tus vecinos o la del mundo a tu alrededor, la meditación sería el lugar por donde empezar. De acuerdo, por lo menos deberíamos probarlo.

Antes de salir corriendo a ver qué es eso de la «meditación», hay un par de cosas importantes que deberías tener en cuenta. Las personas de hoy en día no son las mismas que aquellas a las que en el pasado les bastaba con «quedarse sentadas». Estamos empezando desde un lugar muy diferente. Vivimos en un mundo extremadamente complejo y sofisticado en el que interactúan ideas y emociones; un planeta y un estilo de vida muy diferentes al de los primeros meditadores. El hecho es que estamos emocionalmente cargados. No es extraño que los principales profesores de meditación y mindfulness se estén dando cuenta de que para la mayoría de las personas no funciona simplemente estar sentados. Y es posible que no funcione del todo para nadie. En pocas palabras: no puedes esperar poder relajarte si te encuentras sentado encima de un volcán.

Por este motivo, en este libro encontrarás una amplia variedad de meditaciones activas que te darán la oportunidad de dejarte ir de verdad, de dejar salir el vapor. Después, siéntate tranquilamente y comprueba la diferencia.

Al final, también te darás cuenta de que el enfoque de Osho sobre la meditación incluye muchos movimientos corporales o meditaciones basadas en el movimiento que a menudo incorporan el baile. Hoy en día todos hablamos de la mente y el cuerpo como una unidad. En el fondo, lo que normalmente queremos decir es que la mente, en realidad, es el amo, pero que el cuerpo no debe ser ignorado. El enfoque científico más reciente sugiere que, en lugar de que el cuerpo esté ahí sobre todo al servicio de la mente —para que pueda hacer todas esas cosas maravillosas, como pensar y soñar y estar en cualquier otro lugar menos en el presente—, podría ser justamente lo contrario. La función de la mente, se dice ahora, es asegurarse de que el cuerpo se mueva de la forma más inteligente posible. La mente es el sirviente del cuerpo.

Lo que esto quiere decir es que, en lugar de luchar con la mente, que no va a cambiar y que mantiene la misma vieja rutina, empieces por el cuerpo. Tú mismo sabes, por ejemplo, lo fácil que resulta determinar, a través de su lenguaje corporal, si una persona es feliz o está deprimida. Pues bien, exactamente del mismo modo, cuando el cuerpo cambia, la mente también cambia. ¡Mover el cuerpo es mucho más fácil que mover la mente! Y mucho más divertido.

En palabras de Osho:

> *«La meditación se ha convertido en algo absolutamente necesario, la única esperanza que tiene la humanidad de salvarse, de que la Tierra siga existiendo. La meditación simplemente significa la capacidad de implicarse y a la vez permanecer desapegado. Parece paradójico; todas las grandes verdades son paradójicas. Tienes que experimentar la paradoja; es la única forma de que lo comprendas. Puedes hacer algo gozosamente y al mismo tiempo ser solo un testigo de lo que estás haciendo, sabiendo que tú no eres el hacedor.*
>
> *Pruébalo con cosas pequeñas y lo entenderás. Mañana, cuando vayas a dar tu paseo matutino, disfrútalo: los pájaros*

en los árboles y los rayos de sol, las nubes y el viento. Disfruta de ellos, y mientras tanto recuerda que eres un espejo; estás reflejando las nubes y los árboles, los pájaros y la gente.

A este ejercicio de autorecuerdo, Buda lo llama sammasati, mindfulness correcto. Krishnamurti lo llama conciencia sin elección, los Upanishads lo llaman atestiguar, Gurdjieff lo llama autorecordarse. Todos están diciendo lo mismo. Sin embargo, esto no quiere decir que debas volverte indiferente; si te vuelves indiferente, pierdes la oportunidad de autorecordar.

Sal a dar un paseo, y sigue recordando que no eres eso, que no eres el paseante sino el observador. Y poco a poco percibirás su sabor... Es un sabor, llega lentamente. Y es el fenómeno más delicado del mundo; no puedes tener prisa. Requiere paciencia.

Come, saborea el alimento y sigue recordando que eres el observador. En un primer momento te resultará un poco problemático porque nunca has hecho estas dos cosas a la vez. Al principio, sé que si empiezas a observar, te darán ganas de dejar de comer, o si empiezas a comer, te olvidarás de observar.

Nuestra conciencia es de una única dirección; en este momento es así, solo va hacia el objetivo. Pero puede ir en las dos direcciones: puede comer y a la vez observar. Puedes permanecer fijo en tu centro y puedes ver la tormenta a tu alrededor; te puedes convertir en el centro del huracán. Y ese es el mayor milagro que puede sucederle a un ser humano, porque esto te dará libertad, liberación, verdad, divinidad, dicha, bendición».

Dr. John Andrews

miembro del Royal College of Physicians

Prólogo a la nueva edición

Estamos muy contentos de presentarte esta nueva edición actualizada de *Meditación: La primera y última libertad.*

Esta obra es una guía práctica de meditación y una ayuda para presentar al lector las técnicas de meditación contemporáneas creadas por Osho y para compartir todo lo que ha dicho sobre el proceso de adentrarse y profundizar en la experiencia de la meditación. Algunas de las técnicas presentadas en este libro requieren reservar algo de tiempo por parte del lector, mientras que otras integran la meditación en nuestras actividades cotidianas.

Desde que se publicó la primera edición de este libro, se ha convertido en una de las obras más conocidas de Osho y se ha traducido a más de treinta idiomas.

Esta nueva edición ha sido reestructurada para facilitar su uso al lector, convirtiéndolo en un auténtico «libro de ejercicios» para ser utilizado una y otra vez. El libro contiene una amplia introducción a las Meditaciones Activas OSHO® —un grupo específico de técnicas que incluyen la Meditación Dinámica OSHO® y la Meditación Kundalini OSHO®—, junto con una variedad de otras técnicas de meditación, algunas menos conocidas, que te conducirán a experimentar la relajación y el silencio a través de diferentes caminos.

En esta nueva edición encontrarás meditaciones que no habían sido incluidas con anterioridad, algunas de las cuales fueron desarrolladas por Osho después de publicarse la primera edición. Para preparar esta edición, hemos respondido a comentarios y preguntas de los meditadores, hemos aprendido de la experiencia de los facilitadores de las meditaciones OSHO en todo el mundo y realizado un esfuerzo para referirnos aquí a esos intereses y sugerencias.

Asimismo, hemos tenido en cuenta los temas más buscados en osho.com. Esto nos ha conducido a ampliar el capítulo «Dejarse llevar, la muerte y el morir», a añadir uno nuevo, «Los niños y la meditación», e incluir una sección sobre el uso de la música específica de varias de las meditaciones. Después de fijarnos en los temas recurrentes que aparecen en los medios de comunicación relacionados con el estilo de vida actual, hemos decidido añadir una técnica de meditación sobre la alimentación, una sección ampliada sobre el trabajo físico y el ejercicio, y un nuevo capítulo: «Gestionar los sentimientos».

Una nueva meditación particularmente importante incluida en este volumen actualizado es la Meditación Encuentro del Atardecer OSHO: al terminar el día, en el Resort de Meditación OSHO International el momento culminante es una celebración y una meditación basada en la escucha. Gracias a la extendida disponibilidad de los servicios de streaming online, esta meditación se puede hacer ahora prácticamente en cualquier lugar del mundo, bien sea a solas o en grupo.

Para hacer espacio para todo este nuevo material, se han eliminado algunas meditaciones que aparecían en ediciones anteriores— en concreto, las de *El libro de los secretos*. Esos métodos siguen estando disponibles en ese título, en donde Osho habla de una forma accesible para lectores contemporáneos de cada uno de los 112 antiguos métodos de meditación del *Vigyan Bhairav Tantra*.

Finalmente, gracias a los renovados esfuerzos por traducir las charlas de Osho del hindi, se ha podido añadir nuevo material a algunas de las descripciones de las meditaciones, que ayudarán a los lectores a entender mejor cómo acercase a estos métodos, y las dificultades o preguntas que podrían surgir en el camino.

CÓMO UTILIZAR ESTE LIBRO

El texto de esta edición ha sido dividido en dos partes principales. La primera parte trata *sobre* la meditación e incluye la perspectiva fundamental de Osho sobre que *es* la meditación. La segunda parte contiene las meditaciones en sí mismas, con instrucciones claras sobre como practicarlas. Puedes leer el contenido de una y otra en cualquier orden, puedes adelantar o volver atrás como consideres más oportuno.

A medida que explores el libro, experimenta con las meditaciones que te parezca en ese momento, y continúa durante unos días.

Como dice Osho:

«Necesitamos métodos que proporcionen resultados rápidos. Si una persona se compromete durante una semana, al terminar ese periodo debería empezar a sentir que le ha sucedido algo. Debería convertirse en siete días en una persona diferente... Por eso digo: practica hoy y siente el resultado inmediatamente».

Cuando percibas que has encontrado tu método, continúa practicándolo hasta que notes que lo has completado. Entonces habrá otro método esperando con el que harás el clic necesario que te permita proseguir tu camino.

Cualquiera que sea la actividad —y este libro ofrece múltiples posibilidades para experimentar—, Osho siempre vuelve al proceso de la conciencia, de atestiguar.

I

Sobre la meditación

1

¿Qué es la meditación?

Observar es meditar. Lo que observes es irrelevante. Puedes observar los árboles, puedes observar un río, puedes observar las nubes, puedes observar a unos niños jugando a tu alrededor. Observar es meditar. Lo que observes no es importante; el objeto no es la cuestión. La naturaleza de la observación, la cualidad de ser consciente y estar alerta, eso es la meditación.

Recuerda: la meditación significa conciencia. Cualquier cosa que hagas con conciencia es meditación. No se trata de la acción en sí, sino de la cualidad que le imprimas a la acción. Andar puede ser una meditación si lo haces estando alerta. Estar sentado puede ser una meditación si lo haces estando alerta. Escuchar a los pájaros puede ser una meditación si escuchas con conciencia. Escuchar el sonido interno de tu mente puede ser una meditación si permaneces alerta y vigilante. Lo esencial es permanecer consciente. Entonces cualquier cosa que hagas será una meditación.

Cuando no estás haciendo nada en absoluto —ni físicamente, ni mentalmente, ni a ningún otro nivel—, cuando ha cesado toda la actividad y simplemente eres, simplemente estás, eso es la meditación.

No puedes hacerla, no puedes practicarla; solamente tienes que entenderla.

Siempre que puedas encontrar tiempo simplemente para ser y dejar de hacer… Pensar también es hacer, la concentración también es hacer, la contemplación también es hacer. Aunque solo sea por un instante, si no estás haciendo nada y estás en tu centro, completamente relajado, eso es meditación. Y, una vez que le hayas cogido el truco, podrás permanecer en ese estado tanto tiempo como quieras, hasta que finalmente puedas permanecer las veinticuatro horas del día.

Cuando te hayas dado cuenta de que esa forma de «simplemente ser» puede permanecer imperturbable, entonces, manteniéndote atento a que tu ser no se altere, lentamente podrás empezar a hacer cosas. Esa es la segunda parte de la meditación. Primero, aprender a ser simplemente; después, aprender a llevar a cabo pequeñas acciones —como limpiar el suelo o ducharte— pero manteniéndote centrado. Después podrás hacer cosas más complicadas.

Por ejemplo, yo te estoy hablando, pero mi meditación no se interrumpe. Puedo seguir hablando, pero en mi propio centro ni siquiera hay un murmullo; solo silencio, un silencio absoluto.

Por tanto, la meditación no está en contra de la acción. No hay que huir de la vida. Simplemente te enseña una nueva forma de vivir, te conviertes en el centro del huracán.

Tu vida prosigue, y en realidad lo hace más intensamente, con más alegría, más claridad, más creatividad, con mayor visión; sin embargo, estás por encima, eres solo un espectador que contempla desde la cima de la colina todo lo que está ocurriendo a tu alrededor.

Tú no eres el hacedor, eres el observador.

Ese es todo el secreto de la meditación: que te conviertes en el observador. El hacer continúa a su propio nivel, no hay ningún problema: cortar leña, sacar agua del pozo... Puedes hacer cualquier cosa, ya sea grande o pequeña; solo hay una cosa que no está permitido hacer: no debes perder tu centro.

Esa conciencia, esa observación, debe permanecer absolutamente clara e inmutable.

En el judaísmo hay una escuela de misterio rebelde llamada jasidismo. Su fundador, Baal Shem, era un individuo extraño. Solía regresar del río a mitad de la noche. Tenía esa costumbre, pues por la noche en el río había absoluta calma y quietud. Solía sentarse allí, simplemente sin hacer nada, observándose a sí mismo, observando al observador.

Una noche, cuando estaba de regreso, al pasar frente a la casa de un hombre rico, se cruzó con el guarda apostado en la puerta.

El guarda, extrañado porque cada noche, exactamente a la misma hora, pasaba este hombre, salió y dijo:

—Perdóname por interrumpirte, pero ya no puedo contener más la curiosidad que me azuza día y noche, cada día. ¿Qué es lo que haces? ¿Por qué vas al río? Muchas veces te he seguido y allí no hay nada. Te sientas allí durante horas y a medianoche regresas.

—Ya sé que me has seguido muchas veces, porque la noche es tan silenciosa que puedo oír tus pisadas. Y sé que cada día te escondes detrás de la puerta. Pero no eres el único que tiene curiosidad, yo también. ¿A qué te dedicas? —le contestó Baal Shem.

—¿Que a qué me dedico? Soy un simple vigilante —respondió el guarda.

—¡Dios mío, me has dado la palabra clave! ¡Yo también lo soy! —exclamó Baal Shem.

—No lo entiendo. Si eres un vigilante, deberías estar vigilando alguna casa, algún palacio. ¿Qué vigilas allí, sentado en la arena?

—Hay una pequeña diferencia: tú vigilas para que nadie pueda entrar en el palacio; yo vigilo a este vigilante. ¿Quién es este vigilante? Ese es el esfuerzo de toda mi vida: me vigilo a mí mismo.

—Extraña ocupación. ¿Quién va a retribuirte?

—Es tal la dicha, tal la alegría, tan inmensa la bendición, que es en sí misma una recompensa. Todos los tesoros no son nada comparados con uno solo de estos momentos —afirmó Baal Shem.

—Es extraño. He estado vigilando toda mi vida y nunca tuve una experiencia así de hermosa. Mañana por la noche iré contigo; enséñame. Porque yo sé vigilar, pero parece ser que debe hacerse en otra dirección; tú observas en una dirección distinta.

Solo hay un paso, y ese paso tiene que ver con la dirección, con la dimensión. Podemos centrarnos en lo exterior, o bien cerrar los ojos al exterior y permitir que toda nuestra conciencia se centre en nuestro interior. Y entonces sabrás, porque eres un conocedor, eres conciencia. Nunca la has perdido. Simplemente la tienes enredada en mil y una cosas. Deja de dirigir tu atención a todas partes, permite que la conciencia repose en ti y habrás llegado a casa.

La mente es una sombra de la existencia, es como cuando uno está mirando un espejo y comienza a pensar: «Estoy dentro del espejo». Tú no estás dentro del espejo, el espejo está reflejando algo que está delante del espejo. La mente es un espejo, un hermoso espejo, muy práctico, pero es muy fácil quedarse atrapado en él porque no te conoces, y todo lo que conoces de ti mismo lo conoces a través de la mente. Solo conoces tu mente gracias al espejo; el espejo se convierte en algo muy importante. Y todo lo que uno conoce a través de la mente es un reflejo, no es real. Lo real tiene que conocerse sin la mente; hay que dejar la mente a un lado. Uno tiene que confrontarse inmediatamente, sin la mente. Y eso es todo, toda la ciencia de la meditación: cómo dejar la mente a un lado, cómo estar sin mente durante unos momentos.

Al principio son unos momentos diminutos, unas gotas de «sin mente», pero inmensamente iluminadoras, inmensamente transformadoras. Si incluso una gota de «sin mente» penetra en tu ser, habrás probado algo de la realidad. Y ese sabor permanece en la lengua para siempre, no lo puedes olvidar.

Solo tras ese sabor eres capaz de ver que la mente solo está reflejando cosas, porque entonces puedes comparar. Sin esa experiencia no hay forma de comparar. ¿Con qué compararlo? Tú sabes todo lo que te dice la mente, y todo viene de la mente. Hay que conocer algo que no sea de la mente, y entonces verás que esta comienza a palidecer. De pronto te das cuenta de que la realidad es totalmente diferente, completamente diferente.

Así pues, hay que hacer esto, y es posible conseguirlo. La mente no es imprescindible; se puede dejar a un lado. Es una actividad; se la puede poner a descansar. Es como caminar: cuando te hace falta caminar, caminas; cuando no te hace falta, dejas que las piernas descansen. La mente es una actividad, más sutil que caminar, pero no hace falta que continúe las veinticuatro horas del día. Cuando sea necesaria, úsala; es un bioordenador, muy útil en el trabajo. Pero cuando no sea necesaria, déjala a un lado, dile que desacelere, dile que se vaya a dormir y a descansar.

Al principio, no te obedecerá porque la has estado escuchando durante muchas vidas. El sirviente se ha convertido en el amo, y el amo ha estado comportándose como el sirviente. De modo que en este momento no te va a hacer caso si le dices, «¡para!». Pero si continúas, poco a poco, el amo despliega su maestría y el sirviente empieza a comportarse. La mente es un hermoso sirviente, pero es un diablo como amo. Cuando tú eres el amo y la mente te obedece igual que un criado, es un hermoso instrumento, un gran mecanismo para usar. Puede ayudarte de muchas maneras, pero solo como un sirviente.

El primer paso para ser consciente es ser sumamente observador de tu propio cuerpo. Poco a poco, uno toma conciencia de cada gesto, de cada movimiento. Y a medida que te vas volviendo consciente, empieza a ocurrir un milagro: muchas cosas que solías hacer antes simplemente desaparecen, tu cuerpo se vuelve más relajado, más armónico, una profunda paz empieza a reinar en tu cuerpo, una música sutil vibra en tu cuerpo.

Después, empiezas a darte cuenta de tus pensamientos; el mismo proceso ha de seguirse con los pensamientos. Son más sutiles que el cuerpo y, desde luego, más peligrosos. Cuando seas consciente de tus pensamientos, te sorprenderá descubrir lo que está sucediendo dentro de ti. Si escribes lo que está sucediendo en tu mente a cada momento, te llevarás una gran sorpresa. No creerás lo que está ocurriendo en tu interior.

Ponte a escribir durante diez minutos. Cierra con llave las puertas y las ventanas para que no pueda entrar nadie y puedas ser totalmente honesto. Después lo podrás echar al fuego, ¡para que nadie más lo lea! Y sé totalmente honesto; escribe todo lo que se te pase por la mente. No lo interpretes, no lo cambies, no lo edites. Ponlo en el papel tan desnudo y exacto como sea.

Pasados unos diez minutos, léelo, ¡verás que hay un loco dentro de ti! Al no darnos cuenta, toda esa locura nos arrastra como una corriente de fondo. Afecta a todo lo que haces y a todo lo que no haces; afecta a todo. ¡Y la suma total de ello es lo que será tu vida! Por tanto, hay que transformar a este loco. Y el milagro de la conciencia es que no necesitas hacer nada excepto ser consciente.

El propio fenómeno de observar lo cambia todo. Poco a poco la locura desaparece, poco a poco los pensamientos empiezan a encajar dentro de una pauta; ya no hay caos, se convierte en un cosmos. Entonces, prevalece una paz más profunda. Cuando tu cuerpo y tu mente estén en paz, verás que están en armonía el uno con la otra, que hay un puente. Ya no corren en direcciones distintas, no cabalgan sobre caballos distintos. Por primera vez hay acuerdo, y ese acuerdo es de una ayuda inmensa para trabajar en la tercera etapa, que consiste en ser consciente de tus sentimientos, emociones y estados de ánimo.

Esta es la etapa más sutil y la más difícil, pero si puedes ser consciente de los pensamientos, solo es un paso más. Se necesita una conciencia más profunda para empezar a reflejar tus estados de ánimo, emociones y sentimientos. Una vez que seas consciente de estas tres cosas, todas ellas se unen en un mismo fenómeno. Y cuando estas tres cosas sean una, funcionando juntas perfectamente, en armonía, podrás sentir su música: se habrán convertido en una orquesta. Entonces se llega a la cuarta etapa, y lograrla no está en tus manos. Ocurre por sí misma. Es un regalo, una recompensa para aquellos que han recorrido las tres etapas anteriores.

La cuarta etapa es la conciencia suprema que le convierte a uno en un ser despierto. Uno se vuelve consciente de su propia conciencia. Esta es la cuarta etapa, la que hace que uno sea un buda, el que está despierto. Solo en ese despertar se llega a saber lo que es el estado de beatitud. El cuerpo conoce el placer, la mente conoce la alegría, el corazón conoce la felicidad. El que alcanza la cuarta etapa conoce la beatitud. Esa dicha suprema es la meta de *sannyas*, de ser un buscador, y la conciencia es el camino para ello.

La meditación es ir más allá del tiempo. El tiempo es mente. La mente consiste en el pasado y el futuro; no tiene experiencia del presente. Se cree que el tiempo tiene tres momentos: pasado, presente y futuro. Yo no estoy de acuerdo, mi propia experiencia es totalmente diferente: el tiempo se compone de solamente dos momentos: pasado y futuro. El presente no es parte del tiempo, el presente es parte de la eternidad. Es algo totalmente diferente. El pasado y el futuro son horizontales y el presente es vertical.

La mente vive horizontalmente, la meditación es un fenómeno vertical. Cuando te sales del pasado y del futuro, de repente entras en el presente y este está más allá del tiempo. Este es el comienzo de la divinidad, de la verdad, el comienzo de aquello que es.

Toda la ciencia de la meditación está para ayudarte a librarte del pasado y del futuro; de hecho, no es demasiado trabajo porque el pasado ya no existe y el futuro no existe todavía, de modo que te estás librando de algo que no es todavía, lo cual no supone un gran trabajo. Y te estás librando de algo que ya no existe; eso tampoco lo es. Estás entrando en aquello que es y que siempre es. Por eso la meditación es simple, solo hace falta una comprensión correcta.

No obstante, en el nombre de la meditación siguen existiendo tantas estupideces que la gente está muy confundida: ¿qué es la meditación? La gente canta mantras, hace determinados rituales, adorando, inclinándose ante estatuas. Se hacen todo tipo de cosas. Los budistas tibetanos están haciendo cosas durante todo el día: postrándose en el suelo y tocándolo con la cabeza. Y cuanto más las haces, más meditativo te vuelves. Hay personas que lo hacen mil veces al día, dos mil veces al día, tres mil veces al día; cuanto más lo hacen, más grandes son. Y piénsalo, una persona que hace esa tontería de postrarse y tocar la tierra con la cabeza durante todo el día, por supuesto se quedará sin mente... Pero eso no es meditación.

Eso es caer por debajo de la mente, no es ir por encima de ella. Se volverá idiota, pero no se convertirá en un buda. Su cuerpo podría ganar en robustez porque es un gran ejercicio físico, si continúa haciéndolo durante todo el día. Podría incluso disfrutar de muy buena salud, pero estará atrapado en una ilusión si cree que sabe lo que es la meditación.

Las personas que recitan continuamente mantras, se vuelven mecánicas, siguen recitando y a la vez siguen pensando. La mente es capaz de hacer muchas cosas, solo tienes que aprender el truco. Inténtalo: recita «Rama, Rama, Rama, Rama...» y después de unos días cuenta «Uno, dos, tres, cuatro. Uno, dos, tres, cuatro, Rama, Rama. Uno, dos, tres, cuatro, Rama...», y ambos comenzarán a suceder a la vez. Tendrás los dos a la vez. «Rama, Rama, uno, dos, tres, cuatro», entonces pasa una mujer por delante y tú miras y te equivocas y eso también entra en la cabeza y comienzas a luchar, y a sentir: «Esto no es bueno».

La mente es capaz de muchos procesos a la vez, por eso no eres capaz de librarte de ella con solo recitar un mantra. Todo lo que hace falta es una gran comprensión, conciencia, alerta, no ir a los recuerdos pasados ni tampoco viajar al futuro.

Poco a poco, uno se asienta en el presente. En el momento en el que estás aquí y ahora lo has encontrado.

2

Malentendidos acerca de la meditación

Incluso hay meditaciones que pueden ser erróneas. La gente tiene la noción equivocada de que todas las meditaciones son correctas. No es así. Puede haber meditaciones equivocadas. Por ejemplo, cualquier meditación que te lleve a una concentración profunda es equivocada y no resultará en compasión. Te cerrará más y más en lugar de abrirte. Si estrechas los límites de tu conciencia, si te concentras en algo y excluyes toda la existencia y te centras en un solo punto, eso creará cada vez más tensión dentro de ti. De ahí la palabra «atención». Significa «en tensión». «Concentración», el propio sonido de la palabra da la sensación de tensión.

La concentración tiene su utilidad, pero no es meditación. En el trabajo científico —en la investigación o en el laboratorio— necesitas concentración. Tienes que concentrarte en un problema y excluir todo lo demás, tanto que casi ignoras al resto del mundo. Tu mundo se centra solo en el problema en el que estás concentrado. Por eso los científicos se vuelven distraídos. La gente que se concentra demasiado se vuelve distraída, distante, porque no sabe cómo permanecer abierta al mundo entero.

Esto me recuerda una anécdota:

«He traído una rana —dijo a sus alumnos un científico, un profesor de zoología, con una sonrisa radiante—, recién sacada de la charca, para que podamos estudiar su apariencia externa y después diseccionarla».

Desenvolvió cuidadosamente el paquete que llevaba y dentro apareció un bocadillo de jamón preparado con esmero. El buen profesor lo miró con asombro.

«¡Qué raro! —dijo—. Recuerdo claramente haberme tomado el almuerzo...»

Esto es algo habitual entre los científicos. Se concentran en un punto y toda su mente se estrecha. Por supuesto, una mente estrecha tiene su utilidad: se hace más penetrante, se vuelve como una aguja afilada, golpea exactamente en el punto correcto; pero se pierde la gran vida que le rodea.

Un buda no es un hombre de concentración; es un hombre de conciencia. No trata de estrechar su conciencia; al contrario, trata de derribar todas las barreras para quedar totalmente disponible a la existencia. Observa... la existencia es simultánea. Estoy hablando aquí y simultáneamente hay ruido del tráfico. El tren, los pájaros, el viento entre los árboles... en este momento toda la existencia converge. Te hablo, me escuchas y pasan millones de cosas; la existencia es tremendamente rica.

La concentración te enfoca en un punto a un coste muy alto: descarta el noventa y nueve por ciento de la vida.

Déjame decirte unas cuantas cosas básicas. Una, la meditación no es concentración sino relajación: uno simplemente se relaja dentro de sí mismo. Cuanto más te relajes, más abierto te sentirás, más vulnerable, menos rígido. Serás más flexible, de repente la existencia empezará a penetrarte. Ya no serás más como una roca, tienes aberturas. Relajación significa dejarte caer en un estado en el que no haces nada, porque si sigues haciendo algo la tensión continuará. Es un estado de no hacer: simplemente relájate y disfruta de la sensación de relajación.

Relájate en tu interior. Cierra los ojos y escucha todo lo que sucede a tu alrededor, sin necesidad de sentirlo como una distracción. En el momento en que percibas algo como una distracción, estarás negando la existencia. En este momento la existencia se presenta como un pájaro; no le niegues. Ha llamado a tu puerta como un pájaro. Al momento siguiente se te presenta como un perro que ladra, o como un niño que llora y solloza, o como la risa de un loco. No la niegues; no la rechaces; acéptala, porque si la niegas te pondrás tenso. Todas las negaciones crean tensión; acéptalo todo. Si quieres relajarte, la aceptación es el camino. Acepta todo lo que suceda a tu alrededor; deja que sea un todo orgánico. Lo sepas o no, lo es: todo está interrelacionado. Los pájaros, los árboles, el cielo, el sol, la tierra, tú, yo, todo está relacionado. Es una unidad orgánica. Si el sol desaparece, desaparecerán los árboles; si estos desaparecen, desaparecerán los pájaros; si los pájaros y los árboles desaparecen, tú no podrás estar aquí, desaparecerás. Es un sistema ecológico. Todo está profundamente interrelacionado.

Por tanto, no niegues nada, porque en el momento en el que lo haces, estarás negando algo de ti. Si niegas a los pájaros que cantan, estás negando algo de ti.

Y cuando te digo que observes, no trates de observar, o de lo contrario te pondrás tenso otra vez y empezarás a concentrarte en la respiración. Simplemente relájate, permanece relajado, sin tensión. Y mira..., porque ¿qué otra cosa puedes hacer? Estás ahí, no hay nada que hacer: lo aceptas todo, no hay nada que negar, nada que rechazar, no hay lucha, ni pelea ni conflicto, estás respirando profundamente. ¿Qué puedes hacer? Simplemente observa.

La introspección es pensar en uno mismo. Recordarse a uno mismo no es pensar en absoluto: es ser consciente de uno mismo. Hay una diferencia muy sutil, pero muy importante.

La psicología occidental insiste en la introspección, mientras que la oriental insiste en recordarse a uno mismo. Cuando realizas una introspección, ¿qué es lo que haces? Por ejemplo, estás enfadado: comienzas a pensar en el enfado, en cómo se produce. Comienzas a analizar el porqué, a juzgar si es bueno o malo. Empiezas a justificar tu enfado diciendo que la situación lo ha provocado. Empiezas a darle vueltas al enfado, lo analizas. Pero el foco de atención está en el enfado, no en tu ser. Toda tu conciencia está centrada en el enfado. Estás observando, analizando, asociando, pensando en el enfado, intentando imaginar cómo evitarlo, cómo deshacerte de él, cómo no volver a caer en él. Esto es un proceso mental. Lo juzgas como «malo» porque es destructivo. Te prometerás no volver a cometer el mismo error otra vez. Intentarás controlar el enfado a través de la voluntad. Por eso la psicología occidental se ha vuelto analítica: es analizar, es diseccionar.

La psicología oriental no pone el énfasis en la rabia, sino en el ser. Pone el énfasis en ser consciente cuando estás enfadado, en ser muy consciente… No en pensar, porque pensar es estar dormido. Puedes pensar cuando estás totalmente dormido; la conciencia no es necesaria para pensar. De hecho, estás pensando constantemente sin ser consciente en absoluto. El pensamiento no se detiene. Incluso cuando estás profundamente dormido por la noche, el pensamiento continúa, la mente continúa su parloteo interno. Es algo mecánico.

La psicología oriental dice: «Ten cuidado. No trates de analizar el enfado, no es necesario. Simplemente míralo, pero hazlo conscientemente. No empieces a pensar». De hecho, si empiezas a pensar, el pensamiento será una barrera para poder mirar el enfado. El pensamiento lo tapará. Será como una nube que lo rodea, se perderá la claridad. No pienses. Quédate en un estado de no-pensamiento y *observa*.

Cuando entre el enfado y tú no haya ni una sola onda de pensamiento, entonces, le habrás hecho frente. No lo disecciones. No te molestes en buscar su origen, porque el origen está en el pasado. No lo juzgues, porque en el momento en que lo juzgas, comienza el pensamiento. No te prometas no enfadarte, porque esa promesa te lleva al futuro. Cuando estás consciente, permaneces con el sentimiento de enfado, exactamente aquí-ahora. No te interesa cambiarlo, no te interesa pensar en ello; lo que te interesa es verlo directamente, cara a cara, inmediatamente. Esto es recordarse a uno mismo.

Y esto es lo hermoso: que si puedes mirar al enfado este desaparece. No solamente desaparece en ese momento, sino que la clave de su desaparición está en mirarlo en profundidad; no hay necesidad de utilizar la voluntad, de tomar decisiones de futuro, de llegar al origen del enfado. Es innecesario. Ahora tienes la clave: mira el enfado y este desaparece. Esta mirada está siempre disponible. Cuando sientas el enfado puedes mirarlo, y este mirar se hará más profundo.

Este mirar tiene tres etapas. La primera: cuando el enfado ya ha ocurrido y se ha ido. Es como si miraras la cola de un animal que está pasando: el elefante ha pasado, solamente queda la cola. Cuando el enfado estaba presente, estabas tan intensamente involucrado en él que no podías ser realmente consciente. Cuando el enfado casi ha desaparecido, ha pasado el noventa y nueve por ciento —solo queda por pasar el uno por ciento, su última parte está desapareciendo por el horizonte—, entonces te haces consciente.

Esta es la primera etapa de la conciencia; está bien, pero no es suficiente.

La segunda etapa es cuando el elefante está ahí, no solo la cola; cuando la situación está en su apogeo. Estás realmente enfadado, estás hasta la coronilla, hirviendo, echando chispas, y entonces te vuelves consciente.

Aún hay una tercera etapa: cuando el enfado aún no ha llegado, todavía está llegando; no es la cola del animal, sino la cabeza. Está entrando en tu área de conciencia y te vuelves consciente, entonces el elefante no llega a materializarse nunca. Has matado al animal antes de que naciera. ¡Esto es control de la natalidad! El fenómeno no ha llegado a ocurrir y, por tanto, no deja rastro.

3

Algunos beneficios de la meditación

Estas son las formas y los criterios para poder elegir. El camino o metodología que te aporte más sensibilidad, más observación y te dé un sentimiento de inmenso bienestar, este es el criterio para saber que estás en el camino correcto. Si te vuelves más infeliz, más enfadado, más egoísta, más avaricioso, más lujurioso, estos son los indicios de que vas por el camino equivocado.

En el camino correcto tu dicha va a aumentar cada día más.

Tu naturaleza es ser dichoso. La meditación solo te da aquello que siempre has tenido. Simplemente te hace consciente de tu realidad. No te aporta nada nuevo. Solo te descubre el tesoro que yace ahí ignorado y olvidado, mientras tú lo estás buscando por todo el mundo. No lo encontrarás en ningún lugar porque está dentro de ti.

SILENCIO

El silencio se entiende normalmente como algo negativo, algo vacío: una ausencia de sonido, de ruidos. Este malentendido subsiste porque muy poca gente ha experimentado alguna vez el silencio.

Lo que han experimentado en nombre del silencio es la ausencia de ruido. Pero el silencio es un fenómeno totalmente distinto. Es completamente positivo, es existencial, no está vacío. Es el fluir de una música que nunca antes has oído, con una fragancia que no te es familiar, con una luz que solamente puede verse con los ojos interiores.

No es algo ficticio, es una realidad, y una realidad presente en cada uno, solo que nunca miramos dentro.

Tu mundo interior tiene su propio sabor, su propia fragancia, su propia luz. Y es completamente silencioso, inmensamente silencioso, eternamente silencioso. Nunca ha habido ningún ruido y nunca lo habrá. Ninguna palabra puede llegar hasta allí, pero *tú* sí puedes llegar.

El propio centro de tu ser es el centro del huracán. Lo que ocurra a su alrededor no te afecta. Es el silencio eterno: los días vienen y van, los años vienen y van, las épocas llegan y pasan. Las vidas vienen y van, pero el eterno silencio de tu ser permanece siempre igual: la misma música sin sonido, la misma fragancia divina, la misma trascendencia de todo lo mortal, de todo lo momentáneo.

No es *tu* silencio. Tú *eres* el silencio.

No es algo que poseas; tú estás poseído por él, y esa es su grandeza. Ni siquiera tú estás ahí, porque incluso tu presencia sería un estorbo.

El silencio es tan profundo que no hay nadie ahí, ni siquiera tú. Y este silencio te trae verdad, amor y miles de bendiciones más. Esta es la búsqueda, este es el anhelo de todos los corazones, de todos los que tienen un poco de inteligencia.

SENSIBILIDAD

Te vuelves tan sensible que incluso la más pequeña brizna de hierba adquiere una inmensa importancia. Tu sensibilidad te concede la comprensión de que esa brizna de hierba es tan importante para la existencia como la mayor de las estrellas; sin ella, la existencia sería menos de lo que es. Esta pequeña brizna de hierba es única, irremplazable, tiene su propia identidad.

Y esta sensibilidad te traerá nuevas amistades: con los árboles, con los pájaros, con los animales, con las montañas, con los ríos, con los océanos, con las estrellas... La vida se enriquece a medida que crece el amor, a medida que crece la amistad.

La meditación te proporcionará sensibilidad, un gran sentido de pertenencia al mundo. Es nuestro mundo, son nuestras estrellas, aquí no somos extraños. Pertenecemos intrínsecamente a la existencia. Somos parte de ella; somos su *corazón*.

AMOR

Si meditas, tarde o temprano llegarás al amor. Si meditas profundamente, sentirás que nace en ti un inmenso amor que nunca antes habías conocido, una nueva cualidad de tu ser, una nueva puerta que se abre. Te has convertido en una nueva llama que ahora quieres compartir.

Si amas profundamente, poco a poco te darás cuenta de que tu amor se está volviendo más y más meditativo. Una sutil cualidad de silencio está penetrando en ti. Los pensamientos van desapareciendo, aparecen pausas y... ¡silencios! Estás tocando tu propia profundidad.

Hay millones de parejas por todo el mundo que viven como si el amor estuviera presente. Están viviendo en un mundo de «como si». Pero claro, ¿cómo pueden ser felices? Carecen de toda energía. Intentan obtener algo de un amor falso, y un amor falso no puede repartir frutos. De ahí la frustración, de ahí el continuo aburrimiento, las continuas discusiones, las peleas entre los amantes. Ambos están tratando de lograr algo imposible: intentan hacer de su amor algo eterno, algo que es imposible, pues ha nacido de la mente, y la mente no puede darte ni un atisbo de lo eterno.

Primero entra en la meditación, porque el amor emana de ella, es la fragancia de la meditación.

COMPASIÓN

Cuando tu amor no es solo un deseo del otro, cuando tu amor no es solo una necesidad, cuando tu amor es un compartir, cuando tu amor no es el de un mendigo sino el de un emperador, cuando tu amor no pide nada a cambio, sino que da por el placer de dar, entonces, si le añades la meditación, su fragancia se libera en toda su pureza, el esplendor aprisionado se libera. Eso es compasión, y la compasión es el acontecimiento más elevado.

El sexo es animal, el amor es humano y la compasión es divina. El sexo es físico, el amor es psicológico y la compasión es espiritual.

ALEGRÍA

De pronto te sientes feliz sin motivo alguno. En la vida ordinaria, te alegras cuando hay un motivo: te has encontrado con una mujer hermosa, has conseguido el dinero que siempre quisiste o has comprado una casa con un jardín precioso. Pero estas alegrías no pueden durar mucho; son momentáneas, no pueden permanecer de forma continua e ininterrumpida.

Si tu alegría está causada por algo, desaparecerá, será momentánea, pronto te dejará sumido en una profunda tristeza; todas estas alegrías acaban dejándote sumido en la tristeza. Pero hay otra clase de alegría que es un signo de confirmación: de pronto estás contento sin ninguna razón. No puedes decir por qué. Si alguien te pregunta: «¿Por qué estás tan alegre?», no tienes respuesta.

No puedo explicar por qué estoy alegre. No hay razón. Simplemente es así. *Esta* alegría no puede ser perturbada. Pase lo que pase, continuará. Está allí, día tras día. Seas joven o viejo, estés vivo o estés muriéndote, siempre está ahí. Cuando hayas encontrado una alegría que perdure aunque las circunstancias cambien, es señal de que estás acercándote al estado búdico.

INTELIGENCIA

Una gran definición de meditación: la inteligencia es meditación. Vivir de forma inteligente es vivir de forma meditativa. Esta definición tiene una tremenda importancia; está realmente repleta de un gran significado. La meditación es precisamente vivir con inteligencia. La meditación, por este motivo, no puede ser «hacer». Tienes que usar la inteligencia en tu vida.

Ayer estabas enfadado, antes de ayer estabas enfadado. Ahora, de nuevo, la situación se repite y te vas a volver a enfadar, ¿qué vas a hacer? ¿Vas a volver a repetir lo mismo de una forma no inteligente, de una forma mecánica, o acaso vas a usar la inteligencia? Te has enfadado mil veces; ¿eres capaz de aprender algo de todo esto? Esta vez, ¿vas a ser capaz de comportarte de forma inteligente? ¿Te das cuenta de la futilidad de todo el asunto? ¿Te das cuenta de que te has frustrado por ello cada vez? En cada ocasión la rabia ha disipado la energía, ha distraído tu energía, te ha creado problemas y, al final, no ha solucionado nada.

Si eres capaz de verlo, en esa misma acción de percatarte hay inteligencia. Luego, alguien te insulta y no te enfadas. De hecho, en lugar de enfadarte, surge la compasión por esa persona. Él está enfadado, está herido, está sufriendo. Surgirá la compasión. Entonces, esta inteligencia es meditación: examinar tu propia vida, aprender algo de la experiencia, aprender algo de la experiencia existencial, continuar aprendiendo, en lugar de tomar prestado.

La inteligencia es simplemente la habilidad de responder, porque la vida es un flujo. Tienes que ser consciente y ver qué te exige la situación, cuál es el reto que te presenta. Una persona inteligente se comporta de acuerdo con la situación, mientras que un estúpido responde con frases hechas. No importa si estas provienen de Buda, Cristo o Krishna, el estúpido siempre lleva las escrituras con él, le da miedo depender de sí mismo. La persona inteligente depende de su propia visión, confía en su propio ser.

SOLEDAD

Meditación significa la bendición de estar solo.

Uno está *realmente* vivo cuando es capaz de estar solo, cuando ya no depende de nadie en ninguna situación, bajo ninguna condición. Y puesto que esa bendición nos pertenece, puede permanecer mañana y tarde, día y noche, en la juventud o en la vejez, en la salud o en la enfermedad; permanece incluso en la vida y en la muerte, porque no es algo que suceda desde fuera, sino que emana de ti. Es tu naturaleza, es tu propio ser.

Celebra la soledad, celebra tu espacio puro, y una gran melodía brotará en tu corazón. Será una melodía de conciencia, de meditación. Será la melodía de un pájaro solitario que llama en la distancia a nadie en particular. Llama porque su corazón está lleno y quiere llamar, porque la nube está llena y quiere llover, porque la flor está llena y, al abrirse los pétalos, se libera su fragancia... sin destinatario. Permite que tu soledad se convierta en una danza.

INDIVIDUALIDAD

La meditación no es más que un mecanismo para hacerte consciente de tu propio ser, un ser que tú no has creado ni necesita ser creado por ti, porque ya lo eres. Naces con él. ¡*Eres* eso! Solo necesita ser descubierto.

Es una tarea aparentemente imposible, pues ninguna sociedad permite que ocurra: el ser real es peligroso; peligroso para la Iglesia tradicional, peligroso para el Estado, peligroso para la multitud, peligroso para las tradiciones, porque una vez que un hombre conoce su auténtico ser se convierte en un individuo. Ha dejado de formar parte de la psicología de las masas; dejará de ser supersticioso, no puede ser explotado, no puede ser dirigido como el ganado, no se le puede ordenar ni mandar. Vivirá de acuerdo con su propia luz, vivirá de su propia interioridad. Su vida irradiará una tremenda belleza e integridad. De ahí el temor de la sociedad.

Las personas íntegras se convierten en individuos, pero la sociedad no quiere que seas un individuo. En lugar de individualidad, la sociedad te enseña a tener personalidad. Hay que entender la palabra «personalidad». Viene de la raíz «persona», que significa «máscara». La sociedad te da una idea falsa de quién eres; te da un juguete al que continúas aferrándote toda la vida.

Tal como yo lo veo, casi todo el mundo ocupa un lugar equivocado. La persona que podría haber sido un médico inmensamente feliz es pintor, y la persona que podría haber sido un pintor inmensamente feliz es médico. Al parecer, nadie está en el lugar que le corresponde. Por eso toda esta sociedad es tan confusa. Cada persona está dirigida por otros, no está dirigida por su propia intuición.

La meditación te ayuda a desarrollar tu propia facultad intuitiva. Distinguirás claramente qué es lo que te va a llenar, qué es lo que te va a ayudar a florecer. Y sea lo que fuere, será distinto para cada individuo. Ese es el significado de la palabra «individuo»: todo ser humano es único. Y buscar e indagar tu unicidad es una gran emoción, una gran aventura.

CREATIVIDAD

La meditación libera una gran creatividad. Es una explosión; todas tus semillas comienzan a germinar. Por primera vez, ves cuánto potencial estabas cargando en tu interior: un gran jardín rebosante de flores, con unos arbustos hermosos y árboles llenos de pájaros cantando... ¡Todo un paraíso! Pero normalmente no somos conscientes de esto. Estamos completamente cerrados, no nos hemos abierto; estamos viviendo como en una cápsula sin aberturas, sin ventanas.

Leibniz tiene la palabra correcta para esta situación; llama al hombre una *mónada*, una casa sin salidas al exterior, sin puertas, sin ventanas. La meditación abre de golpe todas las puertas y todas las ventanas. De repente, te haces consciente del vasto cielo, de las estrellas, la luna, el sol, el viento, la lluvia, los arcoíris, las nubes; de todo el infinito, de la totalidad del espectro. Y en el momento en el que tomas conciencia de ello, tu corazón comienza a cantar y a bailar.

Entonces, todo lo que hagas tiene el toque dorado de la creatividad.

4

La ciencia de la meditación

EXPERIMENTA

La evolución natural se ha detenido con el ser humano. Esto es un hecho. Incluso los científicos cada vez son más conscientes de ello: durante miles de años no le ha sucedido nada al hombre; ha seguido siendo el mismo, como si el trabajo de la naturaleza estuviera completo. Ahora el ser humano tiene que tomar las riendas de su crecimiento. Esto es la religión.

La religión significa que el ser humano comienza a valerse por sí mismo, a hacerse responsable de su ser; empieza a investigar, a buscar y a preguntarse: ¿quién soy yo? Y esto no debe ser solo una curiosidad.

La filosofía surge de la curiosidad. La religión es una búsqueda muy sincera, auténtica; es una investigación. Y existe una gran diferencia entre la curiosidad y la investigación. La curiosidad es infantil, como un pequeño picor en la cabeza. Te gustaría rascarte y después quedarte a gusto. La filosofía es ese rascarse. La religión es una cuestión de vida o muerte. En la filosofía nunca te implicas, permaneces distante; juegas con juguetes, pero no es una cuestión de vida o muerte. Acumulas conocimiento, pero nunca lo pones en práctica.

He oído que hace mucho tiempo vivía un eminente estudioso confuciano. Se trataba de un caballero de unos ochenta años, y se decía que no había nadie que le igualase en cuanto a conocimiento y sabiduría.

Entonces surgió el rumor de que había aparecido una nueva doctrina, y que era incluso más profunda que su conocimiento. El anciano caballero encontró esto intolerable y decidió que había que solucionar el asunto de una manera u otra.

A pesar de su edad, emprendió el largo viaje. Después de meses de dificultades en el camino, llegó a su destino, se presentó y anunció el motivo de su viaje.

Su anfitrión, que era el maestro de una nueva escuela zen, simplemente citó: «Para evitar hacer el mal, haz todo el bien posible; esa es la enseñanza de los budas».

Al escuchar esto, el caballero confuciano estalló: «He venido hasta aquí a pesar de los peligros y las penalidades de un viaje tan largo y azaroso y a pesar de mi avanzada edad. ¡Y tú solamente citas una pequeña cancioncita que incluso un niño de tres años se sabe de memoria! ¿Te estás burlando de mí?».

El maestro zen respondió: «No me estoy burlando de usted, señor. Por favor, considere lo siguiente: a pesar de que es verdad que incluso un niño de tres años conoce este verso, ¡hasta un hombre de ochenta años fracasa a la hora de vivirlo!».

La religión no es una cuestión de conocimiento, sino de vivencia. La religión es vida, y, a menos que la vivas, no sabrás en absoluto de qué se trata. Para vivir la religión uno tiene que dejar a un lado toda filosofía y comenzar a experimentar. Uno tiene que convertirse en un laboratorio. El laboratorio del científico está afuera; el laboratorio de la persona religiosa se encuentra en su propio ser (en su propio cuerpo, su propia alma, su propia mente). El científico tiene que concentrarse en el objeto sobre el que está experimentando, su trabajo tiene que realizarse con los ojos abiertos. En cambio, el trabajo de la religión debe realizarse con los ojos cerrados; el individuo tiene que concentrarse en sí mismo.

Y la complejidad es grande porque en el mundo de la religión el experimentador y lo experimentado son lo mismo. De ahí lo complicado del asunto; de ahí su extrañeza, de ahí su incomprensibilidad; de ahí su falta de lógica. En el mundo de la religión, el conocedor y lo conocido son lo mismo. Sin embargo, en el mundo de la ciencia, el conocedor y lo conocido están separados; ambas cosas están claramente delimitadas. Pero en la religión, todo se mezcla, se funde con todo lo demás, incluso el conocedor no puede permanecer separado. La religión no te da conocimiento separado del conocedor; te da experiencia no separada del conocedor, sino como la misma esencia de este.

Para ser un buscador religioso uno tiene que abandonar toda filosofía. Debe apartar de sí todo conocimiento adquirido a priori porque todo conocimiento a priori es un obstáculo. ¿Cómo puedes ser religioso si eres hindú? Ser hindú significa que ya has concluido, ya has decidido qué es la verdad. Entonces, ¿qué sentido tiene investigar? ¿Qué vas a investigar? Lo único que harás será encontrar apoyos, argumentos, para aquello sobre lo que ya has llegado a una conclusión. Y tus conclusiones podrían estar equivocadas —¿quién sabe?— porque estas al fin y al cabo no son tuyas, te han sido transmitidas por la sociedad.

La sociedad está muy interesada en darte conclusiones, no lo está en darte conciencia para que puedas sacar tus propias conclusiones. Antes de hacerte consciente, antes de que comience tu investigación, la sociedad te atiborra de todo tipo de conclusiones para impedir toda investigación, porque investigar es peligroso para la sociedad. El no investigador es conveniente, el no investigador es obediente. Simplemente acepta órdenes, mandamientos y los sigue. Es un conformista, es convencional. Una vez que has empachado la mente de alguien con una creencia, ese individuo está drogado. La creencia es una droga. Comienza a creer, sigue creyendo. Poco a poco empieza a asimilar que su creencia es su experiencia.

La creencia es un sistema de hipnosis. Tú sigues sugestionando al niño, «eres hindú, eres hindú», le llevas al templo, le llevas a través de rituales presuntamente religiosos, ceremonias, y poco a poco le condicionas con la idea de que es hindú, de que todo lo que es hindú está bien y todo lo que no es hindú está mal.

Todas las sociedades hacen lo mismo. Has drogado al niño. La fuente misma de su conciencia ha sido envenenada. Y cuando crees en algo, empieza a parecerte verdad. Si empiezas a creer en algo, encontrarás todo tipo de argumentos que lo apoyen. Tu ego comienza a implicarse. No se trata solo de la verdad; en lo más profundo surge la pregunta: «¿Quién tiene razón? ¿Tú o yo? ¿Cómo podría estar equivocado? Tengo que tener la razón». De modo que escoges todos aquellos argumentos que lo apoyan. La vida es muy compleja, puedes encontrar todo tipo de justificaciones en la vida, sobre cualquier cosa que escojas o decidas. Si eres pesimista, encontrarás argumentos de sobra en la vida que apoyen ese pesimismo. Si eres optimista, lo mismo.

El hombre que cree es un hombre cerrado. Sus ventanas y sus puertas están cerradas; vive en una especie de prisión. Está abocado a ello: si abre las ventanas y las puertas, y el sol, el viento y la lluvia entran, es posible que su sistema de creencias se vea importunado.

Si la verdad penetra por todos los lados, le será imposible proteger sus creencias. Tiene que esconderse de la verdad, tiene que vivir en un mundo cerrado, sin ventanas, para que nadie pueda molestarle, para poder seguir creyendo sin ser molestado. Esto es bueno para la sociedad, pero muy arriesgado para la salud del individuo.

Resulta extraño que los científicos lógicos sigan negando la existencia de algo interno en el ser humano. Aceptan lo externo y niegan lo interno; aceptan las cosas en su casa y se niegan a sí mismos. Es simplemente ridículo, pero no puede durar mucho. Cada vez más gente inteligente está buscando en su interior porque la búsqueda externa les ha conducido a la muerte; la muerte suprema.

La búsqueda interna te llevará a capas más profundas de la vida y, finalmente, a la vida eterna, de la misma manera que la búsqueda externa te ha conducido a la muerte porque los objetos están muertos. Estudiar objetos muertos y, en cambio, negar al sujeto vivo que los investiga... ¿Piensas que un objeto puede estudiar a otro objeto? Es imposible. ¿Puede una piedra observar a otra piedra? ¿Puede investigar a otra piedra?

Para investigar el mundo objetivo precisas de una conciencia interna, una subjetividad. La subjetividad es tu conciencia. Si la ciencia objetiva ha llegado hasta las armas nucleares, capaces de destruir la vida sobre la Tierra y convertirla en pura objetividad sin ningún sujeto, cuando alcanzas tu ser interno sucede justo lo contrario: todo se vuelve vivo, consciente. La existencia entera se vuelve un universo danzante, cantante, jubiloso, y tu visión no tiene límites; puedes ver cosas que te resulta imposible ver con ojos objetivos.

He señalado todo esto para subrayar el hecho de que destruir la vida en la Tierra va a constituir la mayor pérdida para la existencia porque en ningún otro lugar ha evolucionado esta hasta el punto de que un Zorba pueda convertirse en un buda. En ningún otro lugar ha florecido hasta su último potencial, transformándolo y haciéndolo realidad.

LA MEDITACIÓN Y LAS TÉCNICAS

Todas las técnicas pueden servir de ayuda, pero no son exactamente meditación, sino solo un tanteo en la oscuridad. De pronto un día, cuando estés haciendo algo, llegarás a ser el testigo. Un día, haciendo una meditación —como la Dinámica, la Kundalini o la danza Whirling— la meditación continuará, pero ya no te identificarás con ella; te «sentarás» en silencio detrás, observando. Ese día la meditación habrá sucedido. Ese día la técnica dejará de ser un obstáculo o una ayuda. Podrás disfrutar de ella si quieres, como un ejercicio; te dará cierta vitalidad, pero ya no tendrás necesidad de ella, pues la meditación real habrá sucedido.

Meditar es ser testigo. Meditar significa convertirse en un testigo. ¡La meditación no es en absoluto una técnica! Puede que esto te resulte confuso porque no dejo de ofrecerte técnicas. En último término, sin embargo, la meditación no es una técnica; la meditación es comprensión, conciencia. Pero necesitas técnicas porque esa comprensión final se encuentra muy lejos de ti. Está profundamente escondida en tu interior, pero aún muy lejos de ti. Puedes alcanzarla en este mismo instante, pero esto no sucede porque tu mente continúa funcionando. En este mismo momento es posible y, sin embargo, resulta imposible. Las técnicas crean un puente; son precisamente para eso.

Por tanto, al principio las técnicas son meditaciones. Al final te reirás: las técnicas no son la meditación. La meditación es una cualidad del ser completamente diferente, no tiene nada que ver con ninguna otra cosa. Pero esto sucederá solamente al final; no pienses que ocurre al principio, de otro modo no podrá tenderse un puente sobre ese vacío.

ESFUERZO

Las técnicas de meditación son una actividad, porque se te enseña a hacer algo. Incluso meditar es hacer algo, incluso estar sentado en silencio es hacer algo y hasta no hacer nada es una forma de hacer. Por tanto, en un sentido superficial, todas las técnicas de meditación son una actividad. Pero no lo son en un sentido más profundo porque, si tienes éxito, deja de ser una actividad.

Solo al principio parece requerir un esfuerzo. Si tienes éxito, el esfuerzo desaparece y todo ello se vuelve espontáneo y fácil. Si tienes éxito, deja de ser una acción. Entonces no se necesita ningún esfuerzo por tu parte, se convierte en algo tan simple como respirar. Pero al principio exigirá un esfuerzo, porque la mente no puede hacer nada que no suponga esfuerzo. Si le dices que no conlleva esfuerzo le parece absurdo.

Al principio habrá un esfuerzo, habrá una acción; pero solo al principio, como un mal necesario. Tienes que recordar constantemente que hay que ir más allá. Llegará un momento en el que no estarás haciendo nada por meditar, solamente estar ahí, y la meditación sucederá. Sentado o de pie, simplemente sucederá; sucede sin hacer nada, solo siendo consciente.

Todas estas técnicas sirven únicamente para ayudarte a llegar al punto en el que la transformación interna, la realización interna, no te suponga ningún esfuerzo, ya que esta no puede ocurrir a través del esfuerzo, de la tensión. Si hay un esfuerzo no puedes estar totalmente relajado, el esfuerzo se convierte en una barrera. Con esta premisa en mente, si estás haciendo un esfuerzo, poco a poco también serás capaz de abandonarlo.

SIMPLICIDAD

Cada uno de estos métodos que iremos comentando ha sido aportado por alguien que se ha realizado. Tenlo en cuenta. Parecen demasiado sencillos y lo son. Para nuestras mentes, las cosas tan simples no son atractivas. Porque si las técnicas son sencillas y la morada está tan cerca, si ya estás en ella, si el hogar está tan próximo, te sentirás ridículo: «Entonces, ¿por qué no lo logro?». En vez de percibir la ridiculez de tu propio ego, lo que pensarás es que un método tan sencillo no puede ser útil.

Ese es el error. Tu mente te dirá que estos sencillos métodos no pueden ser útiles porque son tan simples que no sirven para nada. «Para alcanzar la Existencia Divina, para llegar a lo Absoluto y lo Supremo, ¿cómo pueden valer unos métodos tan sencillos? ¿Cómo pueden servir de ayuda?». Tu ego dirá que no sirven.

Recuerda: al ego siempre le interesan las cosas difíciles porque, cuando algo es difícil, hay un reto. Si superas la dificultad, tu ego se siente satisfecho. El ego nunca se siente atraído por cosas sencillas, ¡nunca! Si quieres plantearle un desafío a tu ego, tienes que idear algo complicado. Si es sencillo, no hay atracción porque, aunque lo logres, tu ego no se sentirá satisfecho. Para empezar, porque no había nada que lograr; así de simple. El ego pide dificultad —vallas que saltar, cumbres que conquistar—, y cuanto más difícil sea alcanzar la cima, más a gusto se sentirá.

Al ser tan sencillas, estas técnicas no tendrán ningún atractivo para tu mente. No te olvides de que lo que atrae al ego no favorece tu crecimiento espiritual.

Con estas técnicas tan sencillas podrás lograr todo lo que está al alcance de la conciencia humana en el momento en el que decidas hacerlo.

ENTIENDE LA TÉCNICA

«Mente» es solo una palabra. No conoces su complejidad. La mente es, sin duda, lo más complejo de la existencia; no hay nada comparable a ella. Es lo más delicado. Puedes destruirla haciendo algo que resulte irreversible. Estas técnicas están basadas en un conocimiento muy profundo, en un encuentro muy profundo con la mente humana, y cada una de ellas está basada en una larga experimentación.

Por tanto, es importante que no hagas nada por tu cuenta y que no mezcles dos técnicas porque su funcionamiento es diferente, sus procedimientos y sus fundamentos son distintos. Te llevan al mismo fin, pero por distintos medios; a veces, incluso, pueden ser diametralmente opuestas. De modo que no mezcles técnicas. Es más, no mezcles nada; utiliza las técnicas tal como son.

No las cambies, ni trates de mejorarlas, —no puedes mejorarlas—, y cada cambio que hagas será fatal.

Antes de empezar a practicar una técnica, asegúrate de haberla entendido bien. Si estás confuso y, en realidad, no la comprendes, es mejor no practicarla, porque cada técnica sirve para provocar una revolución dentro de ti.

EL MÉTODO ADECUADO ENCAJARÁ

En realidad, cuando pones en práctica el método adecuado, encaja inmediatamente, algo hace clic. Por eso continuaré hablando aquí, cada día, sobre diferentes métodos. Pruébalos, juega con ellos; ve a casa y pruébalos. Cuando des con el método adecuado, encajará. Algo explotará en tu interior y lo sabrás: «Este es el método adecuado para mí». Pero se necesita esfuerzo, y puede que te sorprendas cuando súbitamente un día te des cuenta de que un método te ha atrapado.

Sigue jugando con los métodos. Digo «jugar» porque no deberías ser demasiado serio. ¡Juega! Alguno podría encajar contigo. Si te encaja, entonces tómatelo en serio y profundiza, de forma intensa, con honestidad, con toda tu energía, con toda tu mente. Pero antes de eso, solo juega.

He descubierto que, mientras juegas, tu mente está más abierta. Cuando estás serio, tu mente no lo está tanto, está cerrada. Por tanto, juega, no te lo tomes demasiado en serio, juega. Los métodos son sencillos. Puedes jugar con ellos.

Escoge un método y juega con él por lo menos durante tres días. Si te produce un cierto sentimiento de afinidad, de bienestar, de que este es el tuyo, entonces dedícate en serio a él.

CUÁNDO ABANDONAR EL MÉTODO

Uno tiene que estar muy alerta a cuándo abandonar el método. Una vez que alcances algo, abandona el método inmediatamente, si no tu mente comenzará a aferrarse a él. Te hablará de forma muy lógica, diciéndote: «Lo importante es el método».

Buda solía repetir esta historia una y otra vez. Cinco idiotas pasaban por una ciudad. La gente se sorprendió al verlos porque llevaban una barca sobre la cabeza. La barca era muy grande y estaba aplastando a esos cinco idiotas, que estaban a punto de morir bajo su peso. La gente les preguntó: «Pero ¿qué hacéis?». Ellos dijeron: «No podemos abandonar esta barca, nos ha ayudado a cruzar de una orilla a otra. ¿Cómo vamos a abandonarla? Gracias a ella hemos podido llegar aquí. Sin ella habríamos muerto en la otra orilla, pues se acercaba la noche y había animales salvajes; con toda certeza por la mañana habríamos muerto. Nunca la abandonaremos, estamos en deuda con ella para siempre. La llevaremos sobre la cabeza en señal de agradecimiento».

Esto puede suceder porque todas las mentes son idiotas. La mente como tal es idiota.

Mi enfoque es utilizar la barca, utilizar barcas hermosas, usar tantas barcas como puedas, con la conciencia de que, cuando alcances la orilla, tienes que abandonarlas sin apego alguno. Mientras estés en la barca, disfrútala, muéstrale tu gratitud. Cuando salgas de la barca, dale las gracias y sigue adelante.

Si abandonas el remedio, automáticamente empezarás a asentarte en tu ser. La mente se aferra, nunca te permite asentarte en tu ser, te mantiene interesado en algo que no eres: la barca.

Si no te aferras a nada, no hay adónde ir; si abandonas todas las barcas y todos los caminos, no puedes ir a ninguna parte; todos los sueños y deseos desaparecen, no hay camino hacia el que dirigirse. La relajación ocurre por sí sola. Piensa solamente en la palabra «relax». Sé..., asiéntate..., has llegado a casa.

ES MÁS QUE UNA CIENCIA

La meditación es un misterio tal, que puede calificarse de ciencia, arte o habilidad, sin ninguna contradicción.

Desde cierto punto de vista es una ciencia porque tiene que ejecutarse una técnica muy definida. No hay excepciones, es casi como una ley científica.

Pero desde otro punto de vista también se puede decir que es un arte. La ciencia es una extensión de la mente, es matemática, es lógica, es racional. La meditación pertenece al corazón, no a la mente; no es lógica, está más cerca del amor. No es como otras actividades científicas, sino más bien como la música, la poesía, la pintura, la danza; por eso puede calificarse de arte.

Pero la meditación es un misterio tan grande que calificarla de «ciencia» y «arte» no la agota. Es una habilidad que puedes descubrir o no descubrir.

Poco a poco, irán llegando cada vez más momentos. A medida que tu habilidad aumente, y vayas aprendiendo el truco de no implicarte con la mente, así como el arte de mantenerte distante, alejado de la mente, a medida que aprendas la ciencia de crear una distancia entre tus pensamientos y tú, la meditación te irá colmando cada vez más. Cuanto más te colma, más te transforma.

Llegará un día, un día de gran bendición, en el que la meditación se convertirá en tu estado natural.

5

Sugerencias para los meditadores

PREPARACIÓN: ESPACIO, LUGAR, POSTURA, COMODIDAD

Cuando vayas a meditar, apaga el teléfono, desconéctate del mundo. Pon un cartel en la puerta que diga que estás meditando para que nadie entre durante una hora. Cuando entres en la sala de meditación, quítate los zapatos porque es suelo sagrado. Quítate no solo los zapatos, sino todo aquello que te preocupe. Conscientemente, déjalo todo con los zapatos. Entra desocupado.

Encuentra un lugar donde la naturaleza aún no haya sido perturbada, contaminada. Si no puedes encontrar un lugar como ese, cierra la puerta de tu habitación y siéntate. Si es posible, usa una habitación especial de tu casa para meditar; un pequeño rincón bastará, pero que sea solo para meditar. ¿Y por qué tiene que ser especial para meditar? Porque cualquier tipo de acto crea su propia vibración. Si en ese lugar solo meditas, se vuelve meditativo.

Cada día que meditas, el lugar absorbe la vibración de tu estado meditativo. Y al día siguiente, cuando regreses, esas vibraciones te impregnarán y te ayudarán, son recíprocas, responden.

Cuando una persona se ha vuelto realmente un meditador, puede meditar en el cine o en el andén de una estación.

Yo estuve viajando continuamente por todo el país durante quince años. Viajaba constantemente —día tras día, año tras año— en tren, en avión, en coche, y no importaba. Una vez que te has enraizado realmente en tu ser, no hay diferencia. Pero esto no es así para el principiante.

Tu postura debe ser tal que te permita olvidarte del cuerpo. ¿Qué entendemos por comodidad? Cuando te olvidas del cuerpo, estás cómodo. Cuando estás acordándote continuamente de tu cuerpo, estás incómodo. Por tanto, da lo mismo si te sientas en una silla o en el suelo, esa no es la cuestión. Ponte cómodo, porque, si tu cuerpo no está cómodo, no puedes anhelar otras dichas que pertenecen a niveles más profundos: si falla el primer nivel, todos los demás se cierran. Si realmente quieres ser feliz, dichoso, entonces empieza a serlo desde el primer momento. La comodidad del cuerpo es una necesidad básica para cualquiera que intente alcanzar éxtasis interiores.

MOVIMIENTO Y LIMPIEZA

Nunca le digo a la gente que empiece la práctica sentándose. Empieza por donde sea más fácil. De lo contrario, comenzarás a sentir muchas cosas innecesariamente, cosas que no existen.

Si empiezas por sentarte, sentirás muchas molestias dentro de ti. Cuanto más lo intentes, más incómodo estarás. Así solo te percatarás de la locura de tu mente nada más. Esto te deprimirá; te sentirás frustrado, en vez de dichoso. Empezarás a sentir que estás loco, y a veces ¡puedes volverte loco de verdad!

Si haces un verdadero esfuerzo por «estar simplemente sentado», puedes volverte realmente loco. La locura no ocurre más a menudo porque la gente no lo intenta de verdad. Manteniendo la postura sentada comienzas a sentir tanta locura dentro de ti que, si eres sincero y perseveras, realmente puedes llegar a volverte loco. Ha ocurrido muchas veces. Por eso nunca sugiero nada que pueda crear frustración, depresión, tristeza..., nada que te permita ser demasiado consciente de tu locura. Puede que no estés preparado para ser consciente de toda la demencia que hay dentro de ti.

Hay ciertas cosas que deben conocerse gradualmente. El conocimiento no siempre es bueno. Debe revelarse lentamente a medida que aumente tu capacidad de absorción. Yo parto desde tu locura, no desde la postura sentada. Permito tu locura. Si bailas locamente, en tu interior se produce lo contrario: con un baile frenético empiezas a ser consciente de un punto silencioso dentro de ti. Por el contrario, al estar sentado en silencio, comienzas a ser consciente de tu demencia. El objeto de la conciencia es siempre lo opuesto.

Poniéndote a bailar frenéticamente, caóticamente, o cuando lloras, o con la respiración caótica, estoy dando rienda suelta a tu locura. Entonces comienzas a ser consciente de un punto sutil profundo en tu interior que está en silencio, en calma, en contraste con la locura de la periferia. Te sentirás muy dichoso; en tu centro hay un silencio interior. Pero si simplemente te sientas, lo que encuentras dentro es tu locura. Por fuera estás en silencio, pero por dentro estás como loco.

Te irá mejor si empiezas con una actividad, con algo positivo, vivo, en movimiento. Entonces empezarás a sentir que crece una quietud interior. Cuanto más crezca, más fácil te será estar sentado o tumbado, más fácil resultará la meditación en silencio. Pero para entonces las cosas serán distintas, completamente distintas.

Una técnica de meditación que empieza con movimiento, con actividad, también te ayuda en otros aspectos, se vuelve una catarsis. Cuando estás sentado, estás frustrado: tu mente quiere moverse mientras que tú permaneces sentado. Cada músculo, cada nervio se tensa. Estás intentando forzar algo que no es natural en ti, te divides a ti mismo entre el que está forzando y el que es forzado. Y, realmente, la parte que está siendo forzada y reprimida es la más auténtica. La parte reprimida de tu mente es más grande que la que la reprime, por eso la parte más grande está abocada a ganar.

Eso que estás reprimiendo ha de ser descargado, no reprimido. Se ha convertido en una acumulación dentro de ti porque has estado reprimiéndolo constantemente. Toda la crianza, la civilización, la educación, es represiva. Has estado reprimiendo muchas cosas que podrían haber sido expresadas muy fácilmente con una educación distinta, más consciente, con una paternidad más responsable. Con un mejor conocimiento del mecanismo interno de la mente, la cultura te habría permitido deshacerte de muchas cosas.

Por ejemplo, cuando un niño está enfadado le decimos: «No te enfades». Él reprime el enfado y, poco a poco, lo que era algo momentáneo se vuelve permanente. Ahora ya no expresará su enfado, pero seguirá enfadado. Hemos acumulado mucha ira por cosas que solo eran pasajeras. Nadie puede estar permanentemente enfadado a menos que haya reprimido su rabia. La ira es algo momentáneo que viene y se va; si se expresa, dejas de estar enfadado. Por eso, yo permitiría al niño que se enfadara de verdad. Enfádate, pero mantente profundamente en el enfado. No lo reprimas.

Desde luego, esto creará problemas. Si le decimos «enfádate», se enfadará con alguien. Pero un niño puede ser moldeado. Se le puede dar un cojín y decirle: «Enfádate con el cojín. Sé violento con él». A un niño se le puede enseñar desde el primer momento la forma de desviar el enfado. Se le puede dar algún objeto y que continúe tirando el objeto hasta que se le pase el enfado. En cuestión de minutos, de segundos, habrá disipado su enfado en vez de acumularlo.

Has acumulado ira, sexo, violencia, avaricia..., todo. Y ahora esta acumulación es una locura guardada en tu interior. Está ahí, dentro de ti, así que si empiezas con alguna meditación represiva (por ejemplo, estar sentado), estás reprimiendo todo eso, no estás permitiendo que se libere. Por eso yo empiezo con una catarsis. Primero, deja salir todas las represiones. Y cuando consigas dejar salir tu ira, habrás madurado.

TRES COSAS ESENCIALES

En la meditación hay algunas cosas que son esenciales; son solo unas cuantas cosas, pero, sea cual sea el método empleado, son absolutamente necesarias. La primera es alcanzar un estado relajado: no luchar contra la mente, no controlarla, no concentrarse. La segunda, observar todo lo que ocurra sin interferir y con una atención relajada, solo observar la mente, silenciosamente, y hacerlo, además, sin llevar a cabo ningún juicio o evaluación.

Estos son, pues, los tres requisitos: relajación, observación y no juicio. Así, poco a poco, un gran silencio desciende sobre ti. Todo movimiento en tu interior cesa. Eres, pero no hay una sensación de «yo soy», solo espacio puro. Hay ciento doce métodos de meditación. He hablado de todos ellos. Difieren en su constitución, pero los fundamentos son los mismos: relajación, observación y una actitud de no juzgar.

JUGAR

Millones de personas se pierden la meditación porque le dan una connotación equivocada. Les parece algo muy serio, deprimente, como si tuviera algo de iglesia, como si fuera solo para gente que está muerta o medio muerta, personas depresivas y serias, con caras largas que han perdido las ganas de festejar, de jugar, de celebrar... Pero estas son las cualidades de la meditación. Una persona realmente meditativa es juguetona, es alguien a quien la vida le resulta divertida y la vive como un *leela*, un juego del que se disfruta tremendamente; es alguien que no está serio, que está relajado.

PACIENCIA

No tengas prisa. La prisa es a menudo la causa del retraso. Cuando tengas sed, espera pacientemente: cuanto más profunda sea la espera, antes llegará.

Has plantado la semilla, ahora siéntate a la sombra y observa lo que ocurre. La semilla se abrirá y florecerá, pero no puedes acelerar el proceso. ¿No es acaso necesario un tiempo para todo? Debes trabajar, pero deja el resultado en manos de la existencia. Nada en la vida se desperdicia, especialmente los pasos hacia la verdad.

Aunque a veces surge la impaciencia. La impaciencia llega con la sed, pero es un obstáculo. Conserva la sed y desecha la impaciencia.

No confundas la impaciencia con la sed. Con la sed hay anhelo, pero no lucha; con la impaciencia hay lucha, pero no hay anhelo. Con la añoranza hay espera, pero no exigencia; con la impaciencia hay exigencia, pero no hay espera. Con la sed hay lágrimas silenciosas; con la impaciencia hay una lucha inquieta.

La verdad no puede ser tomada al asalto, se logra a través de la rendición, no a través de la lucha. Se conquista con la rendición total.

NO TE PONGAS METAS

La meditación no es un fenómeno serio. Es una canción, una danza, una celebración. No te tomes la meditación como algo religioso, tómatela como un juego. Tomártela como algo religioso es una equivocación. Es religión, pero no te la tomes como algo religioso. Tiene que verse como algo divertido, igual que cuando los niños hacen castillos de arena, sin ninguna meta en particular, sencillamente disfrutando de la actividad misma.

La meditación no es un medio para alcanzar ningún fin, sino un fin en sí mismo. Ámalo, disfrútalo y no busques resultados. Los resultados llegarán; si no los vas buscando, llegarán antes. Tendrán consecuencias enormes, consecuencias que transformarán tu vida, pero no es necesario que te preocupes por ellas.

La meditación hay que hacerla sin ningún motivo. En la vida hay ciertas cosas que hay que hacer sin ningún motivo, a menos que tu vida sea solo un negocio y entonces todo sea una mercancía. La meditación no es una mercancía.

No busques resultados en la meditación, esto supone un obstáculo. No busques repetir ninguna experiencia meditativa, porque esto también constituirá un impedimento.

Cuando estés meditando, simplemente medita, y el resto sucederá de forma espontánea.

DISFRUTA

Mientras seas consciente disfruta de la conciencia y cuando seas inconsciente disfruta de la inconsciencia. No hay problema porque la inconsciencia es como un descanso. De otro modo la conciencia se convierte en tensión. Si estás despierto las veinticuatro horas del día, ¿cuántos días crees que puedes vivir? Un hombre puede vivir sin alimento tres meses. Sin dormir, en tres semanas se volverá loco e intentará suicidarse. Durante el día estás alerta, por la noche te relajas, y esa relajación te ayuda a estar de nuevo descansado y más alerta durante el día. Las energías han tenido un periodo de descanso y así, por la mañana, vuelven a estar más vivas.

Lo mismo ocurre con la meditación: hay momentos que estás perfectamente consciente, en la cima, y a continuación estás descansando en el valle. La conciencia ha desaparecido, te has olvidado. Pero ¿qué hay de malo en ello? Es sencillo: a través de la inconsciencia la conciencia vuelve a brotar, fresca, joven; y así continúa.

Si puedes disfrutar de ambas, tú te conviertes en el tercero: esto es lo que hay que entender. Si lo puedes hacer, esto significa que no eres ninguna de ellas (ni la conciencia ni la inconsciencia), sino el que disfruta de ambas. Aparece algo del más allá. De hecho, este es el auténtico testigo.

6

Obstáculos a la hora de meditar

EL EGO

La sociedad, la familia, la escuela, la Iglesia y todo el mundo a tu alrededor te están preparando continuamente para ser egoísta. Incluso la psicología moderna se basa en fortalecer el ego. Toda la idea de la psicología moderna, la educación moderna, defiende que, a menos que una persona tenga un ego fuerte, no será capaz de luchar en la vida. Y en la vida hay tanta competencia que, si eres un hombre humilde, todo el mundo te echará a un lado; siempre te quedarás atrás. Necesitas un ego muy fuerte, de acero, para luchar en este mundo competitivo; solo entonces puedes tener éxito en cualquier campo. Te hará falta tener una personalidad muy asertiva, ya sea en los negocios o en la política —de hecho, puede tratarse de cualquier profesión—, y toda nuestra sociedad está orientada para producir una personalidad asertiva en el niño.

Desde el principio empezamos a decirle: «Sé el primero de la clase», y cuando el niño lo consigue, todo el mundo le alaba. ¿Qué estás haciendo? Estás alimentando su ego desde el principio. Le estás inculcando una cierta ambición: «Puedes llegar a ser el presidente del país; puedes llegar a ser el primer ministro». Él comienza el viaje con estas ideas, y su ego se va haciendo cada vez más grande a medida que tiene éxito.

De todas formas, el ego es la mayor enfermedad que puede sucederle a un hombre. Si tienes éxito, tu ego aumenta; eso supone un peligro porque entonces tendrás que eliminar ese bloque que obstaculiza el camino. O si tu ego es pequeño porque no has tenido éxito, porque has demostrado ser un fracaso, entonces tu ego se convierte en una herida. En ese caso, el ego es doloroso, crea un complejo de inferioridad y, por tanto, también crea un problema. Como resultado, siempre tendrás miedo de hacer cualquier cosa, incluso meditar, porque sabes que eres un fracasado, sabes que vas a fracasar, esto se ha convertido en tu forma de pensar porque has fracasado en todo. Y la meditación es algo tan grande que no puedes tener éxito.

Si te adentras en la meditación con esta idea —de que inevitablemente vas a fracasar, porque es tu destino, tu sino— entonces, por supuesto, no podrás tener éxito. Por eso, si el ego es grande, te lo impedirá. Y si el ego es muy pequeño, se convierte en una herida, y entonces también te lo impide. En ambos casos el ego es uno de los problemas.

Tu verdadero centro no es solo tu centro, es el centro de la totalidad. Pero hemos creado nuestros propios pequeños centros caseros, fabricados por nosotros mismos. Responde a una necesidad, porque el niño nace sin ningún límite, sin idea de quién es. Es una necesidad de supervivencia. ¿Cómo va a sobrevivir? Necesita un nombre, necesita saber quién es. Por supuesto, esta idea proviene del exterior: hay alguien que te dice que eres hermoso o inteligente, o que tienes mucha vitalidad. Vas recolectando lo que la gente te dice. A partir de esto, te formas cierta imagen. Nunca miras dentro de ti para ver quién eres. Esta imagen es falsa, ya que nadie más que tú puede saber quién eres; nadie puede decirte quién eres. Tu realidad interior no está disponible para nadie más que para ti, es impenetrable para cualquiera excepto para ti. Solo tú puedes estar ahí.

El día que te des cuenta de que tu identidad es falsa, creada, que es una colección de opiniones de la gente... En algún momento, siéntate en silencio y piensa en quién eres. Surgirán muchas ideas. Continúa observando de dónde vienen, y encontrarás el origen. Algunas cosas vienen de tu madre, muchas de ellas, entre el ochenta y el noventa por ciento. Otras vienen de tu padre, de los profesores de la escuela, de tus amigos, de la sociedad. Simplemente observa y serás capaz de distinguir de dónde vienen. Nada procede de ti, ni siquiera el uno por ciento. ¿Qué clase de identidad es esta a la que no has contribuido en absoluto? Tú eres el único que podría haber contribuido; de hecho, con el cien por cien.

Hay algunas cosas que nadie puede hacer por ti: darte la respuesta a tu pregunta «¿Quién soy yo?». No, tienes que hacerlo tú mismo, tienes que profundizar en tu propio ser. Hay que atravesar capas y capas de identidad, de falsa identidad.

Tenemos miedo de entrar en nosotros mismos, porque es entrar en el caos. En cierto modo te las has arreglado con tu identidad falsa. Te has afirmado en ella. Sabes que tu nombre es este o aquel, tienes ciertas credenciales, certificados, títulos, estudios universitarios, prestigio, dinero, herencia. Tienes ciertas formas de definirte a ti mismo. Tienes una cierta definición que es más o menos útil, pero funciona. Profundizar implica perder esta definición que te resulta tan práctica, y entonces, llegará el caos.

Antes de que puedas llegar a tu centro, tendrás que atravesar un estado muy caótico. Por eso te da miedo. Nadie quiere profundizar. La gente sigue diciendo: «Conócete a ti mismo»; lo oímos, aunque nunca atendemos, nunca hacemos caso. Creemos firmemente que se desatará el caos y nos perderemos en él, que nos sepultará. Por miedo al caos, seguimos aferrándonos a todo lo externo. Pero esto es desperdiciar la vida.

LA MENTE Y SUS TRUCOS

El segundo obstáculo en el camino de la meditación es tu mente en constante parloteo. No puedes sentarte en silencio ni un minuto sin que la mente siga parloteando. Los pensamientos siguen fluyendo, ya sean relevantes o irrelevantes, con o sin sentido. Es un tráfico constante y siempre es hora punta.

Ves una flor y lo verbalizas; ves un hombre cruzando la calle y lo verbalizas. La mente puede traducir cada cosa existencial a una palabra, todo lo transforma. Las palabras crean una barrera, se convierten en una prisión. Este constante flujo hacia la transformación de las cosas en palabras, ese poner la existencia en palabras, es una barrera, es un obstáculo para una mente meditativa.

Por tanto, el primer requisito para el crecimiento en la meditación es ser consciente de la constante verbalización y ser capaz de pararla. Simplemente mira las cosas; no verbalices. Sé consciente de su presencia, pero no las traduzcas a palabras. Deja las cosas sin lenguaje, deja las personas sin lenguaje, deja las situaciones sin lenguaje. No es imposible, es natural y es posible.

Meditando a veces se siente una especie de vacío que no es realmente vacío. Yo lo llamo «una especie de vacío». Cuando meditas, en ciertos momentos, durante unos segundos, sentirás como si se hubiera parado el proceso de pensar. Al principio ocurren estos lapsos. Pero cuando estás sintiendo que el proceso de pensar se ha parado, esto es también un pensamiento, un proceso de pensar muy sutil. ¿Qué estás haciendo? Interiormente estás diciendo: «El proceso de pensar se ha parado». Pero ¿qué es eso? Es el comienzo de un proceso mental secundario. Estás diciendo: «Esto es el vacío». Estás diciendo: «Ahora va a ocurrir algo». ¿Qué es eso? Ha vuelto a comenzar un nuevo proceso mental.

Cuando esto te vuelva a suceder, no seas su víctima. Cuando sientas descender el silencio, no lo verbalices, porque lo destruirás. Espera, no esperes que ocurra nada, simplemente espera. No hagas nada. No digas: «Esto es el vacío». En el momento en que lo haces, lo estas destruyendo. Simplemente míralo, penetra en él, enfréntate a él; pero espera, no lo verbalices. ¿Qué prisa tienes? A través de la verbalización la mente vuelve a entrar por una puerta diferente y te engaña. Permanece alerta ante esta trampa de la mente.

Al principio ocurrirá así; por tanto, siempre que suceda, espera. No caigas en la trampa. No digas nada, permanece en silencio. Entonces entrarás en el vacío y no será temporal, porque una vez que hayas conocido el auténtico vacío no lo perderás. Lo real no puede perderse; esa es su cualidad.

Hay ciertas pautas en las que el buscador se enreda. La primera es que muchos buscadores se pierden en el sentimiento ilusorio de que ya han llegado. Es como ese tipo de sueños en los que sientes que estás despierto, pero aún estás soñando, la sensación de estar despierto forma parte del sueño. Lo mismo le ocurre al buscador. La mente es capaz de crear la ilusión de que «ya no hay ningún lugar adonde ir, has llegado».

En las antiguas escrituras de Oriente a esto se le llama el poder del maya. La mente tiene el poder hipnótico de crear cualquier ilusión. Si persigues algo desesperadamente, una de las funciones de la mente es crear una ilusión para detener tu desesperación. A todo el mundo le ocurre a diario en sus sueños, pero la gente no aprende...

Si por la noche te vas a la cama con hambre, soñarás que comes algo delicioso. La mente intenta ayudarte para que duermas sin ser molestado, de lo contrario tendrías hambre y el hambre te despertaría. Para quedar satisfecha, la mente te procura un sueño en el que estás comiendo algo delicioso. El hambre continúa, pero tú duermes sin perturbación. El hambre queda velada por la ilusión del sueño, protege tu descanso.

Esta es la función normal de la mente. En un plano superior funciona de la misma manera. Por un lado hay un dormir normal y un despertar normal que la mente impide. Por el otro, en el camino de la meditación, hay un dormir extraordinario y un despertar extraordinario, pero la mente está programada; es algo mecánico. Hace su trabajo sin preocuparse, porque no tiene forma de comprobar si se trata de un dormir normal o espiritual, de un despertar normal o espiritual.

Para la mente es todo lo mismo. Su función es mantenerte dormido y crear una barrera para cualquier cosa que perturbe tu sueño. Si tienes hambre, te da alimento; si buscas desesperadamente la verdad, te da la verdad, te da la iluminación. Le pides algo y está lista para dártelo. Puede crear la ilusión de lo real. Ese es su poder intrínseco.

Todo lo que puedas observar forma parte de la mente, esta es la verdadera llave que puede abrir la puerta. Todo lo que puede ser observado: la ascensión de la kundalini, las flores de loto abriéndose, hermosas fragancias y luz en tu interior... Todo aquello que puede ser observado, simplemente significa que son procesos de pensamiento sutiles. La mente está jugando, tratando de poner en práctica sus últimos trucos, tratando de encantarte: «Mira, ¿qué estás haciendo? ¿Estás intentando apartarme? Yo te puedo proporcionar un circo tan hermoso y puedo contener tantos misterios. ¿Qué estás haciendo? ¿Estás tratando de dejarme atrás? Entonces mira esta luz, mira esta energía, y fíjate: tu tercer ojo se está abriendo». Todos estos son trucos de la mente, trucos sutiles. Uno tiene que permanecer absolutamente impasible.

Estas son las verdaderas tentaciones. El único demonio es la mente. Si puedes seguir observando y disfrutando de estas tentaciones: «Sí, tú continúa haciendo trucos; estoy listo para observar, lo observaré todo. Observaré incluso la nada...». Esa es la última estrategia, la final. La mente dice: «De acuerdo, ¿estás interesado en la nada? ¡Aquí la tienes!». Si te aferras a la nada, vuelves a estar en la mente; la mente te ha conquistado, te ha derrotado.

Por eso tienes que decir: «De acuerdo, observaré incluso la nada. No voy a engancharme a nada de nuevo, ni siquiera a la nada». Entonces la nada real sucede; ya no es un pensamiento. No la ves, no puedes agarrarla, no puedes tocarla. Todo ha desaparecido; incluso la idea de la nada ha dejado de estar ahí. Ahora no estás sintiendo una gran dicha. «Mira, he alcanzado la nada. Esto es lo que sucede cuando un ser humano se convierte en un buda.» Ni siquiera eso está ahí; por eso Buda dice: «Si me encuentras en el camino, mátame inmediatamente». Eso es lo que quiere decir, incluso si surge en ti la idea: «Me acabo de convertir en un buda», mátala inmediatamente. Esa es la última tentación de la mente.

Sigue observando y observando y observando hasta que no quede nada que observar. Entonces el observador se queda solo, ya no hay objeto. Cuando la subjetividad se queda sola, en ese absoluto silencio ocurre la revolución.

JUICIOS

Mi comprensión y mi experiencia de la meditación es dejar ser todo lo que es; es solo permanecer en silencio, sin ninguna preocupación, sin ningún juicio, sin ninguna apreciación o crítica. Pronto todo el polvo se asentará y quedarás solo con tu inmensa gloria, con tu enorme belleza, en la cima de tu conciencia.

Los juicios vienen del pasado, y la observación es la conciencia presente. La observación tiene lugar aquí y ahora, y el juicio tiene lugar en otro sitio, en el pasado. Siempre que juzgues algo, intenta hacer un pequeño experimento: trata de encontrar quién te ha dado esa idea. Y si profundizas en ello, te sorprenderás: puedes incluso oír a tu madre diciéndolo, o a tu padre, o a tu profesor en el colegio. Todavía puedes oír sus voces resonando en tu memoria, pero no eres tú. Todo aquello que no es tuyo es feo, y todo lo que es tuyo es hermoso, tiene una gracia.

La meditación es un método sencillo. Tu mente es como una pantalla de televisión: pasan recuerdos, imágenes, pensamientos, deseos..., mil y una cosas; siempre es hora punta. Y la carretera es casi como una carretera de la India: no hay reglas, todo el mundo va en todas las direcciones. Uno tiene que observar sin hacer ninguna evaluación, sin ningún juicio, sin ninguna elección; simplemente observar sin preocupación, como si no tuviese nada que ver contigo, tú solo eres un testigo. Esta es la conciencia sin elección.

Si escoges, si dices: «Este pensamiento es bueno, déjame tenerlo», o «Es un deseo hermoso, un hermoso sueño, me gustaría disfrutarlo un poquito más, puedo entrar en él un poco más profundamente...». Si escoges, pierdes la observación. Si dices: «Esto está mal, esto es inmoral, esto es un pecado, debería echarlo fuera», empiezas a pelear y nuevamente pierdes la observación.

Puedes perder la observación de dos maneras: o bien poniéndote a favor, o bien en contra. Y todo el secreto de la meditación consiste en no estar ni a favor ni en contra, sino desapegado, frío, sin ninguna preferencia, gusto o disgusto, sin ninguna elección. Si puedes conseguir incluso algunos momentos de esa observación, te sorprenderá cuánta dicha puedes sentir, cuán extático te vuelves.

El flujo de pensamientos se mueve en la mente, solo observa los pensamientos. No juzgues lo que es bueno ni lo que es malo. Deja que pasen, igual que pasa el tráfico. Tú estás de pie junto a la carretera: pasa gente buena, pasa gente mala, pasa gente deshonesta, también pasa gente honesta, gente moral o inmoral. ¿A ti que más te da? Tú estás junto a la carretera, solo observando. Eres solo un observador, un mero testigo. Y te sorprenderás, si te quedas junto a la corriente de pensamientos... El pensamiento es solo una corriente. Tú estás separado de ella. Tú no eres los pensamientos, tú eres el que ve los pensamientos. Solo necesitas despertar y recordar: «Soy el observador».

Deja que los pensamientos sigan pasando y entonces, si «Rama, Rama» pasa por delante, «Coca-Cola» pasa por delante, simplemente déjalos pasar. Parado de pie a cierta distancia, sigue observando pacíficamente. Tú no estás ni a favor ni en contra. No dices: «¡Ah! Ha llegado un pensamiento bueno». Si dices esto, estás atrapado. Agarrarás el pensamiento que crees que es bueno y te apegarás a él. Querrás que vuelva una y otra vez. Te harás su amigo, te casarás con él. O llegará un pensamiento y dirás: «Este es un mal pensamiento, no quiero verlo», y volverás la cabeza hacia otro lado. Este pensamiento también te seguirá, pues estará enfadado por haberlo insultado. Lo has negado, le has dicho que no. Llamará a tu puerta una y otra vez. Te dirá: «Mírame».

Todo aquello que niegas regresa una y otra vez. Trata de observar esto. Niega cualquier pensamiento y observa: volverá una y otra vez, te torturará las veinticuatro horas. Si te aferras a algo, estás atrapado, renuncia a ello y también estarás atrapado. La indulgencia te aprisiona y la renuncia, también. La libertad solo reside en el testigo, ni en la indulgencia ni en la renuncia. No digas «Muy hermoso», y no digas «Muy malo». No digas nada; no hace falta decir nada, solo observa. ¿Puedes limitarte a observar igual que observa un espejo? Incluso si una mujer hermosa se pone delante del espejo, el espejo no le dice: «Espera un poco, quédate un poco más». Tampoco empieza una conversación. Si pasa por ahí una mujer fea, no le dice: «Pasa rápido, sigue andando, piérdete, vete a torturar a cualquier otro espejo».

Un espejo solo observa. De la misma manera, cuando te conviertes en un testigo —igual que un espejo—, todos tus pensamientos empiezan a tranquilizarse espontáneamente. Llega un momento en que el camino de los pensamientos queda desierto, no pasa nadie. En ese silencio se oye la voz de la existencia por primera vez.

7
Preguntas acerca de la meditación

Osho:

Continuamente nos animas a ser conscientes, a ser testigos. Pero ¿es el testigo solo un mero espectador? ¿Puede una conciencia que atestigua realmente cantar, bailar y saborear la vida?

Tarde o temprano la mente acaba planteando esta pregunta porque tiene mucho miedo de que tú te conviertas en un testigo. ¿Por qué tiene la mente tanto miedo a que te conviertas en testigo? Porque convertirse en testigo significa la muerte de la mente.

La mente es acción —quiere hacer cosas— y ser testigo es un estado de no-hacer. La mente tiene miedo de que «si te conviertes en un testigo, dejes de necesitarla». Y de algún modo está en lo cierto.

Una vez que el testigo surja en ti, la mente ha de desaparecer, igual que desaparece la oscuridad al encender la luz de tu habitación; la oscuridad tiene que desaparecer, es inevitable. La mente solamente puede existir si permaneces profundamente dormido porque la mente es un estado de ensueño, y los sueños solamente pueden existir mientras duermes.

Al convertirte en testigo ya no estás dormido, estás despierto. Te vuelves consciente, tan transparente como el cristal, joven y fresco, vital y potente. Te conviertes en una llama, con intensidad, como si ardieras por los dos extremos. En ese estado de intensidad, de luz, de conciencia, la mente muere, se suicida. De ahí que la mente tenga miedo.

Y la mente te creará muchos problemas. Hará muchísimas preguntas. Te hará dudar para que no des el salto hacia lo desconocido. Tratará de tirar de ti. Tratará de convencerte: «Conmigo estás seguro, estás a salvo. Conmigo vives protegido, resguardado. Yo cuido de ti. Conmigo eres eficiente, hábil. En el momento en que me dejes, tendrás que abandonar todo tu conocimiento, tu seguridad, tu protección. Tendrás que abandonar tu armadura e irás hacia lo desconocido. Estás corriendo un riesgo innecesario sin razón alguna». Se inventará hermosas justificaciones. Esta es una de las justificaciones que casi siempre sufre todo el que medita.

No eres tú quien está haciendo la pregunta; es la mente —tu enemiga— quien la hace a través de ti. Es ella la que dice: «Osho, siempre nos dices sé consciente, sé un testigo. Pero ¿puede una conciencia que atestigua realmente cantar, bailar y saborear la vida?». ¡Sí! De hecho, solamente siendo consciente y un testigo puedes realmente cantar, bailar y saborear la vida. Parece una paradoja, ¡y lo es! Pero todo lo que es verdad es siempre paradójico. Recuerda: si la verdad no es paradójica entonces no es verdad en absoluto, es cualquier otra cosa.

La paradoja es una cualidad básica, intrínseca de la verdad. Deja que esto se grabe en tu corazón para siempre: la verdad como tal es paradójica. Aunque no todas las paradojas son verdades, todas las verdades son paradojas. La verdad tiene que ser una paradoja porque tiene que ser ambos polos —negativo y positivo—, y, aun así, trascendente. Tiene que ser la vida y la muerte, y más. Por «más» quiero decir la trascendencia de ambas: ambas y no-ambas. Esta es la paradoja suprema.

¿Cómo puedes cantar cuando estás en la mente? La mente crea desdicha; de la desdicha no puede surgir ninguna canción. ¿Cómo puedes bailar cuando estás en la mente? Sí, puedes hacer ciertos gestos vacíos y llamarlos baile, pero no es un baile auténtico.

Solo alguien como Meera o Krishna o Chaitanya conocen el auténtico baile. Esta es la gente que sabe realmente lo que es bailar. Los demás solamente conocen la técnica del baile, pero ese baile no tiene nada desbordante, su energía está estancada. La gente que vive en la mente está viviendo en el ego, y el ego no sabe bailar. Puede hacer una actuación, pero no es un baile.

La danza auténtica sucede únicamente cuando te conviertes en testigo. Entonces eres tan dichoso que la propia dicha comienza a desbordarte: eso es bailar. La propia dicha empieza a cantar y de *motu proprio* surge la canción. Y solo puedes saborear la vida cuando eres un testigo.

Entiendo tu pregunta. Te preocupa que al hacerte testigo te conviertas en un mero espectador de la vida. No, ser un espectador es una cosa y ser testigo es otra cosa completamente distinta, cualitativamente distinta.

Un espectador es indiferente, está apagado, está en una especie de sueño. No participa de la vida. Tiene miedo, es cobarde. Se queda al lado de la carretera y simplemente mira cómo viven los demás. Eso es lo que llevas haciendo toda tu vida: alguien actúa en una película y tú lo ves. ¡Eres un espectador! La gente se queda pegada a la silla durante horas delante del televisor: son espectadores.

Alguien canta y tú escuchas. Alguien baila y tú solo eres un espectador. Alguien ama y tú solo miras, no participas. Los profesionales hacen lo que deberías haber hecho tú.

Un testigo no es un espectador. Entonces, ¿qué es un testigo? Un testigo es el que participa y, sin embargo, permanece alerta. Un testigo está en el estado de *wu-wei*. Esa palabra es de Lao Tse, significa acción a través de la inacción. Un testigo no es alguien que haya escapado de la vida. Vive la vida y la vive mucho más a fondo, mucho más apasionadamente, pero, al mismo tiempo, en lo más profundo permanece como un observador, sigue recordando que «soy una conciencia».

Inténtalo. Mientras caminas por la calle, recuerda que eres conciencia. El caminar continúa y se añade algo nuevo, una nueva riqueza, una nueva belleza. Se añade algo interior al acto exterior. Te conviertes en una llama de conciencia, y entonces el caminar produce un goce totalmente diferente: estás en la tierra pero tus pies no tocan la tierra.

Eso es lo que Buda dijo: «Atraviesa el río, pero no dejes que el agua te toque los pies».

Osho:

A veces, cuando medito soy consciente de que hay muchas cosas feas en mi interior. ¿Cómo puedo aceptar la parte oscura de mi mente?

Lo fundamental que has de entender es que tú no eres la mente, ni la luminosa ni la oscura. Si te identificas con la parte bonita, es imposible que no te identifiques con la fea porque son dos caras de la misma moneda. Puedes tomarla o dejarla, pero no puedes dividirla.

La ansiedad del hombre estriba en querer elegir lo que parece hermoso, luminoso. Quiere elegir el resplandor plateado dejando la nube oscura detrás. Pero no sabe que el resplandor plateado no puede existir sin la nube oscura. La nube oscura es el fondo, es absolutamente necesaria para que se vea el resplandor plateado.

Elegir provoca ansiedad. Elegir es crearse problemas uno mismo. No elegir significa que la mente está ahí, y tiene un lado oscuro y un lado luminoso..., ¿y qué? ¿Qué tiene esto que ver contigo? ¿Por qué preocuparte por ello?

En el momento en que dejas de elegir, las preocupaciones desaparecen. Surge entonces una gran aceptación. Aceptas que la mente es así, que esa es la naturaleza de la mente. Y ese no es tu problema porque tú no eres la mente. Si fueras la mente no pasaría nada en absoluto. En ese caso, ¿quién elegiría y quién pensaría en la trascendencia? Y ¿quién intentaría aceptar y entender la aceptación?

Estás separado, totalmente separado. Eres un testigo y nada más.

Un observador que se identifica con cualquier cosa que le resulta agradable y se olvida de que lo desagradable le sigue como una sombra... No te preocupa el lado agradable, te regocijas en él. El problema llega cuando aparece el polo opuesto, entonces te desmoronas.

Pero el problema lo empezaste tú. Caíste del atestiguar y te identificaste. La historia bíblica de la caída de Adán es solo una ficción. La caída real es esta: la caída desde el atestiguar hasta la identificación, perdiendo así tu atestiguar.

Inténtalo de vez en cuando: deja que la mente sea lo que quiera ser. Recuerda que tú no eres la mente. Y te llevarás una gran sorpresa. Cuanto menos identificado estés, menos poderosa se vuelve la mente porque su poder nace de tu identificación, así te chupa la sangre. Pero cuando empiezas a mantenerte al margen, lejos, la mente empieza a encogerse.

El día en que no te identifiques en absoluto con la mente, ni por un instante, llegará la revelación. La mente simplemente morirá, dejará de estar allí. Lo llenaba todo de forma continuada, día tras día, mientras caminabas, mientras dormías, siempre estaba allí. Y de pronto ya no está. Miras a tu alrededor y está el vacío, la nada.

Y al desaparecer la mente desaparece el ser. Entonces solo permanece una cierta clase de conciencia que no contiene un «yo». A lo sumo puedes calificarlo de algo parecido a «soy», pero «sin sensación de identidad». Para ser más exactos, podría decirse «la cualidad de ser» porque incluso en «soy» sigue habiendo alguna sombra del «yo». En el momento en que reconoces su «cualidad de ser», se vuelve universal.

Con la desaparición de la mente desaparece el ser y tantas otras cosas que eran tan importantes para ti, tan problemáticas. Intentabas resolverlas y se volvían cada vez más complicadas; todo era un problema, una ansiedad, y parecía que no hubiese salida.

La mente es solo una procesión de pensamientos que pasan delante de ti en la pantalla del cerebro. Tú eres un observador, pero comienzas a identificarte con las cosas bellas, y eso son sobornos. Una vez que te atrapen las cosas bellas, también lo hacen las cosas feas, porque la mente no puede existir sin dualidad.

La conciencia no puede existir *con* la dualidad, y la mente no puede existir sin la dualidad. La conciencia no es dual, la mente es dual. Por tanto, simplemente observa. Yo no te enseño soluciones. Te enseño *la* solución: simplemente distánciate un poco y observa. Crea una distancia entre tu mente y tú.

Permanece tan distante como sea posible tanto si es bueno, hermoso, delicioso, algo que te gustaría disfrutar más de cerca, como si es feo. Míralo de igual modo que ves una película. Pero la gente se identifica incluso con las películas.

Cuando era joven —hace ya mucho tiempo que no veo ninguna película— veía a la gente sollozar, cayéndoles las lágrimas. Está bien que la sala de cine esté a oscuras porque evita que se sientan avergonzados. ¡Y no ha ocurrido nada!

Yo solía preguntarle a mi padre:

—¿Has visto? ¡El señor que estaba a tu lado lloraba!

—Toda la sala lloraba —dijo él—. Era una escena tan...

—Pero solo es una pantalla —dije—, nada más. No se ha muerto nadie, no es ninguna tragedia. Se trata solo de la proyección de una película. Solo son imágenes moviéndose en la pantalla, y la gente se ríe, llora, y están casi perdidos durante tres horas. Se meten en la película, se identifican con los personajes.

—Si sigues preguntándome sobre las reacciones de la gente —me dijo mi padre—, no disfrutarás de la película.

—Puedo disfrutar de la película —contesté—, pero no quiero llorar, no veo ningún disfrute en ello. Puedo verlo como una película, pero no quiero ser parte de ella. Toda esta gente se identifica con ella.

Te identificas con cualquier cosa. La gente se identifica con otras personas y provocan su propia amargura. Se identifican con las cosas y se sienten desgraciados si pierden alguna de ellas.

La identificación es la raíz de tu desgracia. Y toda identificación proviene de identificarse con la mente. Simplemente, échate a un lado, deja que la mente pase de largo. Pronto verás que no hay ningún problema.

Osho:

Algunas veces siento dolor físico durante la meditación. ¿Qué debería hacer?

Si sientes dolor, préstale atención y no hagas nada. La atención es una gran espada, lo corta todo. Simplemente préstale atención al dolor.

Por ejemplo, estás sentado en silencio en la última parte de la meditación, inmóvil, y sientes muchos problemas en el cuerpo. Sientes que la pierna se te está quedando dormida, tienes un picor en la mano, sientes hormigas subiendo por tu cuerpo, aunque has mirado muchas veces y no hay hormigas. La sensación es interna, no externa. ¿Qué deberías hacer? Se te ha dormido la pierna. Observa, préstale total atención. Sientes un picor. No te rasques, eso no ayudará. Solo presta atención. Ni siquiera abras los ojos. Solo presta atención internamente, espera y observa, y en unos segundos el picor desaparecerá.

Pase lo que pase, incluso si sientes dolor, un dolor agudo en el estómago, en la cabeza... Es posible, porque, cuando meditas, todo el cuerpo cambia. Cambia su química. Empiezan a suceder cosas nuevas y el cuerpo está en caos. A veces el estómago se verá afectado porque has reprimido muchas emociones y están todas revueltas. A veces sentirás un dolor intenso en la cabeza porque la meditación está cambiando las estructuras internas de tu cerebro. Te encuentras realmente en un caos yendo a través de la meditación. Pronto todo se asentará. Pero, durante un tiempo, todo se verá alterado.

Entonces, ¿qué tienes que hacer? Solo mira el dolor de cabeza, obsérvalo. Sé el observador. Olvídate de que eres el hacedor, y poco a poco, todo remite y remite de una manera tan bella y con tanta gracia que no lo podrás creer a menos que ya lo conozcas. No es solo que el dolor desaparezca de la cabeza, si observas la energía que lo generaba, el dolor desaparece y la energía se convertirá en placer. La energía es la misma. El dolor y el placer son dos dimensiones de la misma energía.

Osho:

Cuando medito mi mente sigue yendo a mil kilómetros por hora. ¿Estoy perdiendo el tiempo?

Tu mente es tremendamente lenta. ¿Solo a mil kilómetros por hora? ¿Y crees que eso es velocidad? Eres sumamente lento. La mente va tan rápido que no conoce la velocidad, es más rápida que la luz. La luz viaja a 300.000 kilómetros por segundo, y la mente es más rápida que eso. Pero no hay por qué preocuparse, porque esa es la belleza de la mente. ¡Es una gran cualidad! Mejor que tomarlo negativamente, mejor que luchar con ella, hazte amigo de la mente.

Dices: «Durante las meditaciones, mi mente sigue yendo a mil kilómetros por hora». ¡Déjala que vaya! Déjala que vaya más deprisa. Sé un observador. Observa la mente dando vueltas así de rápido, a tanta velocidad. ¡Disfrútalo! Disfruta de este juego de la mente. En sánscrito tenemos un término especial para esto; lo llamamos *chidvilas*, el juego de la conciencia. ¡Disfrútalo! Disfruta de este juego de la mente corriendo hacia las estrellas, moviéndose tan rápido de aquí para allá, saltando por toda la existencia. ¿Qué hay de malo en ello? Deja que sea una hermosa danza. Acéptalo.

Mi sensación es que lo que estás haciendo es intentar pararla, y no puedes hacerlo. ¡Nadie puede parar la mente! Sí, es cierto, la mente un día se para, pero nadie puede pararla. La mente se para, pero no por tu esfuerzo. La mente se para como resultado de tu comprensión.

Tú solo observa y trata de ver lo que está sucediendo, por qué va tan deprisa la mente. No iría a toda velocidad si no es por alguna razón. Trata de ver por qué está acelerada la mente y a dónde se dirige. Debe ser porque eres ambicioso. Si tu mente piensa en el dinero, entonces trata de comprender. La mente no es la cuestión. Empiezas a soñar con el dinero, que te ha tocado la lotería, que si esto, que si lo otro..., y entonces incluso empiezas a planear cómo gastarlo, qué comprar y qué no. O la mente piensa que te has convertido en presidente, o en primer ministro, y empieza a pensar qué hacer ahora, cómo dirigir el país o el mundo. ¡Observa la mente! ¡Observa hacia dónde se dirige! Debe haber una semilla en la profundidad de tu ser. No puedes parar la mente a menos que desaparezca esa semilla.

La mente simplemente sigue la orden de esa profunda semilla. Cuando alguien piensa en el sexo, es que en algún lugar existe una sexualidad reprimida. Observa hacia dónde se precipita la mente. Mira en la profundidad de tu ser, descubre dónde están las semillas.

Una vez oí que un párroco estaba muy preocupado.

—Escuche —le dijo a su sacristán—, alguien ha robado mi bicicleta.

—¿Por dónde ha estado, señor párroco? —preguntó el sacristán, intrigado.

—Solo he estado haciendo mis visitas por la parroquia.

El sacristán dijo que sería un buen plan mencionar los diez mandamientos en el sermón del domingo.

—Cuando llegue al «no robarás», yo estaré observando las caras y pronto veremos qué ocurre.

Llegó el domingo y el párroco empezó a citar los mandamientos con gran fluidez, pero perdió el hilo, cambió de tema y terminó con poca convicción.

—Señor párroco —dijo el sacristán—, creía que iba a hablar sobre...

—Lo sé, Giles, lo sé. Pero ya ve, cuando llegué al «no desearás a la mujer de tu prójimo», de pronto recordé dónde había dejado mi bicicleta.

Mira dónde has dejado tu bicicleta. La mente corre por razones determinadas. La mente necesita comprensión, conciencia. No intentes detenerla. En primer lugar, si intentas detenerla, no podrás tener éxito. Y en segundo lugar, en caso de que tengas éxito —y se puede tener éxito haciendo un esfuerzo perseverante durante años—, si consigues tener éxito, te quedarás abotargado. No alcanzarás ningún *satori*.

En primer lugar, no puedes tener éxito, y es bueno que no puedas tenerlo. Si tuvieras éxito, si consiguieras tener éxito, sería algo muy desafortunado porque te apagarías, perderías inteligencia. Con esa velocidad hay inteligencia, con esa velocidad se aguza la espada del pensamiento, de la lógica, del intelecto. Por favor, no intentes detenerla. No estoy a favor de los lerdos, no estoy aquí para ayudar a nadie a que se vuelva estúpido.

En nombre de la religión mucha gente se ha vuelto estúpida, se han vuelto casi idiotas intentando detener la mente sin más, sin ninguna comprensión de por qué va a tal velocidad... ¿Y por qué? La mente no puede actuar sin una razón. Intentan pararla sin buscar las razones, sin entrar en las capas profundas del inconsciente. Pueden detenerla, pero tendrán que pagar un precio, y el precio es que perderán su inteligencia.

Si te das una vuelta por la India encontrarás miles de *sannyasins*, de *mahatmas*... Míralos a los ojos. Sí, son buena gente, amables, pero estúpidos. Si los miras a los ojos, no verás ninguna inteligencia, no verás ningún destello. No son gente creativa, no han hecho nada. Solo están ahí sentados, vegetando, no son gente viva. No han ayudado al mundo de ninguna manera. Ni siquiera han pintado un cuadro, escrito un poema, o una canción, porque para escribir un poema necesitas inteligencia, necesitas ciertas cualidades de la mente.

Yo no te sugiero que detengas la mente sino, más bien, que la comprendas. Con la comprensión ocurre un milagro. El milagro es que con la comprensión, poco a poco, cuando entiendes las causas y las miras con detenimiento, estas desaparecen y la mente se tranquiliza, pero no se pierde inteligencia, porque no se ha forzado la mente.

Osho:

Siento que mi testigo se enciende y se apaga como el intermitente de un coche: ahora observo, ahora no observo. ¿Qué quiere decir esto?

Tienes que recordar que hay algo más detrás de esos momentos de observación que está observando todo este proceso. ¿Quién está observando que algunas veces estás observando y otras veces no lo estás haciendo? Hay algo que es constante.

Tu observación se ha convertido en un intermitente, pero no te preocupes por ello. Pon la atención en lo eterno, en lo constante, en el continuum... y estará ahí. Y está en todo el mundo, solo que lo hemos olvidado.

Pero incluso en los momentos en que lo hemos olvidado, está allí en su absoluta perfección. Es como un espejo que es capaz de reflejarlo todo, que aún lo está reflejando todo, pero tú estás de espaldas al espejo. El pobre espejo está reflejando tu espalda.

Vuélvete y reflejará tu cara. Abre tu corazón y reflejará tu corazón. Pon todo sobre la mesa, no escondas ni una sola carta, y reflejará toda tu realidad.

Pero si sigues dándole la espalda al espejo y preguntando a todo el mundo a tu alrededor: «¿Quién soy yo?», es asunto tuyo. Porque habrá idiotas que vendrán a enseñarte: «Este es el camino. Haz esto y sabrás quién eres». No se necesita ningún método, solo dar un giro de 180 grados. Y eso no es un método. Y el espejo es tu propio ser.

Y cuando dices «sí, estoy siendo un testigo», pero después desaparece y dices «no», y nuevamente aparece otra vez y dices «sí»..., eso demuestra que hay algo detrás de todos estos momentos de ser testigo y de no serlo. El verdadero testigo está detrás, reflejando el proceso cambiante de lo que tú piensas que es ser testigo. Lo que tú crees que es el verdadero testigo no lo es, solo es el intermitente. Olvida el intermitente.

Recuerda el reflejo constante que permanece las veinticuatro horas del día dentro de ti, observándolo todo en silencio. Límpialo poco a poco, porque tiene polvo, siglos de polvo. Quita el polvo.

Y un día, cuando el espejo esté completamente limpio, esos momentos de atestiguar y no atestiguar desaparecerán, y serás simplemente un testigo.

Y a menos que encuentres ese testigo eterno, todas las demás formas de atestiguar no serán más que parte de la mente. No tienen ningún valor.

Osho:

Actualmente hay muchos productos disponibles que aseguran que nos pueden proporcionar la meditación. ¿Pueden realmente ayudar?

Se están desarrollando en todo el mundo máquinas con las que presuntamente alcanzas la meditación, solo tienes que ponerte los auriculares, relajarte y en diez minutos alcanzarás un estado meditativo. Esto es una completa estupidez.

La mente, mientras está despierta, funciona en una cierta determinada longitud de onda, cuando está soñando funciona en otra, y cuando está profundamente dormida, en otra diferente. Sin embargo, ninguna de ellas es meditación.

Durante miles de años hemos llamado a la meditación *turiya*, «la cuarta». Cuando vas más allá del sueño más profundo y aún estás consciente, esa conciencia es meditación. No es una experiencia, eres tú, tu propio ser.

No obstante, estos aparatos de alta tecnología, en las manos adecuadas, pueden ser de gran utilidad. Pueden ayudar a crear en tu mente el tipo de onda apropiado para que puedas empezar a sentirte relajado, como si estuvieras medio dormido... Los pensamientos van desapareciendo y llega un momento en el que todo se vuelve silencio dentro de ti. En ese momento las ondas son las mismas que las del sueño profundo. No te darás cuenta de este sueño profundo, pero después de diez minutos, cuando te desconectes de la máquina, verás los efectos: estarás relajado, tranquilo, en paz, sin preocupación, sin tensión; la vida parecerá ser un juego más alegre. Uno se siente como si se hubiera dado un baño interno. Todo tu ser estará en calma e imperturbable.

Cuando se trata de máquinas, todo es muy seguro porque no depende de ninguna acción por tu parte. Es igual que escuchar música: te sientes en paz, armonioso. Esas máquinas te llevarán al tercer estado: a un sueño profundo, a dormir sin soñar.

Pero si piensas que esto es meditación, estás equivocado. Te diría que esto es una buena experiencia si mientras estás en ese instante de sueño profundo fueses consciente desde el primer momento... Cuando la mente empieza a cambiar sus ondas, tienes que estar más alerta, más despierto, ser más observador de lo que está ocurriendo, y verás que, poco a poco, la mente se va quedando dormida. Y si puedes ver cómo tu mente se está quedando dormida, ese que está viendo a la mente quedarse dormida es tu ser. Y ese es el auténtico propósito de toda meditación.

Estas máquinas no pueden darte esa conciencia. Esa conciencia tendrás que crearla tú. Pero en diez minutos estas máquinas ciertamente pueden darte una oportunidad que tal vez tú no puedas crear en años de esfuerzo.

Por tanto, yo no estoy en contra de estos aparatos de alta tecnología, estoy totalmente a favor. Únicamente quiero que la gente que está difundiendo esas máquinas por todo el mundo sepa que están haciendo un buen trabajo pero incompleto.

Será completo solamente cuando la persona, además de estar en el silencio más profundo, esté también alerta, como una pequeña llama de conciencia que continúa ardiendo. Todo desaparece, alrededor todo está oscuro y en silencio, en paz, excepto una llama inquebrantable de conciencia. Por eso, si la máquina está en las manos adecuadas y se le enseña a la gente que lo real no llegará a través de la máquina, esta puede crear la base esencial sobre la cual puede edificarse esa llama. Pero esa llama depende de ti, no de la máquina.

De modo que estoy a favor de esas máquinas, por un lado, y, por otro, estoy muy en contra porque muchas personas creerán que están meditando.

Osho:

Después de trabajar con técnicas catárticas durante algún

tiempo, siento en mi interior una profunda armonía, un equilibrio, y me noto más centrado. ¿Es real o me lo estoy imaginando?

He observado que la gente anhela el silencio y, cuando comienza a suceder, no se lo pueden creer, es demasiado bueno para ser verdad. Particularmente, la gente que es muy crítica consigo misma no se puede creer que le esté sucediendo: «¡ No es posible! Le puede haber sucedido a Buda o a Jesús, pero ¿a mí? Es imposible ». Vienen a verme y se sienten muy incómodos con el silencio, molestos con lo que les está ocurriendo: «¿Es verdad o me lo estoy imaginando?». ¿Por qué preocuparse? Incluso si es imaginación, es mejor que imaginarse la ira, es mejor que imaginarse el sexo, la lujuria.

Y, además, te digo que nadie puede imaginarse el silencio. La imaginación necesita alguna forma, el silencio no tiene forma. La imaginación significa pensar con imágenes, y el silencio no tiene ninguna imagen. No puedes imaginártelo. No hay ninguna posibilidad. No puedes imaginarte la iluminación, no puedes imaginarte el *satori*, el *samadhi*, el silencio, es imposible. La imaginación necesita alguna base, alguna forma, y el silencio no tiene forma, es indefinible. Nadie ha pintado un cuadro del silencio, no se puede hacer. Nadie ha tallado una imagen del silencio, no se puede hacer.

No puedes imaginarte el silencio. La mente te está jugando una mala pasada. La mente te dirá: «Te lo estás imaginando. ¿Cómo es posible que te ocurra el silencio a ti, a un hombre tan estúpido como tú? Debe de ser que te lo estás imaginando», o «Este tipo, Osho, te ha hipnotizado. En algún momento te han debido de engañar». No crees tales problemas. La vida tiene ya suficientes problemas. Cuando aparezca el silencio, disfrútalo, celébralo. Significa que has expulsado a las fuerzas caóticas. La mente está haciendo su último juego. Está jugando hasta el mismísimo final. En el último momento, cuando está a punto de suceder la iluminación, también entonces la mente juega su último juego porque es la última batalla.

No te preocupes de si es real o no, de si después vendrá el caos o no. Porque pensando de esta manera ya has traído el caos, es tu idea la que puede crear el caos. Y cuando lo hayas creado, la mente dirá: «Fíjate, te lo había avisado».

La mente es muy autosuficiente. Primero te da una semilla y cuando germina, dice: «Mira, te dije de antemano que te estabas engañando». Ha llegado el caos, y lo ha traído la idea. Así que, ¿por qué preocuparse por el futuro, de si vendrá el caos o no, o si ya ha pasado o no? En este mismo momento estás en silencio: ¿por qué no celebrarlo? Y te digo que si lo celebras, aumentará.

En este mundo de la conciencia no hay nada que ayude tanto como la celebración. La celebración es como regar una planta. La preocupación es justo lo contrario de la celebración, es como cortar las raíces. ¡Siéntete feliz! Baila con tu silencio. Este momento está allí y es suficiente. ¿Por qué pedir más? El mañana cuidará de sí mismo. Este momento ya es mucho, ¿por qué no vivirlo, celebrarlo, compartirlo, disfrutarlo? Deja que se convierta en una canción, en una danza, en un poema, deja que sea creativo. Deja que tu silencio sea creativo, haz algo con él.

Puedes hacer millones de cosas, porque no hay nada más creativo que el silencio. No hace falta llegar a ser un gran pintor mundialmente famoso, un Picasso; no hace falta llegar a ser un Henry Moore; no hace falta llegar a ser un gran poeta. La ambición de ser grande es producto de la mente, no del silencio. Pinta a tu manera, por poco que sea. Escribe un haiku a tu manera, por pequeño que sea. Canta una canción por pequeña que sea, baila un poco, celébralo a tu manera, y descubrirás que el siguiente momento te traerá más silencio. Una vez que sabes que cuanto más célebres, más recibirás, y que cuanto más compartas, más capaz serás de recibir, el silencio irá aumentando momento a momento. El siguiente momento siempre nace de este, por tanto, ¿por qué preocuparse por ello? Si este momento es silencio, ¿cómo puede ser un caos el momento siguiente? ¿De dónde vendrá? Nacerá de este momento. Si en este momento soy feliz, ¿cómo puedo ser infeliz en el momento siguiente?

Si quieres ser infeliz en el momento siguiente tendrás que ser infeliz en este momento, porque de la infelicidad nace la infelicidad y de la felicidad nace la felicidad. Lo que quieras cosechar en el momento siguiente tendrás que sembrarlo ahora mismo. Cuando permites que aparezca la preocupación y empiezas a pensar que vendrá el caos, llegará porque ya lo has traído. Ahora tendrás que cosecharlo, ya ha venido. No hay ninguna necesidad de esperar al momento siguiente, ya está ahí.

Recuerda esto, que realmente es algo extraño: cuando estás triste nunca piensas que te lo estás imaginando. Nunca me he encontrado con alguien que esté triste y me diga que tal vez solo es una imaginación. La tristeza es perfectamente real. Pero ¿qué ocurre con la felicidad? Entonces empiezas a pensar: «Quizá me lo estoy imaginando». Cuando estás tenso, nunca piensas que te lo estás imaginando. Si pudieras pensar que tu tensión y tu angustia son una imaginación, desaparecerían. Y si piensas que tu silencio y tu felicidad son una imaginación, también desaparecerán.

Lo que se toma como real, se vuelve real. Lo que se toma como irreal, se vuelve irreal. Recuerda que tú eres el creador de todo el mundo que te rodea. Es tan raro alcanzar un momento de felicidad, de dicha…, no lo desperdicies pensando. Pero si no haces nada, es posible que aparezca la preocupación. Si no haces nada —si no bailas, si no cantas, si no compartes—, existe la posibilidad. La misma energía que podría haber sido creativa se convertirá en preocupación. Empezará a crear nuevas tensiones dentro de ti.

La energía tiene que ser creativa. Si no la utilizas para la felicidad, esa misma energía se utilizará para la infelicidad. Y está tan arraigada la costumbre de ser infeliz que la energía fluye hacia allí de forma fácil y natural. Usarla para la felicidad se te hace más cuesta arriba.

Por tanto, los primeros días tendrás que estar consciente constantemente. Cuando haya un momento feliz, deja que te agarre, que te posea. Disfrútalo totalmente. ¿Cómo podría ser distinto el momento siguiente? ¿Por qué iba a ser distinto? ¿De dónde vendrá?

Tu tiempo se crea dentro de ti. Tu tiempo no es mi tiempo. Hay tantos tiempos paralelos como mentes. No existe un único tiempo. Si solo hubiera un tiempo, sería muy difícil. Entonces, de entre toda esa humanidad infeliz, nadie podría convertirse en un buda porque pertenecemos al mismo tiempo. No; no es el mismo tiempo. Mi tiempo proviene de mí, de mi creatividad. Si este momento es hermoso, el momento siguiente nace más hermoso; este es mi tiempo. Si este momento es triste para ti, entonces nace de ti un momento más triste; ese es tu tiempo. Hay millones de líneas de tiempo paralelas, y hay pocas personas que existen sin tiempo: son los que han alcanzado la no-mente. No tienen tiempo porque no piensan en el pasado; se ha ido. Por tanto, solo los tontos piensan en el pasado. Cuando algo se ha ido, se ha ido.

Hay un mantra budista que dice: «*Gate gate, para gate*; *swaha*», «Ido, ido, ido del todo; déjalo irse al fuego.» El pasado se ha ido, el futuro aún no ha llegado, ¿por qué preocuparse por ello? Ya veremos cuando llegue. Estarás ahí para recibirlo, de modo que ¿por qué te preocupas?

Lo que se ha ido, se ha ido; lo que no ha llegado, aún no ha llegado. Solo queda este momento, puro, lleno de energía. ¡Vívelo! Si es silencio, agradécelo. Si es dicha, agradéceselo a la existencia, confía. Y si puedes confiar, crecerá. Si no confías, ya lo has envenenado.

Osho:

Cuando decido estar atento en el trabajo, me olvido de la conciencia y, más tarde, cuando me doy cuenta de que no estaba siendo consciente, me siento culpable. ¿Cómo puedo ser consciente mientras trabajo?

Este es uno de los problemas básicos con los que se encuentra cualquier persona que intente estar atenta en su trabajo porque el trabajo requiere que te olvides de ti mismo por completo. Debes implicarte tan profundamente en él como si tú no estuvieras. A menos que te impliques totalmente, el trabajo resulta superficial.

Todo lo grandioso creado por el hombre —en pintura, en poesía, en arquitectura, en escultura, en cualquier dimensión de la vida— requiere que te involucres completamente. Si, al mismo tiempo, tratas de ser consciente, tu trabajo nunca será de primera calidad porque no estarás atento.

Por tanto, para estar consciente mientras estás trabajando necesitas un entrenamiento y una disciplina enormes, y hay que empezar por acciones muy sencillas, por ejemplo, al andar. Puedes caminar y ser consciente de que estás andando, cada paso puede estar lleno de conciencia. Al comer… hacerlo de la forma que beben el té en los monasterios zen —ellos lo llaman la «ceremonia del té»—, porque debes permanecer alerta y consciente mientras lo tomas.

Estas son acciones pequeñas, pero son perfectamente válidas para comenzar. No debes empezar con algo como la pintura o la danza, que son acciones muy profundas y complejas. Comienza con las pequeñas acciones de la vida cotidiana. A medida que te vayas acostumbrando más y más a la conciencia y esta se convierta en algo tan espontáneo como el respirar —para lo cual no tienes que hacer ningún esfuerzo—, entonces puedes estar consciente en cualquier acción, en cualquier trabajo.

Pero recuerda esta condición: tiene que ser sin esfuerzo, tiene que partir de la espontaneidad. Entonces puedes permanecer absolutamente consciente mientras pintas o compones música o bailas, o incluso mientras luchas contra un enemigo con una espada. Pero esa conciencia no es algo que tú estás intentando. No es el comienzo, sino la culminación de una larga disciplina. Aunque a veces también puede suceder sin disciplina.

En la vida cotidiana deberías seguir un recorrido sencillo. Primero hazte consciente en acciones que no requieran tu implicación. Puedes caminar y seguir pensando; puedes comer y seguir pensando. Sustituye el pensar por la conciencia. Sigue comiendo y permanece alerta a que estás comiendo. Camina y sustituye el pensar por la conciencia. Sigue caminando; tal vez tu caminar sea un poquito más lento y más garboso. Pero es posible estar consciente en estos pequeños actos. Según vayas avanzando, más y más fluidamente podrás emprender actividades más complicadas.

Llegará un día en el que no haya ninguna actividad en el mundo en la que no puedas permanecer alerta al mismo tiempo que la realizas plenamente.

Dices: «Cuando decido estar atento en el trabajo, me olvido de la conciencia». No tiene que ser tu decisión, tiene que ser tu larga disciplina. La conciencia tiene que llegar espontáneamente, no tienes que llamarla, no tienes que forzarla.

«Y cuando me doy cuenta de que no estaba siendo consciente, me siento culpable». Eso es una estupidez. Cuando te das cuenta de que no eras consciente, siéntete feliz de que al menos ahora estás consciente. En mis enseñanzas no hay lugar para el concepto de culpa.

La culpa es un cáncer del alma. Todas las religiones han utilizado la culpa para destruir la dignidad, el orgullo, y para hacer de vosotros unos esclavos. No hay necesidad de sentirse culpable, es algo natural. La conciencia es algo tan grandioso que debes alegrarte si puedes permanecer consciente tan solo durante unos pocos segundos. No prestes atención a los momentos en los que te olvidas. Presta atención a ese estado en el que de pronto recuerdas: «No estaba consciente». Siéntete afortunado de que por fin, después de unas cuantas horas, la conciencia ha retornado.

No te arrepientas de ello ni te sientas triste o culpable, porque no vas a encontrar ayuda ni en la tristeza ni en la culpa. En lo más profundo sentirás que has fracasado, y una vez que el fracaso se asienta en ti, se te hace aún más difícil permanecer consciente.

Cambia todo tu enfoque. Es magnífico que seas consciente de que te has olvidado de estar consciente. Ahora procura no olvidarte durante todo el tiempo que sea posible. De nuevo lo olvidarás y otra vez te acordarás. Pero el intervalo del olvido cada vez será más pequeño. Si puedes evitar la culpa —que es, básicamente, cristiana—, los intervalos de inconsciencia serán más cortos y un día desaparecerán. La conciencia será algo que te ocurre día tras día, como el respirar, como el latir del corazón o como el circular de la sangre en ti.

Por tanto, mantente atento a no sentirte culpable. No hay nada por lo que te debas sentir culpable. Es inmensamente revelador que los árboles no escuchen a los curas católicos. De otro modo conseguirían que las rosas se sintieran culpables: «¿Por qué tienes espinas?». Y la rosa, que baila con el viento, que se mece bajo la lluvia, al sol, de pronto se pondría triste. Desaparecería su danza, su alegría y su fragancia. Ahora la espina sería su única realidad, una herida: «¿Por qué tienes espinas?».

Pero puesto que no hay rosales tan estúpidos como para escuchar a ningún sacerdote de ninguna religión, las rosas continúan danzando; y con las rosas, también danzan las espinas al viento.

Toda la existencia es inocente, y cuando el hombre se vuelve inocente, se convierte en parte del flujo universal de la vida.

Hagas lo que hagas, si no está bien, no lo vuelvas a hacer. Si sientes que algo hiere a alguien, no lo vuelvas a hacer. Pero no hay ninguna necesidad de sentirse culpable, no hay ninguna necesidad de arrepentirse, no hay ninguna necesidad de hacer penitencia y torturarse a sí mismo.

Quiero cambiar tu enfoque completamente. Mejor que contar cuántas veces te has olvidado de recordar que estás consciente, cuenta los pocos y hermosos momentos en los que estabas consciente y tenías claridad. Esos pocos momentos son suficientes para salvarte, son suficientes para curarte, para sanarte. Y si les prestas atención, continuarán creciendo y esparciéndose en tu conciencia. Poco a poco, desaparecerá toda la oscuridad de la inconsciencia.

Al principio habrá muchas veces que tal vez no seas capaz de estar trabajando y estar consciente al mismo tiempo. Pero yo te digo que no solo es posible, sino que es muy fácil. Simplemente empieza de la forma correcta. No empieces por el final, empieza por el *abc*.

En la vida nos perdemos muchas cosas porque empezamos mal. Todo debe empezarse desde el principio. Nuestras mentes están impacientes, queremos hacerlo todo rápidamente, queremos alcanzar el punto más alto sin haber pasado por cada peldaño de la escalera.

Sin embargo, eso significa un fracaso absoluto. Y cuando fracasas en algo como la conciencia —que no es un fracaso pequeño—, quizá no vuelvas a intentarlo otra vez, nunca más. El fracaso duele.

Por tanto, respecto a algo que es tan valioso como la conciencia, deberías empezar con mucho cuidado y desde el principio, y progresar después muy lentamente, ya que puede abrir todas las puertas de los misterios de la existencia y puede llevarte hasta el templo de Dios.

Simplemente ten un poquito de paciencia y verás que la meta no está tan lejos.

Osho:

He estado teniendo experiencias maravillosas cuando medito, pero siento que me estoy perdiendo algo. ¿De qué se trata?

Una de las cosas más importantes que debes recordar —tú y todo el mundo— es que tú no eres aquello con lo que te encuentras en tu viaje interior. Tú eres el que está siendo testigo de todo ello, ya sea del vacío, de la dicha o del silencio. Pero hay que recordar una cosa: por muy hermosa y encantadora que sea la experiencia que estés atravesando, tú no eres eso. Tú eres el que la está experimentando; y si sigues y sigues y sigues, el final del viaje es el punto donde no queda ninguna experiencia: ni silencio, ni dicha, ni vacío. No tienes ningún objeto que te pertenezca, solamente tu subjetividad. El espejo está vacío. No refleja nada. Eres tú.

Incluso algunos grandes viajeros del mundo interior se han

quedado apegados a experiencias hermosas y se identifican con esas experiencias pensando: «Me he encontrado a mí mismo».

Se han detenido antes de alcanzar la etapa final donde todas las experiencias desaparecen.

Osho:

¿Hay alguna forma de aprender a observar? ¿Y qué es lo que tengo que observar?

Hay que empezar observando el cuerpo mientras caminas, te sientas, te metes en la cama, comes. Deberías empezar desde lo más tangible, porque es más fácil, y después ir hacia experiencias más sutiles. Empezar entonces a observar los pensamientos, y cuando seas un experto observando los pensamientos, entonces podrás empezar a observar los sentimientos. Cuando te parezca que puedes observar tus sentimientos, deberías empezar a observar tus estados de ánimo, que son aún más sutiles y menos evidentes que tus sentimientos.

El milagro de observar es que, cuando estás observando el cuerpo, el observador se va fortaleciendo; cuando estás observando los pensamientos, tu observador se va fortaleciendo; cuando estás observando tus sentimientos, el observador se va fortaleciendo. Cuando estás observando tus estados de ánimo, el observador es tan fuerte que puede permanecer siendo él mismo, observándose a sí mismo, del mismo modo que una vela en la noche oscura no solo ilumina todo lo que la rodea, sino que también se ilumina a sí misma.

Encontrar al observador en su pureza es la mayor conquista de la espiritualidad porque el observador que hay en ti es tu alma misma, el observador que hay en ti es tu inmortalidad. Pero nunca, ni por un solo momento, pienses: «Ya lo tengo», porque ese es el momento en el que lo pierdes.

Observar es un proceso eterno, siempre estás profundizando más, pero nunca llegas a un final donde puedas decir: «Ya lo tengo». De hecho, cuanto más profundo vayas, más te darás cuenta de que has entrado en un proceso que es eterno, que no tiene ni principio ni fin.

Pero la gente solo observa a los demás, nunca se preocupa de observarse a sí misma. Todo el mundo observa lo que están haciendo los demás —y esa es la observación más superficial—, lo que llevan puesto, su forma de mirar, etc. Todo el mundo observa; la observación no es nada nuevo en tu vida. Solo hay que hacerla más profunda, apartarla de los demás y dirigirla hacia tus propios sentimientos, pensamientos, estados de ánimo y, finalmente, hacia el propio observador.

Un judío está sentado en el tren enfrente de un sacerdote.

—Dígame, reverendo, ¿por qué lleva el cuello de la camisa al revés?

—Porque soy padre —contesta el sacerdote.

—Yo también soy padre y no llevo un cuello de camisa como usted —dice el judío.

—¡Ah! —dice el sacerdote—, pero yo soy padre de miles.

—Entonces —contesta el judío—, tal vez son sus pantalones lo que debería llevar del revés.

La gente es muy observadora de los demás.

Dos hombres salieron a dar un paseo, cuando, de pronto, empezó a llover.

—Deprisa —dijo uno—, abre tu paraguas.

—No va a servir de nada —dijo su amigo—, mi paraguas está lleno de agujeros.

—Entonces, ¿por qué lo has traído?

—No pensé que llovería.

Puedes reírte muy fácilmente de los actos ridículos de los demás, pero ¿te has reído alguna vez de ti mismo? ¿Te has sorprendido alguna vez a ti mismo haciendo algo ridículo? No, tú te mantienes completamente al margen de la observación; toda tu observación va dirigida a los demás, y eso no sirve de nada.

Utiliza la energía de la observación para transformar tu ser. No te puedes imaginar la dicha y la bendición que esto te puede proporcionar. Es un proceso sencillo, pero cuando empieces a utilizarlo contigo mismo, se convertirá en una meditación.

Uno puede convertir cualquier cosa en una meditación.

Cualquier cosa que te lleve hacia ti mismo es una meditación, y es inmensamente significativo encontrar tu propia meditación porque hallarás una gran alegría en el mero hecho de encontrarla, y puesto que es tu propio descubrimiento y no un ritual impuesto, te encantará profundizar en ella. Cuanto más profundices, más feliz te sentirás, más pacífico, más silencioso, más integrado, más digno, más delicado.

Todo el mundo sabe observar, por tanto, la cuestión no es aprender sino simplemente cambiar el objeto de la observación, hacerlo más cercano.

Observa tu cuerpo y te sorprenderás. Puedo mover mi mano sin observar y puedo moverla observando. Tú no notarás la diferencia, pero yo sí la siento. Cuando la muevo con plena observación, en el movimiento hay delicadeza y belleza, paz y silencio. Puedes caminar observando cada paso, esto te reportará todo el provecho que proporciona el caminar como ejercicio y, además, te dará el beneficio de una estupenda y sencilla meditación.

Osho:

Te he escuchado decir que la mente debe ser un sirviente en lugar de nuestro amo. Pero aún queda pendiente una cuestión: ¿se puede hacer algo con este sirviente incontrolable que no sea observarlo? ¿Es suficiente con observar?

Con este sirviente incontrolable no hay nada más que hacer salvo observar. Aparentemente resulta una solución muy simple para un problema demasiado complejo, pero esto forma parte de los misterios de la existencia. El problema puede ser demasiado complejo, pero la solución puede ser muy simple.

Observar, ser testigo, ser consciente, parecen pequeñas palabras para resolver toda la complejidad de la mente. ¿Cómo van a desaparecer millones de años de herencia, tradición, condicionamiento, prejuicios solo observando?

Sin embargo, desaparecen porque, como solía decir Gautama Buda, si las luces de la casa están encendidas, los ladrones no se acercan a esa casa; saben que el amo está despierto porque se ve la luz por las ventanas, por las puertas; no es el momento de entrar en la casa. Los ladrones se sienten atraídos hacia una casa cuando las luces están apagadas. La oscuridad es una invitación. Como solía decir Gautama Buda, lo mismo ocurre con tus pensamientos, tus imaginaciones, tus sueños, tus ansiedades y toda tu mente.

Si el testigo está allí, el testigo es casi como la luz, y los ladrones empiezan a dispersarse. Pero si descubren que no hay un testigo, comienzan a llamar a sus hermanos, a sus primos y a todo el mundo, diciendo: «Entrad».

Es algo tan sencillo como la luz. En el momento que hay luz desaparece la oscuridad. No preguntas: «¿Hay luz suficiente para que desaparezca la oscuridad?» o «Cuando encendamos la luz,

¿tendremos que hacer algo más para que desaparezca la oscuridad?».

No, la mera presencia de la luz es la ausencia de la oscuridad, y la ausencia de luz es la presencia de la oscuridad. La presencia del testigo es la ausencia de la mente, y la ausencia del testigo es la presencia de la mente.

Por tanto, en cuanto empiezas a observar, poco a poco, a medida que tu observador se va haciendo más fuerte, tu mente se vuelve más débil. En el momento que se da cuenta de que el observador ha llegado a la madurez, la mente se somete inmediatamente como un maravilloso sirviente. Es un mecanismo. Si está el amo, se puede utilizar la máquina. Si no está el amo o está profundamente dormido, entonces la máquina sigue haciendo cosas —dentro de sus posibilidades— por su cuenta. No hay nadie allí para darle órdenes, no hay nadie para decirle: «No, párate. Eso no se debe hacer».

Entonces la mente se ha convencido lentamente de que ella es el amo. Durante miles de años ha sido así. Por eso, cuando tratas de ser testigo, ella lucha porque lo que ocurre es que se ha olvidado totalmente de que solo es un sirviente. Tú has estado ausente durante tanto tiempo que ya no te reconoce. De ahí la lucha entre el testigo y los pensamientos.

Pero la victoria final va a ser tuya porque la naturaleza y la existencia quieren que tú seas el amo y la mente, el sirviente. Entonces las cosas están en armonía. Entonces la mente ya no puede equivocarse. Entonces todo está existencialmente relajado, en silencio, fluyendo hacia su destino.

Tú no tienes que hacer nada más que observar.

Paddy compró un loro en una subasta. Preguntó al subastador: «He invertido un montón de dinero en este loro, ¿estás seguro de que sabe hablar?». El subastador le contestó: «Claro que estoy seguro. Ha sido él quien ha pujado contra ti».

Hasta este punto llega la inconsciencia de la mente y sus estupideces.

He oído que los ateos irlandeses, viendo que los creyentes habían montado un servicio telefónico de oración, ¡también montaron uno! Eran ateos, pero la mente competitiva... En este servicio telefónico de oración, cuando les llamas no contesta nadie.

Dos vagabundos estaban sentados alrededor de una hoguera por la noche. Uno de ellos estaba muy deprimido.

—Bien —dijo el otro vagabundo—. Si te sientes así, ¿por qué no buscas un trabajo?

—¡Qué! —dijo el primer vagabundo con asombro—, ¿y admitir que soy un fracasado?

La mente se ha acostumbrado a ser el amo. Llevará un poco de tiempo devolverla a sus cabales. Ser testigo es suficiente. Es un proceso muy silencioso, pero las consecuencias son enormemente importantes. Para dispersar la oscuridad de la mente, no hay método mejor que ser testigo.

De hecho, existen 112 métodos de meditación. Yo los he experimentado todos, y no de forma intelectual. Me llevó muchos años conocer los 112 métodos y me maravilló descubrir que su esencia es la observación. La parte no esencial de cada método es diferente, pero lo fundamental de cada método es la observación.

Para más preguntas frecuentes, visita

www.osho.com/es/meditate

II

Las meditaciones

8

Meditaciones Activas OSHO®

La gente me pregunta por qué enseño meditaciones activas: es la única manera de encontrar la inacción. Baila hasta el extremo, baila con frenesí, baila a lo loco, y si pones toda tu energía en ello, llega un momento en el que de repente ves que el baile está ocurriendo espontáneamente, no hay esfuerzo en ello. Esto es acción sin acción.

¿POR QUÉ MEDITACIONES ACTIVAS?

Todas las Meditaciones Activas OSHO implican actividad —en ocasiones intensa y física, en otras más suave— seguida de un periodo de inacción y quietud. Algunas de las meditaciones están recomendadas para un momento particular del día. Todas ellas van acompañadas de música compuesta especialmente para apoyar las distintas etapas.

Si puedes sentarte en silencio, no necesitas meditaciones. En Japón se usa la palabra *zazen* para referirse a la meditación. Simplemente significa estar sentado sin hacer nada. Si puedes permanecer sentado sin hacer nada, este es el fin supremo de la meditación. No es necesario hacer nada más.

Pero ¿puedes sentarte en silencio? Ahí reside el quid de la cuestión. ¿Puedes estar sentado? ¿Puedes quedarte simplemente sentado sin hacer nada? Si esto es posible —sencillamente estar sentado sin hacer nada— todo lo demás ocurre por sí mismo, fluye naturalmente. No necesitas hacer nada. Pero el problema es: ¿puedes estar sentado?

Solamente podrás dirigirte hacia la pasividad cuando te hayas deshecho de toda la basura. Cuando hayas sacado la ira, la avaricia..., una capa tras otra. Todas estas cosas están ahí, pero cuando te hayas deshecho de ellas, podrás deslizarte hacia dentro fácilmente. No hay nada que te lo impida.

Y de pronto desciende la luz brillante de la tierra pura del Buda. Súbitamente estás en un mundo totalmente distinto: el mundo de la ley del Loto, el mundo del Dharma, el mundo del Tao.

La meditación es un fenómeno energético. Hay que comprender algo muy básico, común a todo tipo de energía. Su ley básica es esta: la energía se mueve en una polaridad dual. Esa es la única forma en la que se mueve, no hay ninguna otra forma. Se mueve en una polaridad dual.

Para que una energía sea dinámica se necesita un polo opuesto. Es como la electricidad, que se mueve entre las polaridades negativa y positiva. Si solamente hay una polaridad, ya sea negativa o positiva, no habrá electricidad. Se necesitan ambos polos: el positivo y el negativo. Y cuando ambos polos se juntan, crean electricidad, entonces salta la chispa.

Y así es para todo tipo de fenómenos. La vida es así: entre el hombre y la mujer hay polaridad. La mujer es la energía-vital negativa, el hombre es el polo positivo. Son eléctricos, de ahí que exista atracción. Si solo hubiera hombres, la vida desaparecería; con solo mujeres no podría haber vida, solamente muerte. Entre el hombre y la mujer existe un equilibrio. Entre el hombre y la mujer —entre esos dos polos, esas dos orillas— fluye el río de la vida.

Dondequiera que mires encontrarás la misma energía moviéndose entre polaridades y equilibrándose a sí misma.

Esta polaridad es muy significativa para la meditación porque la mente es lógica y la vida es dialéctica. Cuando digo que la mente es lógica, quiero decir que la mente se mueve linealmente. Cuando digo que la vida es dialéctica, significa que la vida se mueve por oposición, no linealmente. Zigzaguea de lo negativo a lo positivo, de lo positivo a lo negativo, y de lo negativo a lo positivo. Zigzaguea, utiliza los opuestos.

La mente se mueve de forma lineal, en una simple línea recta. Nunca se mueve hacia lo opuesto, niega lo opuesto. Solo cree en uno, y la vida cree en dos.

Por tanto, sea lo que sea lo que la mente pueda crear, siempre elige la unidad. Si la mente elige el silencio —si llega a hartarse de todo el ruido que genera la vida y decide estar en silencio— entonces se va al Himalaya. Quiere estar en silencio, no quiere saber nada de ningún tipo de ruido. Incluso el canto de los pájaros le molestará, la brisa que sopla entre los árboles será una molestia. La mente quiere silencio, ha elegido la línea. Tiene que negar por completo lo opuesto.

Pero ese hombre que vive en el Himalaya —buscando el silencio, evitando al otro, al opuesto— se convertirá en un muerto; con toda seguridad estará atontado. Y cuanto más elija estar en silencio, más atontado estará. Porque la vida necesita lo opuesto, el reto de lo opuesto.

Existe un tipo de silencio distinto, que es el que se produce entre dos opuestos.

El primero es un silencio muerto, el silencio del cementerio. Un hombre muerto está en absoluto silencio, nadie puede molestarle, su concentración es perfecta. No puedes hacer nada para distraer su mente, su mente está absolutamente fija. Aunque todo el mundo se volviera loco a su alrededor, él permanecería en su concentración. Pero, aun así, no te gustaría ser un hombre muerto. El silencio, la concentración o como quiera que se llame... A ti no te gustaría estar muerto, puesto que el silencio carece de sentido cuando estás en silencio porque estás muerto,

El silencio debe ocurrir mientras estás absolutamente vivo, con vitalidad, rebosante de vida y energía. Entonces el silencio sí tiene sentido, y además es cualitativamente distinto, completamente distinto. No es sombrío. Está vivo. Será un equilibrio sutil entre las dos polaridades.

Haz muchas cosas, pero no seas un mero hacedor, así alcanzarás ambas polaridades. Muévete en el mundo, pero no seas parte de él. Vive en el mundo, pero no permitas que el mundo viva en ti. De esta forma, la contradicción ha sido absorbida.

Entonces no estás rechazando nada, no estás negando nada. Entonces la existencia entera ha sido aceptada.

Y eso es lo que yo estoy haciendo. La Meditación Dinámica es una contradicción. *Dinámica* significa que hay esfuerzo, mucho esfuerzo, un esfuerzo absoluto. Y *meditación* significa que hay silencio, no hay esfuerzo, no hay actividad. Puedes considerarla una meditación dialéctica.

Cuando estás haciendo la caótica Meditación Dinámica, la Kundalini, o la Nadabrahma, realmente no son meditaciones. Solamente sirven para ponerte a tono. Es como cuando los músicos clásicos hindúes están tocando durante media hora —o a veces incluso más—, simplemente afinando sus instrumentos. Mueven las clavijas, tensan o aflojan las cuerdas, y el percusionista va comprobando si su tambor está perfecto o no. Durante media hora hacen eso; no es música, solo es la preparación. Mi Meditación Kundalini no es realmente una meditación, es solamente una preparación. Estás preparando tu instrumento. Cuando está listo, entonces te quedas en silencio y comienza la auténtica meditación. Es entonces cuando tú estás completamente allí. Te has despertado a ti mismo saltando, bailando, respirando, chillando, todo lo cual son estratagemas para estar un poco más alerta de lo que normalmente estás. Una vez que estás alerta, entonces viene la espera.

La meditación es esperar. Esperar plenamente consciente. Y entonces llega, desciende sobre ti, te envuelve, juega a tu alrededor, baila a tu alrededor, te limpia, te purifica, te transforma.

¿POR QUÉ SE EMPLEA UNA MÚSICA ESPECÍFICA?

Gran parte de la música que acompaña a las Meditaciones Activas OSHO ha sido compuesta bajo la dirección de Osho siguiendo sus instrucciones de que, una vez compuesta la música, debe continuar siendo la misma, y no debe cambiarse en absoluto. Él explicó que el efecto de la música en la meditación creará y expandirá su propio campo de energía a lo largo del tiempo, a medida que conecte con más gente, y que, durante más de mil años, creará un campo de resonancia que afectará profundamente a todas las personas que hagan la meditación.

La música señala el comienzo de cada nueva etapa de la meditación y acompaña energéticamente cada fase. (Para más detalles acerca de la música para cada una de las Meditaciones Activas OSHO, consulta Recursos Online al final del libro).

Para mí, la música y la meditación son dos aspectos del mismo fenómeno. Sin la música, a la meditación le falta algo; sin la música, la meditación resulta un poco lánguida, sin vida. Sin la meditación, la música es solo ruido; armonioso pero ruido. Sin la meditación, la música es un entretenimiento. Y sin la música, la meditación se vuelve cada vez más negativa, tiende a orientarse hacia la muerte.

Por eso mi insistencia en que la música y la meditación deberían ir juntas. Esto añade una nueva dimensión que las enriquece.

La música te ayuda desde el exterior a entrar en sintonía con lo interno. La música es un recurso inventado por los budas. Todo lo que es hermoso en el mundo, todo lo que tiene valor, siempre ha sido descubierto por los budas. Solo ellos pueden descubrirlo porque han viajado al mundo interior, al inconmensurable universo interno. Los budas, con todo lo que han encontrado en el mundo interno, con todo lo que han experimentado en él, han intentado reproducirlo en el mundo externo para aquellos que solo comprenden el mundo objetivo, para aquellos que no son todavía capaces de entrar en la interioridad de su propio ser, que no son todavía conscientes de que existe un mundo interno. Se pueden crear estrategias en el exterior que nos pueden ayudar.

Se puede alcanzar un tipo de paz que es parecido a la muerte: no estás tenso, no te alteras, pero tampoco celebras. Y esa es la forma más fácil de alcanzar la paz: solo te atontas, poco a poco te vuelves más insensible, y un día alcanzas esa especie de paz.

Eso es lo que sucede en los monasterios, eso es lo que encontrarás en los supuestos santos: aunque son pacíficos, su paz no tiene ningún valor, es la paz de un cementerio, no la paz de un jardín. La paz tiene que ser dichosa. Debería ser vibrante. No debería ser solo la ausencia de ruido, sino que debería ser la presencia de música. Y en eso consiste todo mi enfoque de la meditación.

MEDITACIÓN DINÁMICA OSHO®

Esta meditación es una forma rápida, intensa y total de romper con viejos patrones arraigados en el cuerpo-mente que nos mantienen prisioneros en el pasado y de experimentar la libertad, la observación, el silencio y la paz que se esconden detrás de los muros de esta prisión.

La meditación está pensada para hacerse temprano por la mañana, cuando «la naturaleza entera revive, la noche ha terminado, el sol está saliendo y todo se vuelve consciente y alerta».

Puedes hacer esta meditación tú solo, pero para empezar podría resultar más fácil hacerlo con otras personas. Es una experiencia individual, por eso debes permanecer ajeno a quien tengas a tu alrededor. Viste ropa suelta y cómoda.

Esta meditación hay que hacerla con la música específica de la Meditación Dinámica OSHO, que señala y apoya energéticamente las diferentes etapas de la meditación. (Consulta Recursos Online al final del libro).

Te llevará un tiempo, necesitarás por lo menos tres semanas para tomarle el pulso, y tres meses para encontrarte en un mundo diferente. Pero esto tampoco es demasiado exacto. Depende de cada individuo. Si lo haces con mucha intensidad, te puede suceder incluso en tres días.

Instrucciones

Esta meditación tiene una hora de duración y consta de cinco etapas. Mantén los ojos cerrados y, si es necesario, puedes usar una venda para taparte los ojos.

Es una meditación en la que, hagas lo que hagas, tienes que mantenerte constantemente alerta, consciente y despierto. Permanece un testigo. Y cuando, en la cuarta etapa, te hayas vuelto totalmente inactivo, inmóvil, entonces esta alerta alcanzará su punto álgido.

PRIMERA ETAPA: 10 MINUTOS

Respira caóticamente por la nariz, deja que la respiración sea intensa, rápida, profunda, sin ritmo, sin un patrón —concentrándote siempre en la exhalación. El cuerpo se ocupará de inhalar. La respiración debe entrar profundamente en los pulmones. Hazla tan rápida y tan fuerte como puedas hasta que literalmente te conviertas en la respiración. Utiliza los movimientos naturales del cuerpo para ayudarte a generar más energía. Siente cómo crece tu energía, pero no te relajes durante la primera etapa.

SEGUNDA ETAPA: 10 MINUTOS

¡EXPLOTA! Deja que salga fuera todo lo que necesites sacar. Hazle caso a tu cuerpo. Dale libertad para expresar todo lo que sientas. Vuélvete completamente loco. Grita, chilla, llora, salta, da patadas, sacúdete, baila, canta, ríete; tírate al suelo. No reprimas nada. Mantén todo tu cuerpo en movimiento. Al principio te puede ayudar fingir un poco. Nunca permitas que tu mente interfiera con lo que está ocurriendo. Vuélvete loco conscientemente. Sé total.

TERCERA ETAPA: 10 MINUTOS

Con los brazos levantados por encima de la cabeza, salta arriba y abajo gritando el mantra «¡JU!... ¡JU!... ¡JU!...» tan profundamente como puedas. Cada vez que caigas, hazlo sobre las plantas de los pies, dejando que el sonido golpee profundamente en el centro sexual. Entrégate por completo hasta quedar totalmente exhausto.

CUARTA ETAPA: 15 MINUTOS

¡STOP! Quédate como una estatua donde estés y en cualquier posición en la que te encuentres. No cambies la posición de tu cuerpo bajo ninguna circunstancia. Una tos, un movimiento o cualquier otra cosa disipará el fluir de la energía y se habrá perdido el esfuerzo. Sé un testigo de todo lo que te está ocurriendo.

QUINTA ETAPA: 15 MINUTOS

¡Celebra! Expresa todo lo que estés sintiendo a través de la música y el baile. Deja que esta vitalidad te acompañe durante el resto del día.

Nota: Si no puedes hacer ruido en el espacio que utilizas para meditar, existe una alternativa silenciosa. En la segunda etapa, en lugar de emitir sonidos, deja que la catarsis tenga lugar mediante movimientos corporales. En la tercera etapa, puedes repercutir en silencio con el sonido «¡JU!» en tu interior. Y la quinta etapa puede ser un baile expresivo.

Guía adicional de Osho: Esta es una meditación en la que tienes que estar continuamente alerta, consciente, dándote cuenta de todo lo que hagas. En la primera etapa, la respiración; en la segunda etapa, la catarsis; en la tercera etapa, el mantra, el *mahamantra* «Ju».

Continúa siendo un testigo. No te pierdas. Es fácil perderse. Mientras estás respirando puedes olvidarte, puedes llegar a hacerte uno con la respiración hasta el punto de que puedes olvidarte del testigo. Pero entonces te desvías del objetivo. Respira tan deprisa, tan profundo como sea posible, pon toda tu energía en ello, pero continúa siendo un testigo.

Observa lo que está ocurriendo, como si fueras un espectador, como si todo le estuviera ocurriendo a otra persona, como si todo le estuviera ocurriendo al cuerpo y la conciencia estuviera centrada y mirando.

Este presenciar tiene que mantenerse durante las tres etapas. Y cuando en la cuarta etapa todo se para y te quedas absolutamente inmóvil, como una estatua, entonces este estado de alerta llegará a su cima.

Alguien ha dicho que esta meditación que hacemos aquí parece ser una completa locura. ¡Lo es! Y lo es con un propósito. Es una locura con método elegida conscientemente.

Recuerda que no puedes volverte loco voluntariamente. La locura te posee. Solo entonces puedes volverte loco. Si te vuelves loco voluntariamente, es algo completamente distinto. Básicamente te estás controlando, y si alguien puede controlar incluso su locura, nunca se volverá loco.

Hemos sido muy violentos con nuestros cuerpos. Por eso, en esta meditación caótica, estoy obligando a vuestros cuerpos a volver a estar vivos. Muchos bloqueos se romperán, muchas cosas estables se volverán inestables, muchos patrones perderán su rigidez. Habrá dolor, pero dale la bienvenida. Es una bendición y lo superarás. ¡Continúa! No es necesario pensar qué tienes que hacer. Simplemente sigue con la meditación. He visto a cientos de personas pasar por el mismo proceso. En unos días el dolor se va. Y cuando el dolor se haya ido, sentirás un sutil placer alrededor de tu cuerpo.

Ahora no puedes sentirlo porque el dolor está ahí. Puede que lo sepas o puede que no, pero el dolor está en todo tu cuerpo. Simplemente no eres consciente de él porque siempre ha estado contigo. Uno se vuelve inconsciente de aquello que siempre está presente. A través de la meditación te volverás consciente y la mente te dirá: «No hagas eso, te está doliendo todo el cuerpo». No le hagas caso a la mente. Simplemente, sigue haciendo la meditación.

Al cabo de un tiempo, el dolor será expulsado. Y cuando haya sido expulsado, cuando tu cuerpo se haya vuelto receptivo de nuevo y no haya ningún bloqueo, ningún veneno a su alrededor, una sutil sensación de gozo lo envolverá siempre.

La primera etapa son diez minutos de respiración rápida y caótica sin ningún patrón. No es un ejercicio de yoga: es caótico, anárquico. ¿Por qué? Porque si utilizas una respiración sistemática, un ritmo, la mente lo puede controlar. La mente puede controlar cualquier patrón; la mente es una gran creadora de patrones. Nosotros estamos aquí para romper ese patrón, el patrón de la mente. Así que respira de forma caótica, como un loco, rápido. Inhala todo lo que puedas y échalo fuera; inhala y échalo fuera a toda prisa, sin ritmo alguno, para que la mente se quede conmocionada. Respirar es un gran recurso para conmocionar la mente.

Tienes que recordar que con cada emoción la respiración cambia. Cada emoción tiene su propia forma de respirar. Cuando estás enamorado, la respiración es relajada; cuando estás enfadado, la respiración nunca puede ser relajada. Cuando odias a alguien, la respiración es una cosa; cuando sientes compasión, la respiración es diferente. Cuando te sientes a gusto, la respiración es tan silenciosa que casi no la puedes sentir; cuando estás tenso, la respiración no puede ser silenciosa, la puedes sentir.

La respiración caótica no pertenece a ninguna emoción. Por eso solo con utilizarla trasciendes las emociones, trasciendes el mecanismo de la mente. Y así dejas a la mente fuera de juego, no puede continuar. Diez minutos de respiración rápida y enloquecida.

Cuanto más oxígeno haya en el cuerpo, más vivo te sentirás, más te sentirás como un animal. Los animales están vivos y el hombre está medio vivo y medio muerto. Tienes que volver a ser como un animal. Solo entonces puede desarrollarse en ti algo superior. Si solo estás medio vivo, no hay nada que hacer contigo. Por eso esta respiración caótica te convertirá en un animal: vivo, vibrante, vital, con más oxígeno en la sangre y más energía en las células. Las células de tu cuerpo se volverán más vivas. Esta oxigenación ayuda a crear electricidad corporal o *bioenergía*, como quieras llamarlo. Cuando tu cuerpo tiene electricidad puedes entrar en ti más profundamente, ir más allá de ti mismo.

La segunda etapa consiste en una catarsis en la que te digo que te vuelvas conscientemente loco y permite que se exprese cualquier cosa que te venga a la mente *—sea lo que sea—*, coopera con ello. Sin oponer resistencia, deja fluir las emociones.

Si quieres gritar, grita. Coopera con ello. Gritar intensamente, gritar totalmente de manera que todo tu cuerpo esté involucrado, es algo muy terapéutico, profundamente terapéutico. Simplemente un grito, y se liberan muchas cosas, muchas enfermedades. Si el grito es total, todo tu ser estará en él. Permítete la expresión por medio del llanto, la danza, gritando, gimiendo, saltando, riendo, descontrolando del todo, como suele decirse ahora. Esta segunda etapa también dura diez minutos y en pocos días notarás sus efectos.

Al principio puede resultar forzado, un esfuerzo, o incluso puedes estar solamente fingiendo. Nos hemos vuelto tan falsos que no podemos hacer nada verdad ni auténtico. No hemos reído, no hemos llorado, no hemos gritado de verdad. No somos más que una fachada, una máscara. Al comienzo, por tanto, cuando empieces a hacer esta técnica, puede que resulte algo forzada. Puede requerirte cierto esfuerzo, puede que sea solo una actuación. Pero no te preocupes. Continúa. Pronto llegarás a esas fuentes donde has reprimido tantas cosas. Llegarás a esas fuentes y, una vez que se liberen, te sentirás descargado. Te llegará una nueva vida, tendrá lugar un nuevo nacimiento.

Esta descarga es básica y sin ella no puede haber meditación alguna para el hombre en su situación actual. No estoy hablando de las excepciones. Son irrelevantes.

Con esta segunda etapa —cuando echas las cosas fuera— te vacías. Y esto es lo que quiere decir vacuidad: estar vacío de todas las represiones. Con esta vacuidad se puede hacer algo.

En la tercera etapa, utilizo el sonido *ju*. En el pasado se han utilizado muchos sonidos distintos. Cada sonido tiene una misión específica. Por ejemplo, los hindúes han utilizado el sonido *om*, que quizá te resulte familiar. Pero yo no recomiendo el *om* porque nunca va más allá del corazón. Solamente toca el corazón y regresa, no puede ir más profundo.

Los sufíes han utilizado *ju*, y si dices *ju* en voz alta va profundamente hasta el centro sexual. Por tanto, este sonido se utiliza como un martilleo interno. Este sonido solo podrá entrar dentro de ti cuando ya estés vacío y libre.

El movimiento del sonido solo es posible cuando estás vacío. Si estás lleno de represiones, no sucederá nada. Si estás lleno de represiones, es a veces incluso peligroso utilizar cualquier mantra o sonido.

Este sonido *ju* se debe usar durante diez minutos solo en la tercera etapa, y tan alto como sea posible. Pon en él toda tu energía, Es un martilleo. Y cuando estás vacío, este *ju* llega hasta el fondo y golpea en el centro sexual.

El centro sexual puede golpearse de dos formas. La primera es natural. Cuando te sientes atraído por alguien del sexo opuesto, el centro sexual es golpeado desde fuera. Y en realidad ese golpe también se trata de una vibración sutil. A un hombre le atrae una mujer o a una mujer le atrae un hombre. ¿Por qué? ¿Qué hay en un hombre o en una mujer que lo justifique? Perciben una energía positiva o negativa, una sutil vibración. En realidad se trata de un sonido. Por ejemplo, puede que hayas observado que los pájaros utilizan el sonido para atraerse sexualmente. Todo su canto es sexual. Continuamente están atrayéndose con sonidos particulares. Estos sonidos golpean en los centros sexuales de los pájaros del sexo opuesto.

Estas sutiles vibraciones de electricidad te golpean desde fuera.

Cuando tu centro sexual es golpeado desde fuera, tu energía empieza a fluir hacia fuera, hacia el otro. Entonces ocurre la reproducción, el nacimiento. Nacerá otro de ti.

Este *ju* golpea el mismo centro de energía, pero desde dentro. Y cuando el centro sexual es golpeado desde dentro, la energía comienza a fluir hacia dentro. Este fluir interno de energía te cambia completamente. Te transformas totalmente, te das nacimiento a ti mismo.

Solo te transformas cuando tu energía se mueve en una dirección totalmente opuesta a la actual. Ahora mismo está fluyendo hacia abajo, pero en ese momento fluirá hacia arriba. Este fluir de la energía hacia arriba es lo que se conoce como *kundalini*. En verdad sentirás que fluye a lo largo de tu columna vertebral, y cuanto más alto suba, más subirás tú con ella. Cuando esta energía alcance tu último centro —el séptimo centro, situado en la parte superior de la cabeza— serás el hombre más elevado posible.

En la tercera etapa utilizo el *ju* como un vehículo para llevar tu energía hacia arriba. Estas tres primeras etapas son catárticas. No son meditación, sino solamente una preparación. Son un «prepararse» para dar el salto, no el salto en sí. La cuarta etapa es el salto.

En la cuarta etapa te diré que seas solamente un testigo, estando constantemente alerta, sin hacer nada. Permanece simplemente como un testigo, quédate solo contigo mismo sin hacer nada —ningún movimiento, ningún deseo, ningún llegar a ser—, sino solo estar en el aquí y el ahora, presenciando en completo silencio lo que está ocurriendo.

Ese permanecer en el centro, en ti mismo, es posible gracias a las tres primeras etapas. Sin haber hecho estas tres etapas previas, no podrás permanecer contigo mismo. Puedes continuar hablando de ello, pensando en ello, soñando con ello, pero no ocurrirá nada porque no estás preparado.

Estas tres primeras etapas te preparan para permanecer en el momento, te harán consciente. Eso es meditación. Entonces en esa meditación ocurre algo que está más allá de las palabras. Y cuando suceda, nunca volverás a ser el mismo, es imposible. Es un crecimiento. No es solamente una experiencia, es un crecimiento.

La energía simplemente se mueve hacia arriba y tú no tienes que hacer nada. Por eso hago hincapié en que te quedes inmóvil. Después de la tercera etapa, cuando digo «¡Stop!», quédate completamente quieto. No hagas absolutamente nada, porque cualquier cosa que hagas puede ser una distracción y perderás el objetivo. Cualquier cosa puede desviarte del objetivo —aunque solo sea una tos o un estornudo—, si la mente se ha distraído, el flujo ascendente se detendrá inmediatamente, porque tu atención se ha desviado.

No hagas nada. No te vas a morir. Aunque sientas ganas de estornudar, no estornudes durante diez minutos, no te morirás. Aunque te entren ganas de toser, o sientas irritación en la garganta y no hagas nada, no te vas a morir.

En este momento estás en silencio, ¿por qué no lo celebras? Y yo te digo: si lo celebras, aumenta.

En el mundo de la conciencia nada ayuda tanto como la celebración. La celebración es como regar una planta. La preocupación es justo lo contrario, es como cortar las raíces. ¡Siéntete feliz! Baila con tu silencio. En este momento está ahí, es suficiente. ¿Por qué pedir más? El mañana cuidará de sí mismo. Este momento ya es mucho, ¿por qué no vivirlo, celebrarlo, compartirlo, disfrutarlo?

La Meditación Dinámica no es solo una catarsis. La catarsis sirve para crear espacio para el silencio, para la paz, para el amor, para la meditación. Ese es el aspecto positivo. El aspecto negativo está bien, pero el propósito es crear ese espacio. La Dinámica tiene tres partes: catarsis, silencio, dicha.

MEDITACIÓN KUNDALINI OSHO®

Esta meditación se hace mejor al anochecer o al final de la tarde. Sumergirnos por completo en el sacudirse y el baile de las dos primeras etapas ayuda a «fundir» la parte petrificada de nuestro ser, donde el flujo de la energía se ha reprimido o esté bloqueado para que esta pueda volver fluir, bailar y transformarse en dicha y alegría. Las dos últimas etapas permiten que toda esta energía fluya de forma vertical y se dirija hacia arriba, hacia el silencio. Es una forma muy efectiva de liberar tensiones y relajarnos al final del día.

Esta meditación hay que hacerla con la música específica de la Meditación Kundalini OSHO, que señala y apoya energéticamente las diferentes etapas de la meditación. (Consulta Recursos Online al final del libro).

Instrucciones

La meditación dura una hora y tiene cuatro etapas.

PRIMERA ETAPA: 15 MINUTOS

Suéltate y deja que todo tu cuerpo se sacuda sintiendo las energías que suben desde tus pies hacia arriba. Abandónate completamente y hazte uno con ese sacudirse. Puedes estar con los ojos abiertos o cerrados.

SEGUNDA ETAPA: 15 MINUTOS

Baila como lo sientas, y deja que todo tu cuerpo se mueva libremente.

Puedes estar con los ojos abiertos o cerrados.

TERCERA ETAPA: 15 MINUTOS

Cierra los ojos y permanece inmóvil, sentado o de pie —observa, sé un testigo de todo lo que está ocurriendo dentro y fuera de ti.

CUARTA ETAPA: 15 MINUTOS

Manteniendo los ojos cerrados, acuéstate y permanece inmóvil.

Nota: En la cuarta etapa puedes escoger permanecer sentado, si así lo deseas.

Guía adicional de Osho: Si estás haciendo la Meditación Kundalini, permite que el cuerpo se sacuda, pero no lo *hagas* tú. Permanece de pie en silencio, siéntelo llegar y, cuando tu cuerpo empiece a temblar un poco, ayúdale, pero no lo hagas tú. Disfrútalo, siéntete dichoso por ello, permítelo, recíbelo, dale la bienvenida, pero no lo fuerces.

Si lo fuerzas, se convertirá en un ejercicio, en un ejercicio corporal. Entonces el sacudirse estará allí, pero solo en la superficie. No te penetrará. En tu interior permanecerás duro como una piedra, como una roca. Seguirás siendo el manipulador, el hacedor, y el cuerpo solo te obedecerá. Y no se trata del cuerpo, se trata de *ti*.

Cuando te digo «sacúdete», quiero decir que tu ser, que es como una roca, deberá sacudirse hasta los cimientos, de forma que se haga líquido, fluido, se funda, fluya. Y cuando tu ser petrificado se vuelva líquido, tu cuerpo le seguirá. Entonces ya no hay quien se sacuda, sino solamente un sacudirse. Entonces no hay nadie haciéndolo, simplemente está ocurriendo. Entonces no hay ningún hacedor.

No hace falta despertar la kundalini, esa reserva de energía que es como una serpiente enroscada. Aquí hacemos la Meditación Kundalini, pero el propósito no es despertar la kundalini, la hacemos con otro propósito. El propósito es hacer bailar la energía de la kundalini que está en tu interior.

El propósito es muy diferente. La energía que está en tu interior está todavía dormida, por eso hay que despertarla... Y para despertarla tendrás que impactarla, sacudirla. Mi propia experiencia es que no hace falta despertarla, solo hay que bailarla, solo hay que convertirla en música, solo hay que transformarla en una celebración gozosa. De modo que no es necesario empujarla o forzarla.

Cuando Nijinsky bailaba, en ocasiones ocurría que daba un salto tan alto que iba en contra de la ley de la gravedad. Los científicos estaban asombrados, era imposible. No era posible dar un salto tan alto; no *debería* ser posible, porque la ley de la gravedad no permite dar un salto tan alto. Pero lo que resultaba todavía más asombroso era que, después de dar un salto tan alto, descendiera hasta el escenario tan lentamente como la pluma de un pájaro, lentamente, meciéndose, flotando en el aire... Esto también era muy paradójico. La gravedad tira de las cosas hacia abajo muy rápidamente, todas caen como una piedra, no como una pluma.

Siempre que a Nijinsky se le preguntaba cómo había conseguido hacerlo, él decía: «¡Esto es exactamente lo que yo me pregunto! Pero es incorrecto decir que lo he hecho yo, simplemente sucede. Cuando intento hacerlo, nunca sucede. Siempre que intento hacerlo, no ocurre. Solo ocurre a veces, cuando no estoy tratando de hacerlo en absoluto, cuando estoy absorto en la danza, tan absorto que mi ego se disuelve totalmente. Entonces es cuando se produce este fenómeno».

Nijinsky estaba accediendo sin saberlo al estado al que quiero llevaros a través de la Meditación Kundalini. El propósito de mi Meditación Kundalini no es el que ha tenido durante siglos. En lo que a mí respecta, estoy cambiando el sentido de todo. Aquí la Meditación Kundalini significa: baila, empápate de dicha, involúcrate. Involúcrate tanto que tu ego no siga separado. Eso es todo. Entonces, sucederá algo en tu interior, de repente estarás fuera del control de la gravedad. Y de repente serás consciente de que hay tanto silencio impregnando tu interior, un silencio virginal como nunca habías conocido antes. Te fundirás en esa dicha. Y cuando regreses, serás una persona completamente diferente.

Este no es el proceso tradicional de despertar la kundalini. Es el proceso de hacer bailar la kundalini. Es algo completamente distinto.

Nota: En este pasaje, «la primera puerta» nos indica el chakra o el centro de energía más bajo, y «la décima puerta», el chakra o centro de energía más elevado.

La segunda etapa es bailar. Bailar quiere decir que la energía que ahora se ha esparcido por todas partes se transforma en dicha y alegría; ahora bailas como si estuvieses celebrando, como si algo grande hubiese sucedido, como si la luz hubiese descendido a tu vida. Baila con gozo porque cuanto más dichoso te vuelvas, más energía ascenderá. Y cuanta más energía vaya hacia arriba, más dichoso te volverás. Imagínate que estuvieses borracho y te pusieses a bailar como si te hubieses bebido tú solo toda la taberna... ¿bailarías de forma contenida? No, no lo harías. Bailar de forma contenida significa bailar como si lo tuvieras que hacer por obligación: «No tengo más remedio, estoy atrapado aquí…». ¡O como ponerte a observar esperando que pase algo al bailar de una forma contenida! No, no funciona así. Este tipo de esfuerzos tibios no sirven. ¡Necesitas una pasión inmensa! ¡Baila como si te hubieses vuelto loco!

No puedes alcanzar la divinidad sin volverte loco. Si tratas de avanzar con la mente, entonces te quedarás donde estás. Tienes que ir un poco más allá de la mente. Y cuando toda tu energía se vuelva extática, cuando comience a fluir hacia arriba… Ser extático significa que la energía está ascendiendo, porque la sensación de alegría y gozo se experimenta cuando la energía comienza a fluir verticalmente. Cuanto más fluye hacia abajo, más desgraciado te sientes, más desciende la vida a los infiernos. Por eso decimos que el infierno está debajo y el cielo, encima. Simplemente quiere decir que el infierno está conectado con la primera puerta y el cielo está conectado con la décima; *encima* y *debajo* no quieren decir otra cosa.

Cuando tu energía cae hasta la primera puerta, tú mismo estás creándote un infierno. Y cuando estás en la décima puerta y tu energía fluye hacia el infinito, tú mismo has creado el cielo. Ambos están escondidos en tu interior. Cuando la energía comienza a fluir y eres dichoso, para y quédate de pie o siéntate para que la energía tenga una oportunidad total de fluir. Es bueno sentarse para que solo sientas la columna vertebral; dejas de sentir el resto del cuerpo y solo sientes la columna. La energía asciende por la columna y se va acumulando allí. Luego, túmbate para facilitar más todavía que la energía almacenada fluya hacia arriba y llame a la décima puerta.

Todo el experimento de la Meditación Kundalini está diseñado para llamar a la décima puerta.

MEDITACIÓN NADABRAHMA OSHO®

Nadabrahma es la meditación del zumbido: a través del zumbido y del movimiento de las manos, las partes en conflicto en ti comienzan a entrar en sintonía y llevas armonía a todo tu ser. Entonces, con el cuerpo y la mente totalmente sintonizados, puedes «escapar de su agarre» y te conviertes en un testigo de ambos. Esta observación desde el exterior es lo que trae la paz, silencio y dicha.

Esta meditación hay que hacerla con la música específica de la Meditación Nadabrahma OSHO, que señala y apoya energéticamente las diferentes etapas de la meditación. (Para más detalles, consulta Recursos Online al final del libro).

Instrucciones

La meditación dura una hora y tiene tres etapas. Los ojos permanecen cerrados durante toda la meditación.

PRIMERA ETAPA: 30 MINUTOS

Siéntate en una postura relajada con los ojos cerrados y los labios unidos. Empieza a emitir un zumbido con la fuerza suficiente como para ser escuchado por los demás y crea una vibración en tu todo cuerpo. Puedes visualizar un tubo hueco o una vasija vacía, llena únicamente con las vibraciones del zumbido. Llegará un momento en el que el zumbido continúe espontáneamente y tú te conviertas en el que escucha. No tienes que respirar de una forma especial y, si quieres, puedes cambiar el tono o mover el cuerpo lentamente y con suavidad.

SEGUNDA ETAPA: 15 MINUTOS

La segunda etapa está dividida en dos partes de siete minutos y medio cada una. En la primera parte, mueve las manos, con las palmas hacia arriba, haciendo círculos hacia fuera. Empieza a la altura del ombligo, las dos manos se mueven hacia delante y, a continuación, se separan dibujando dos grandes círculos simétricos a izquierda y derecha. El movimiento tiene que ser tan lento que a ratos pueda parecer que no se produce ningún movimiento. Siente que estás dando energía hacia fuera, al universo.

Cuando cambia la música, pasados siete minutos y medio, gira las palmas de las manos hacia abajo y empieza a moverlas en la dirección contraria. Ahora las manos se juntarán en el ombligo para separarse después hacia fuera, a ambos lados del cuerpo. Siente que estás tomando energía.

Igual que en la primera etapa, no inhibas cualquier movimiento suave y lento, del resto de tu cuerpo.

TERCERA ETAPA: 15 MINUTOS

Ahora, detén el movimiento de las manos y sigue sentado de forma relajada.

MEDITACIÓN NADABRAHMA OSHO® PARA PAREJAS

Existe una variante de esta técnica para parejas. Mientras los dos están emitiendo un zumbido, surge entre ellos la armonía y la sensibilidad y, poco a poco, se vuelven más intuitivos y funcionan en la misma frecuencia.

Instrucciones

La meditación dura media hora y tiene una sola etapa.

PRIMERA ETAPA: 30 MINUTOS

La pareja se sienta uno frente al otro, cubiertos con una sábana y sujetándose con las manos cruzadas. Es mejor no llevar nada de ropa. Iluminar la habitación únicamente con cuatro pequeñas velas y encender un incienso reservado exclusivamente para esta meditación.

Cerrad los ojos y emitid un zumbido a la vez durante 30 minutos. Al cabo de un rato sentiréis que las energías se encuentran, fundiéndose y uniéndose.

Guía adicional de Osho: Nadabrahma es una meditación de mantras, y el mantra es uno de los métodos con mayor potencial. Es muy simple y tremendamente efectivo porque, cuando repites un mantra o un sonido, tu cuerpo comienza a vibrar, especialmente las células cerebrales.

Si se hace de forma correcta, todo el cerebro se vuelve tremendamente vibrante, y también el resto del cuerpo. Cuando tu cuerpo comienza a vibrar y tu mente ya está entonando, ambos se sintonizan, surge una armonía entre los dos que habitualmente no está ahí.

Tu mente va por un lado y tu cuerpo va por el suyo propio. El cuerpo sigue comiendo, la mente continúa pensando. El cuerpo sigue caminando por la carretera y la mente está muy lejos, en las estrellas. Nunca se encuentran, ambos van por caminos separados, y eso crea una división.

La esquizofrenia básica se produce porque el cuerpo va en una dirección y la mente, en otra. Y tú eres el tercer elemento: no eres ni el cuerpo ni la mente, te encuentras dividido entre estos dos. La mitad de tu ser es atraída por el cuerpo, y la otra mitad, por la mente. Esto provoca una profunda angustia, uno se siente desgarrado.

Este es el mecanismo de una meditación con mantras —la Nadabrahma o cualquier cántico— cuando te pones a recitar un sonido. Servirá cualquier sonido, incluso abracadabra... Cuando comience a resonar en tu interior, el cuerpo empezará a responder. Tarde o temprano, llegará un momento en que el cuerpo y la mente, por primera vez, vayan juntos en la misma dirección. Cuando el cuerpo y la mente van juntos, te liberas del cuerpo y de la mente, no te sientes desgarrado. Entonces el tercer elemento, que es quien eres en realidad —llámalo alma, espíritu, *atman* o como quieras—, ese tercer elemento se encuentra a gusto porque no está siendo atraído en direcciones diferentes.

El cuerpo y la mente están tan inmersos en recitar que el espíritu puede escaparse de ambos con mucha facilidad cuando no está siendo observado y puede convertirse en el testigo, puede quedarse fuera y observar el juego que está teniendo lugar entre la mente y el cuerpo. Es un ritmo tan bonito que la mente y el cuerpo nunca se dan cuenta de que el espíritu ha salido fuera... porque ellos no lo permiten tan fácilmente, ¡vigilan sus posesiones! Nadie quiere perder sus posesiones. El cuerpo quiere dominar al espíritu, la mente quiere dominar al espíritu.

Esa es una manera muy astuta de librarse de su agarre. Ellos se emborrachan con el recitado, y tú te escapas.

Por eso, durante la Nadabrahma recuerda esto: deja que el cuerpo y la mente se unan del todo, pero recuerda que tú tienes que convertirte en el testigo. Sal de ellos, fácilmente, despacio, por la puerta de atrás, sin luchar, sin forcejeo. Están bebiendo. Tú sal y observa desde fuera.

Este es el significado de la palabra «éxtasis»: quedarse fuera.

Quédate fuera y observa desde allí. Es enormemente pacífico. Es silencio, es dicha, es bendición.

Este es el secreto de recitar, por eso este ejercicio ha prevalecido a través de los siglos. No ha habido religión que no haya usado el recitado y los mantras. ¡Aunque también tienen su peligro! Si no te sales, si no te conviertes en un testigo, existe el peligro de que lo estés haciendo en vano. El recitado es algo que intoxica cuando te emborrachas con el cuerpo y la mente, y tu espíritu también se emborracha. Entonces será como un tranquilizante: te hará dormir bien, pero eso es todo. Es una nana. Está bien, no tiene nada de malo, pero tampoco tiene ningún valor real.

De modo que esta es la trampa que hay que recordar: recitar es tan hermoso que uno quiere perderse. Si te has perdido, entonces bien, disfruta del ritmo, un ritmo interno, ha sido hermoso y te ha gustado, pero ha sido como una droga, como un ácido lisérgico. Al recitar, has creado ciertas drogas en tu cuerpo con el sonido.

Recitar provoca cambios químicos en el cuerpo, y esos cambios no son diferentes de la marihuana o el LSD. Algún día, cuando la investigación sobre la meditación avance, se descubrirá que recitar provoca cambios químicos, al igual que el ayuno. Después del séptimo u octavo día, uno se siente muy dichoso, ligero, alegre sin razón alguna, encantado como si todas las cargas hubiesen desaparecido. Tu cuerpo está creando un determinado cambio químico.

Estoy tan en contra del LSD como del ayuno. Y si recitar se utiliza como una droga, estoy en contra. Lo que hay que recordar es que tienes que utilizar el sonido, el recitado, el mantra, no como un estupefaciente para tu ser. Deja que sea un intoxicante para el cuerpo y la mente, pero tú sal antes de intoxicarte; sal y observa. Ves el cuerpo balanceándose y ves la mente muy muy tranquila y calmada. Observa desde fuera y mantente alerta como una llama.

Si no haces esto, solo obtendrás un sueño de calidad, pero nada más. Entonces, será bueno para la salud, pero no tendrá utilidad para tu crecimiento interno.

Así que presta atención a la Nadabrahma. Y algunas veces, sentado en silencio, empieza a recitar lo que sea, *aum* servirá, o escoge cualquier cosa, cualquier palabra, y sintonízate con ella. El significado no tiene mayor importancia; puede no tener significado o estar lleno de significado. *Aum* no significa nada. O tú mismo puedes crear tu propio mantra y cantarlo. Pero recuerda que te tienes que salir.

Deja que el cuerpo se emborrache, deja que la mente se emborrache, deja que ambos se enamoren el uno del otro, pero tú sal de ahí. No te quedes más tiempo, si no, te quedarás dormido. Y si uno se duerme, no es meditación. Meditación significa conciencia. ¡No lo olvides!

MEDITACIÓN NATARAJ OSHO®

Nataraj es la energía del baile. Es bailar como una meditación total, en la que todas las divisiones internas desaparecen y solo permanece una conciencia sutil y relajada.

Esta meditación hay que hacerla con la música específica de la Meditación Nataraj OSHO, que señala y apoya energéticamente las diferentes etapas de la meditación. (Para más detalles, consulta Recursos Online al final del libro).

Instrucciones

La meditación dura 65 minutos y tiene tres etapas.

PRIMERA ETAPA: 40 MINUTOS

Con los ojos cerrados baila como si estuvieras poseído. Deja que tu inconsciente se ocupe de todo. No controles los movimientos ni seas testigo de lo que sucede. Solo entrégate completamente al baile.

SEGUNDA ETAPA: 20 MINUTOS

Manteniendo los ojos cerrados, acuéstate inmediatamente. Quédate inmóvil y en silencio.

TERCERA ETAPA: 5 MINUTOS

Baila celebrando y disfruta.

Guía adicional de Osho: Todas las técnicas y los métodos que utilizo son solo para que estés aquí y ahora más intensamente, para ayudarte a olvidar el pasado y el futuro. Cualquier movimiento de tu cuerpo o tu mente puede usarse como trampolín: la intención es que saltes al aquí y al ahora.

Incluso se puede usar el baile, pero entonces sé solo el baile, no el bailarín. En el momento en que el bailarín aparece, el baile se destruye. El buscador ha hecho su aparición, la dimensión del tiempo ha hecho su aparición; ahora el movimiento se divide, el baile se ha vuelto superficial y tú te has ido muy lejos.

Cuando estés bailando, entonces sé el *baile*, no el bailarín, y llegará un momento en el que tú solo seas movimiento, en el que no haya división. Esta conciencia indivisa es la meditación.

Olvídate del bailarín, del centro del ego; conviértete en el baile. Esa es la meditación. Baila tan profundamente que olvides completamente que *tú* estás bailando, y comienza a sentir que eres el baile.

La división debe desaparecer y entonces se convierte en una meditación. Si existe división, entonces es solo un ejercicio, bueno, saludable, pero no puede decirse que sea espiritual. Es simplemente un baile. Bailar es bueno en sí mismo. Bailar está bien. Después te sientes fresco, rejuvenecido. Pero todavía no es una meditación. El que baila debe desaparecer hasta que solamente permanezca el baile.

Así pues, ¿qué hacer? Sumérgete completamente en el baile porque la división solo puede existir cuando no lo haces con totalidad. Si te quedas separado contemplando tu propia danza, la división permanecerá: tú eres el bailarín y estás bailando. Entonces bailar es solamente un acto, algo que estás haciendo, no es tu propio ser. Por tanto, involúcrate totalmente, fúndete con la danza. No te quedes a un lado, no seas un mero observador. ¡Participa!

Deja que el baile fluya espontáneamente. No lo fuerces de ninguna forma. En lugar de eso, síguelo: no lo fuerces, deja que suceda. No es un hacer, sino un suceder.

Permanece en modo festivo. No estás haciendo nada demasiado serio. Solo estás jugando, jugando con tu energía vital, jugando con tu propia bioenergía, dejándola moverse, moverse espontáneamente. De igual forma que el viento sopla y el río fluye, tú estás fluyendo y soplando. Siéntelo.

Y sé juguetón. No te olvides nunca de esta palabra, «juguetón». Conmigo es muy importante. En este país, a la creación de Dios la llamamos *leela*. Llamamos a la creación el *leela* de Dios, el juego de Dios. En ningún otro lugar del mundo existe este concepto.

MÁS MEDITACIONES ACTIVAS OSHO

Este libro incluye muchas más Meditaciones Activas OSHO, entre ellas, la Meditación Devavani OSHO, la Meditación Gourishankar OSHO o la Meditación Mandala OSHO, que están repartidas a lo largo del mismo.

9

OSHO Talks

Silencio compartido en palabras

Tengo que empezar utilizando tu lenguaje, para que poco a poco tú empieces a aprender el mío. Yo soy bilingüe y tú también te volverás bilingüe. Hay dos lenguajes: el lenguaje de las palabras y el lenguaje del silencio. En este momento tengo que utilizar el lenguaje de las palabras para traducir la poesía del silencio, la música del silencio. Más adelante, cuando hayas desarrollado un poco tu meditación, tú también serás capaz de entender directamente la poesía del silencio, la música del silencio.

Osho ha creado muchas técnicas de meditación, incluyendo sus meditaciones activas y sus terapias meditativas. Él las describe como técnicas efectivas y directas para que la gente de hoy en día pueda experimentar lo que es la meditación. La singularidad de sus charlas consiste en que también funcionan como una técnica para proporcionar una experiencia del silencio y de la no-mente a la gente. Sus charlas —dirigidas a individuos, pequeños grupos y, predominantemente, a grandes audiencias internacionales— cubren una completa gama de temas significativos para la humanidad actual y funcionan a muchos niveles. Sus charlas transmiten una visión, un sinfín de técnicas para la transformación y una profunda experiencia del silencio.

Todas sus charlas públicas han sido recogidas en formato de audio al principio y más adelante en vídeo. Durante toda su vida pública, Osho se ha servido de los medios de comunicación para llegar a la gente que no estaba presente durante sus charlas, mientras que, de manera simultánea, se ha asegurado de que esta transmisión mística y singular siga estando disponible mucho después de su desaparición física.

Estos discursos son los cimientos de tu meditación. ¡Estoy loco, pero no tan loco como para estar hablando durante cuatro horas al día, si esto no te sirviese para meditar! ¿Acaso crees que estoy tratando de distraerte de tu meditación?

EL USO DE LA TECNOLOGÍA

Estando en mi habitación, puedo hacer llegar al mundo entero mi mensaje. Sería muy poco inteligente seguir yendo de pueblo en pueblo. Buda no tuvo elección. Si yo hubiese vivido en los tiempos de Buda, habría hecho lo mismo. Si Buda estuviese aquí, ahora, habría hecho lo mismo que yo.

El hombre ha desarrollado mucho la tecnología. Todo el mundo la está utilizando, pero cuando se utiliza para transmitir la verdad, empiezan a surgir las preguntas. Si la utilizas para los negocios, está bien; si la utilizas con fines políticos, está bien; si la utilizas para el crimen, totalmente de acuerdo, pero si la utilizas para Dios, entonces empiezan las críticas.

Yo voy a utilizar todo tipo de medios de comunicación.

Y no solo aquí donde estoy hablando, sino también lejos..., en cualquier lugar del mundo, la gente que vea el vídeo o escuche la grabación podrá alcanzar el mismo grado de silencio

Lo que estoy diciendo no es solo para ti. Va dirigido a mis *sannyasins* de todo el mundo, a mis simpatizantes, a mis amantes, y deben de ser millones. Y no solo va dirigido a ellos, también estoy hablando para las generaciones futuras.

Un vídeo es una forma mucho mejor de llegar a la gente porque me pueden escuchar igual que me escuchas tú aquí. Escuchar solo las palabras sin ver a la persona es una cosa, pero ver a la persona marca la diferencia. Es totalmente diferente porque, cuando me estás escuchando en una grabación de audio, no tienes posibilidad de ver mi mano, que está diciendo más de lo que pueden decir mis palabras. No puedes mirarme a los ojos, que tienen mucho más que decir que lo que pueden transmitir las palabras.

EL PROPÓSITO

Mi propósito es único: yo utilizo las palabras solamente para crear espacios de silencio. Las palabras no son lo importante, por eso puedo decir cualquier cosa aunque sea contradictoria, absurda o incoherente porque mi propósito solo es crear las pausas. Las palabras son secundarias, lo principal son los silencios entre las palabras. Solo es una estratagema para que te hagas una idea de lo que es la meditación. Cuando sepas que la tienes a tu alcance, habrás hecho un largo viaje en dirección hacia tu propio ser.

La mayor parte de las personas no creen en la posibilidad de que la mente pueda quedarse en silencio y, puesto que no lo creen, no lo intentan. La razón básica por la que hablo es para que la gente pueda experimentar la meditación. Por tanto, podría hablar eternamente..., no importa lo que diga. Lo único que importa es que te estoy dando unas cuantas ocasiones de quedarte en silencio, lo que al principio te resultará difícil de conseguir tú solo.

No puedo obligarte a estar en silencio, pero sí puedo crear una argucia para que espontáneamente te quedes en silencio. Mientras estoy hablando, cuando en mitad de una frase estás esperando la siguiente palabra, lo único que le sigue es un espacio de silencio. Tu mente estaba pendiente de escuchar, esperando lo siguiente, no quiere perdérselo y... naturalmente, se queda en silencio. ¿Qué puede hacer la mente? Si supieras de antemano cuándo me voy a quedar en silencio, si te dijeran que en este o aquel momento me voy a quedar en silencio, entonces te las arreglarías para poder pensar. No estarías en silencio. Entonces sabrías: «Aquí es donde va a callarse. Ahora puedo tener una pequeña conversación conmigo mismo». Pero como llega absolutamente de repente... Ni yo mismo sé por qué me detengo en determinados momentos.

Si algo semejante le ocurriera a cualquier orador del mundo sería criticado, porque cuando un orador se detiene una y otra vez, quiere decir que no se ha preparado bien, que no ha hecho sus deberes. Quiere decir que su memoria no es de fiar, que a veces no encuentra las palabras que quiere emplear. Pero puesto que esto no es oratoria, no me preocupa que la gente me critique. Lo que me interesa eres tú.

Y no solamente aquí en esta reunión, sino también muy lejos..., en cualquier lugar del mundo donde la gente esté escuchando el vídeo o el audio, llegarán al mismo silencio. Mi logro no consiste en convencerte, sino en que tengas una auténtica experiencia para que puedas confiar en que la meditación no es una ficción, que el estado de no-mente no es solo una idea filosófica, sino una realidad. Que puedes conseguirlo y que no requiere ninguna preparación especial.

Estos no son discursos ni charlas corrientes. No me interesa la filosofía ni las ideologías políticas. Lo que me interesa directamente es tu transformación.

Fui profesor de filosofía durante nueve años y, al percatarme de que no había nada más allá de las palabras, entré en el mundo del misticismo. Ahí he encontrado lo que faltaba en todas las filosofías, en todos los tratados lógicos. Sin embargo, ahora es imposible hablar de ello. Aun así, yo hablo. Llevo treinta años hablando constantemente, dándole vueltas y más vueltas, a la espera de que alguien quede atrapado en la red de las palabras y pueda salir así de la infelicidad en la que está inmerso. Las palabras pueden hacer mucho. Te pueden sacar de tu mundo lógico, de tu mundo lingüístico, de tu mundo filosófico. Eso también es importante. La mitad del trabajo está hecho, el resto lo puede hacer la meditación.

Por eso si puedes sentir el sonido del silencio en mis palabras, mi propósito se habrá cumplido. Porque mis palabras no están siendo usadas del mismo modo en que las ha usado todo el mundo. Estoy usando las palabras como instrumentos musicales. No soy músico, pero puedo crear el mismo espacio utilizando palabras y silencios entremedio. Aquellos que se aferran a mis palabras se equivocan porque comienzan a interpretar. Encuentran contradicciones, están de acuerdo o disienten, pero en su interior comienzan a juzgar.

Esa no era mi intención. Mi intención era despertar en ti un silencio, una música, una fragancia.

Tienes que cambiar la Gestalt desde las palabras y su significado —que es la forma habitual que ha tenido la humanidad desde siempre de usar las palabras, aunque nadie ha insistido en cambiar esta Gestalt— a escuchar los silencios. Lee entre líneas y encontrarás una tremenda explosión de silencio, de música, de celebración. Y las flores comenzarán a crecer en tu ser.

¿Por qué sigo hablando? ¿Por qué no puedo estar sentado en silencio? No serías capaz de absorber tanto silencio. Solo puedes absorberlo en dosis homeopáticas, de vez en cuando.

Y mis palabras te ayudan. No dicen la verdad, pero ayudan, indican, son dedos que apuntan a la luna. No son la luna en sí, son solo dedos apuntando a la luna, son flechas. No te obsesiones con los dedos, no te aferres a los dedos, no comiences a adorarlos, porque así es como te perderás la luna. Olvídate de los dedos y mira a la luna. La luna es silencio, silencio total, donde nunca se ha pronunciado ni una sola palabra.

Tú tienes ese espacio en tu interior. Yo me he hecho uno con él. Tú no eres uno con él, pero si caminas conmigo, si fluyes conmigo, si oyes mis palabras, si escuchas mis silencios, de vez en cuando te ocurrirá. Y son momentos de gracia. En esos momentos tendrás las primeras experiencias de la divinidad. Poco a poco, irás siendo más capaz. Por eso sigo hablando.

Además, siempre está llegando gente nueva y tengo que hablar para ellos. Los más antiguos dejarán de preocuparse poco a poco por mis palabras. La escucha desaparecerá completamente. Escucharán mis palabras como el que escucha el sonido de una cascada de agua, no buscarán ningún significado en ellas, no buscarán ninguna verdad en ellas. Ni siquiera buscarán alguna coherencia en ellas. No estarán constantemente analizando su coherencia, su contradicción, su lógica, su ilógica. No, todas esas cosas poco a poco desaparecerán. Escucharán mis palabras como quien escucha el canto de los pájaros o el viento entre los pinos. Tú no preguntas por su significado, simplemente lo escuchas, y en ese acto de escuchar te conviertes en el sonido atravesando los pinos, te conviertes en ese viento.

Cualquier cosa que diga es un recurso, de modo que es una mentira. La verdad nunca ha sido dicha, no puede decirse. La verdad es inefable. Pero puedes escucharla. Es inefable, no puede ser dicha, pero puede ser escuchada.

Déjame que lo repita: no puede ser dicha, pero puede ser escuchada. Puedes aprehenderla en el silencio, en el amor, estando en comunión. No soy capaz de decirla, pero tú eres capaz de escucharla; por eso utilizo este recurso de hablarte cada mañana, un año tras otro. Es como una cascada: escúchala, no te limites a oírla.

CÓMO ESCUCHAR

Me escuchas, me estás escuchando con los oídos. Me miras, me estás mirando con los ojos. Ciertamente, tú no eres ni los oídos ni los ojos. Los ojos y los oídos son ventanas; hay alguien escondido detrás de las ventanas.

Solo observa, tus ojos son ventanas. Cuando me miras, lo estás haciendo a través de los ojos. Pero ¿quién eres tú? ¿Quién me está mirando? ¿Quién me está escuchando? ¿Qué es esta conciencia?

No tienes que estar de acuerdo o en desacuerdo porque, si empiezas a estar de acuerdo o en desacuerdo, te estás equivocando.

Escucha en silencio como si estuvieses escuchando el sonido de un río, o el sonido del viento soplando entre los pinos. Solo escúchalo, sin que intervenga la mente diciendo: «Sí, esto es correcto» o «No, esto no es correcto».

Cualquier comentario o interpretación de tu mente va a distorsionarlo todo. El comentario no es lingüístico. No es del lenguaje; junto con el lenguaje, se está transmitiendo algo invisible. De modo que si escuchas en silencio, el lenguaje no es lo importante. Tu silencio ganará en profundidad, eso es lo que importa. Lo que estaba diciendo el lenguaje no tiene importancia, era solo un vehículo.

Cuando escuchas puedes hacerlo de forma correcta, o puedes escuchar de forma equivocada.

Escuchar cargado de prejuicios es la forma equivocada de hacerlo; realmente es la manera de no escuchar. Parece que estás escuchando, pero solo estás oyendo, no escuchando. Escuchar correctamente significa que has dejado tu mente a un lado. No significa que te hayas vuelto crédulo, que empiezas a creerte todo lo que se te dice. No tiene nada que ver con creer o no creer. Escuchar correctamente significa: «En este momento no me preocupa si me lo creo o no. En este momento no se trata de estar de acuerdo o no. Simplemente estoy tratando de escuchar todo lo que se está diciendo. Más tarde decidiré lo que está bien o lo que está mal. Más tarde decidiré si quiero seguirlo o no».

La mejor manera de escuchar correctamente es que la verdad tiene una música propia. Si puedes escuchar sin prejuicios, tu corazón te dirá lo que es verdad. Si es verdad, comenzará a sonar una campana en tu corazón. Si no es verdad, permaneces distanciado, despreocupado, indiferente; no resuena ninguna campana en tu corazón, no hay ninguna sincronicidad. Esa es la cualidad de la verdad: si la escuchas con un corazón abierto, inmediatamente se produce una respuesta en tu ser y tu centro se eleva. Te empiezan a crecer alas, de repente se abre el cielo entero.

No se trata de decidir lógicamente si lo que se está diciendo es verdadero o falso. Al contrario, se trata de amor, no de lógica. La verdad inmediatamente despierta el amor en tu corazón; de una forma misteriosa, desencadena algo dentro de ti.

Pero si escuchas de manera equivocada —es decir, lleno de mente, de basura, de conocimientos—, entonces impedirás que tu corazón responda a la verdad. Desperdiciarás esa enorme posibilidad, perderás la sincronicidad. Tu corazón estaba listo para responder a la verdad. Recuerda que solo responde a la verdad, jamás responde a la falsedad. Ante la falsedad, permanece totalmente en silencio, sordo, inmutable, imperturbable. Ante la verdad, comienza a bailar, comienza a cantar, como si de repente hubiese salido el sol y la noche oscura se hubiese ido, y los pájaros estuviesen cantando y las flores de loto abriéndose, y la tierra entera se estuviese despertando.

Existen miles de charlas improvisadas de Osho, conocidas como OSHO Talks, disponibles en diferentes formatos multimedia. Para más detalles, consulta Recursos Online al final del libro.

10

Meditación encuentro del atardecer Osho

Es un gran evento; cada tarde te adentras un poco más en tu budeidad. Contempla ese espacio vacío que hay en tu interior. Cuando regreses de tu viaje interior, deberás recordarlo las veinticuatro horas del día.

Tal y como se mencionó en el capítulo anterior, «OSHO Talks: Silencio compartido en palabras», la esencia de las OSHO Talks es que funcionan como una meditación para su audiencia, tanto para los que estuvieron en su presencia física como para la audiencia repartida por todo el mundo, durante su vida y en la actualidad.

Estas charlas diarias de Osho culminaron con la creación y la expansión final de la «Meditación encuentro del atardecer» descrita en este capítulo. Esta meditación tiene muchos aspectos que solo podrían describirse como «místicos». Uno de los misterios es que Osho la denomine «encuentro». Y está indicada para cualquier persona que pretenda explorar el enfoque y los métodos de Osho y pensada para hacerse a las siete de la tarde, hora local. De ese modo, a medida que la Tierra vaya girando, esta meditación siempre se estará realizando en algún lugar. Es una cadena de meditación perpetua en la que puede participar cualquier persona que esté interesada, no importa quién, ni dónde, ni si se realiza solo o acompañado.

La importancia de esta meditación queda indicada por la petición de Osho de que todos los demás programas del Resort de Meditación y de los centros OSHO alrededor del mundo queden interrumpidos por completo mientras se esté desarrollando, para que todo el mundo pueda participar en ella.

Esta meditación se lleva a cabo con:

1. La música específica de la Meditación encuentro del atardecer OSHO, que indica y facilita energéticamente las diferentes etapas.
2. Una charla de Osho (OSHO Talk).
3. Una grabación con el Gibberish y el «dejarse llevar».

Instrucciones

La duración de la Meditación encuentro del atardecer varía según la charla de Osho que se haya elegido. La primera etapa consiste en bailar y celebrar, y debe finalizar exactamente a las siete de la tarde.

Cuando se hace en el formato completo, las etapas son las siguientes:

1. Celebrar bailando: 10-12 minutos, finaliza a las siete de la tarde.
2. Música clásica india y silencio: 10 minutos.
3. OSHO Talks: 40 minutos o más.
4. Gibberish, silencio y déjate llevar: 10-15 minutos.
5. Celebración: 2-5 minutos.

1. Celebrar bailando

La meditación empieza con una música muy energética para bailar y celebrar lo más plenamente posible; una celebración salvaje, elevando la energía hasta llegar al cénit, con todo el gozo que sea posible.

Puedes dejar mantener los ojos abiertos o cerrados; permanece contigo mismo. El baile incluye tres o cuatro «stops»: gritos agudos con el sonido «OSHO», al mismo tiempo que levantas los brazos «hacia las estrellas, indicando tu anhelo de una conciencia más elevada».

Osho denomina al sonido «OSHO» «un buen sonido», afirma que «crea un buen silencio. No es mi nombre. Es simplemente un sonido sanador». Y sobre el grito, dice: «Es como una espada. Solo depende de la intensidad, del apremio y la totalidad con que lo hagas. Es utilizar el sonido para alcanzar el silencio sin sonido». «Debes hacerlo con entusiasmo para que surta efecto. Tiene que ser como el rugido de un león que sale del estómago. No nace de la lengua, ni siquiera de la garganta o del corazón. Nace justo de debajo del ombligo, exactamente cuatro centímetros por debajo. Trata de fijarte. Cuando lo hagas fíjate de dónde sale, porque por ahí es por donde deberás entrar en tu interior. Es despejar el paso, abrirte un camino en una tierra abandonada para tener un acceso directo. Te conecta contigo mismo».

Cuanto más total sea tu participación generando esta energía, más profundo será tu silencio en la siguiente etapa de la meditación. La celebración alcanza su cénit a las siete de la tarde gritando tres veces seguidas el sonido «OSHO».

2. Música clásica india y silencio

Inmediatamente después de alcanzado el cenit de la celebración a las siete de la tarde y después de gritar «OSHO» tres veces consecutivas, siéntate en silencio absoluto con los ojos cerrados. A continuación, habrá 10 minutos de música india alternándose con pausas repentinas. Esta etapa acaba con tres enérgicos redobles de tambor.

3. OSHO Talk

Sigue sentado en silencio, con los ojos abiertos o cerrados, durante la reproducción de la OSHO Talk en vídeo o en audio. (El capítulo 9, «OSHO Talks: Silencio compartido en palabras», contiene más información acerca de esta parte de la meditación).

Guía adicional de Osho: Yo no hablo para enseñar cosas. Hablo para crear algo en ti. No es un discurso. Es un método para que puedas estar en silencio, porque si te piden que estés en silencio sin hacer ningún esfuerzo, te resultará muy difícil.

Esto es lo que los maestros zen les han dicho a sus discípulos: «Quédate en silencio sin hacer esfuerzos». Y esto es poner a la persona en un aprieto: «No hagas ningún esfuerzo y quédate en silencio». Si haces cualquier esfuerzo está mal, y es imposible quedarte en silencio sin hacer un esfuerzo. Si esto fuese así, los maestros y la meditación no habrían sido necesarios. La gente se habría quedado en silencio sin hacer ningún esfuerzo.

He indagado todo lo posible en los esfuerzos del zen. Llevan funcionando catorce siglos, casi desde los tiempos de Bodhidharma. Es uno de los grupos más importantes de todo el mundo dedicados a una única cosa: la meditación. No se ha hecho nunca un experimento tan prolongado en ningún otro sitio. A pesar de esto, no hay muchos maestros zen.

Sí, en la corriente del zen hay más maestros que en ninguna otra corriente del mundo, pero, a pesar de todo, siguen siendo muy pocos si se comparan con la gente que ha estado trabajando. Yo he intentado averiguar cuál puede haber sido el error. El error básico es este: que los maestros zen decían lo correcto, pero no lo decían de la forma correcta. Yo os hago tomar conciencia del silencio sin necesidad de hacer ningún esfuerzo por vuestra parte. Por primera vez, uso mi forma de hablar como un método para provocar silencio en tu interior.

Cuando me ves, me estás viendo; tu conciencia apunta hacia mí como si fuese una flecha. Si cambias... Puedes probarlo ahora mismo, y es bueno que lo hagas para darte cuenta de que me estás mirando, de que tus ojos están fijándose en mí. Si realmente apuntas hacia mí, te olvidarás de ti mismo. Esto es olvidarse. Ahora haz que tu conciencia sea una flecha de dos puntas. Mírame y al mismo tiempo mírate a ti. Mira lo observado, y luego mira al que mira, a lo visto y al que ve.

Cuando me escuchas, escúchame y sé consciente también del que oye. Hay que oír al que habla y al que escucha. De ese modo, tu conciencia será una flecha de dos puntas. Ahora mismo solo hay tráfico en un sentido, me miras a mí, pero no te miras a ti mismo. Esto es como olvidarse de uno mismo. Pero si eres capaz de verme y, al mismo tiempo, de verte a ti, en ese momento tendrás conciencia de ti mismo. Buda lo denomina *samyak smriti*; Kabir lo denomina *surati*; Gurdjieff lo denomina recordarse a uno mismo. Pero es lo mismo.

El arte de escuchar se basa en acallar la mente para que no interfiera y simplemente permita lo que sea que te esté ocurriendo. No digo que tengas que estar de acuerdo. Escuchar no implica estar de acuerdo, y tampoco lo contrario. El arte de escuchar es tan solo escuchar de forma objetiva y sin distorsionar. Y después de escuchar llega un momento en el que puedes estar de acuerdo o no, pero primero hay que escuchar.

Si oyes algo que es verdad, no puedes estar en desacuerdo. Si no es verdad, naturalmente estarás en desacuerdo. Pero el estar de acuerdo o en desacuerdo no proviene de una mente prejuiciosa, sino de un corazón sin prejuicios. El corazón escucha y la mente oye, es más superficial. Por el hecho de que el corazón está más profundo, cualquier palabra que oigas se encontrará primero con la mente. Antes de llegar al corazón, la mente habrá hecho muchas cosas con ella.

Y si eres capaz de escuchar, no te hará falta hacer nada más. En ese silencio podrás ver sin discusión en tu interior, lo que está bien y lo que está mal. Lo que está bien te pone contento inmediatamente, y lo que está mal te pone triste y distante. Esta distinción es completamente diferente a la discriminación mental de «está bien o está mal». ¿En qué se basa la mente para decir que algo está bien? Solo es un prejuicio, una idea preconcebida.

En el corazón no hay ideas preconcebidas. Puede ver con claridad. Tiene ojos, pero no tiene ideas. Tiene claridad, pero no tiene prejuicios.

Shravan quiere decir escuchar, y *shravaka* es el que escucha, alguien que es capaz de escuchar en el sentido que acabo de definir, alguien que no tiene que hacer nada más, con escuchar será suficiente.

El arte de escuchar es el método de transformación más sencillo.

Al final del discurso, Osho provoca unas carcajadas antes de pasar a la siguiente etapa de la meditación:

4. Gibberish, silencio y déjate llevar

Esta breve meditación tiene cuatro etapas:

A. Gibberish.

B. Quédate como una estatua, sin moverte, ve hacia dentro.

C. Déjate llevar.

D. Vuelve a la vida.

El gibberish sirve para deshacerte de la mente activa, el silencio sirve para deshacerte de la mente inactiva y el dejarte llevar sirve para adentrarte en lo trascendental. Cada etapa empieza con un golpe de tambor.

A. Gibberish

La primera etapa empieza con un golpe de tambor. Sigue sentado y durante unos minutos enloquece por completo, di todo lo que te pase por la mente, todo tipo de basura —¡sácalo fuera, exprésalo en cualquier idioma que no conozcas! Sé total. Es una de las formas más científicas que hay de limpiar la mente. A continuación, algunas cuestiones que Osho subraya acerca del gibberish

- Con el primer golpe de tambor, por medio del gibberish y a través de gestos, empieza a sacar toda la basura que te sea posible. Es una limpieza, una preparación para el silencio.
- No digas cosas con sentido, no uses un idioma conocido. Si sabes chino, no uses el chino. Usa el japonés si no lo conoces. No uses el alemán si lo conoces. Por primera vez, siéntete libre como los pájaros. Expresa todo lo que te venga a la mente sin preocuparte de si es lógico o razonable, de si tiene sentido o importancia, como hacen los pájaros.
- Expresa todo lo que siempre hayas querido decir y no has podido por culpa de la civilización, la educación, la cultura y la sociedad.
- Gibberish simplemente significa sacar toda esa locura que se ha ido acumulando en tu mente a lo largo de muchos siglos. A medida que la expulsas, al cabo de dos minutos te sentirás más ligero y vivo.

- Debes ser total, porque una vez que te hayas liberado de la locura, tendrás más posibilidades que nunca de ahondar en el silencio.
- Cuanto más te impliques, mayor será el silencio que habrá a continuación. De manera que no seas parcial, no seas mediocre. ¡Conviértete en un loco de primera clase!
- Ha estado pululando en tu interior: déjalo salir.
- Cuando la mente se queda en silencio, no queda otro sitio donde ir más que a tu interior. Te olvidas todos los caminos y solo hay tráfico en un único sentido.
- Tras haber expulsado toda esa basura que guardabas, estarás más cuerdo que nunca.

(Véase también el apartado «No-Mente OSHO» incluido dentro del capítulo 11: «Terapias Meditativas OSHO»).

B. Quédate, como una estatua, sin moverte, ve hacia dentro.

Los dos minutos de gibberish han despejado el camino para adentrarte en el silencio como nunca lo has hecho antes. Cierra los ojos y deja el cuerpo inmóvil, no hagas ningún movimiento, recoge tu energía y permanece en el aquí y el ahora. «Cuando sales de la mente, estás dentro. Estar en la mente es estar fuera de ti mismo. Estar fuera de la mente es estar en tu propio ser».

En esta parte de la meditación, usando palabras e intervalos de silencio, Osho te anima a ir hacia dentro…

Quédate en silencio. Cierra los ojos. Deja tu cuerpo completamente quieto.

Ahora mira en tu interior con conciencia absoluta y con urgencia, como si se tratara del último instante de tu vida.

El centro de tu ser no está muy lejos, lo único que hace falta es sentir una urgencia total.

Más y más profundo, como una lanza... Cuanto más te adentres en tu ser, más te adentrarás en la existencia.

En este momento eres un buda, y ser un buda es alcanzar el potencial máximo de tu ser. La semilla brota y se convierte en una flor de loto azul.

Este cuerpo es el mismo buda, esta Tierra es el mismo paraíso del loto.

Permanece como un testigo. Eso es lo único eterno que hay en ti. Todo lo demás es perecedero, excepto el atestiguar. Atestiguar es otra forma de decir buda.

C. Déjate llevar

Con el siguiente golpe de tambor déjate llevar y permite que tu cuerpo caiga al suelo para «morir» —como un saco de arroz o como cae un árbol—, tumbándote, completamente quieto y relajado.

La voz de Osho, con sus palabras y sus silencios, te anima a seguir yendo hacia dentro...

Relájate, pero mantente alerta, siendo testigo de tu cuerpo, de tu mente y de todo lo que ocurre en tu interior en este momento.

El silencio, la paz, la dicha...

A medida que profundizas, cada vez hay más esplendor. A medida que profundizas, la vida se vuelve un misterio, un milagro de inmensa trascendencia, y surge un profundo agradecimiento por todo lo que te ha dado la existencia. No es una oración, sino un agradecimiento.

El atardecer en sí es hermoso, pero el hecho de atestiguar, el ser consciente de ello, añade miles de estrellas a esa belleza.

Recoge todo lo que puedas de esta experiencia porque tienes que traerla a tu circunferencia y aplicarla a tu vida diaria. Esta experiencia debe convertirse en algo que permanezca las veinticuatro horas del día. Gradualmente, la circunferencia y el centro se van acercando. Un día, la circunferencia se funde con el centro, y es entonces cuando habrás alcanzado la completa budeidad.

D. Vuelve a la vida
Te puedes volver a sentar y recuerda aplicar esta experiencia de atestiguar a todas tus actividades, las veinticuatro horas del día...

Vuelve, pero ahora estando un poco más alerta, un poco más como un buda, un poco más amoroso, más delicado. Siéntate unos instantes para recordar el camino por el que has entrado y por el que has salido. Es el mismo camino, es el camino dorado.

Tienes que revivir esta experiencia en tu vida, en tus actividades, con tus gestos, en tu relación con la gente. Recuerda que eres un buda y que debes comportarte como tal, de ese modo recibirás mucha fuerza transformadora en tu vida. Toda la existencia te apoya, toda la existencia apoya tu metamorfosis.

5. Celebración

La Meditación encuentro del atardecer concluye con un baile de celebración, con los ojos abiertos o cerrados.

Existe un motivo por el quiero que termines la meditación celebrando y disfrutando.

Poco a poco, a medida que la meditación sea más profunda, tu celebración tendrá más esplendor, será más majestuosa, más milagrosa, más mágica.

En la página de Recursos Online al final del libro puedes encontrar más información para participar en la Meditación encuentro del atardecer de forma online o en vivo.

11

Terapias Meditativas OSHO

Te estoy ofreciendo una técnica fundamental, novedosa y nunca usada. Sin ninguna duda, se va a convertir en un fenómeno mundial, porque cualquiera podrá comprobar sus efectos: que la persona se vuelve más joven, más amorosa y llena de gracia. Se vuelve más flexible y menos fanática, en definitiva, más alegre y festiva.

Lo que el mundo necesita es limpiar profundamente el corazón de todas las inhibiciones del pasado.

Creadas por Osho, las tres primeras Terapias Meditativas OSHO son unos procesos radicalmente expresivos que conducen a un estado final de silencio y autoconciencia.

Especialmente sencillos y efectivos, estos métodos energéticos conllevan un mínimo de interacción entre los participantes, pero la energía del grupo y la presencia de un facilitador cualificado colaboran para que cada individuo pueda profundizar más en su propio proceso.

La cuarta es un proceso guiado para activar el poder autocurativo de nuestro cuerpo-mente y crear un vínculo de amistad con nosotros mismos.

Las Terapias Meditativas OSHO se ofrecen regularmente en el Resort de Meditación OSHO International, en los Centros de Meditación OSHO más importantes alrededor del mundo así como en cursos online. Después de participar en uno de los procesos, podrás continuar utilizando el método por tu cuenta en casa siempre que quieras.

ROSA MÍSTICA OSHO

Es un proceso que tiene lugar a lo largo de tres semanas, durante tres horas al día. En la primera semana te ríes sin motivo alguno, disolviendo las capas de polvo, las inhibiciones y las represiones que impiden tu espontaneidad interna y tu alegría. La segunda semana está dedicada a llorar sin motivo alguno, permitiendo que el dolor y las lágrimas que has estado reprimiendo puedan salir. La tercera semana está dedicada al silencio y la quietud —el observador en la colina—, a la observación silenciosa y la meditación.

El simbolismo de la rosa mística es que si un hombre cuida la semilla con la que nace —la abona adecuadamente, le proporciona una atmósfera apropiada, las vibraciones adecuadas— y avanza por el camino correcto para que la semilla pueda desarrollarse, entonces su desarrollo final está simbolizado por la rosa mística: cuando tu ser florece y se abren todos sus pétalos, liberando su maravillosa fragancia.

La primera parte es «¡Yaa-Jú!». Durante tres horas la gente se ríe sin motivo alguno, y cuando la risa empiece a decaer, nuevamente dirán «¡Yaa-Jú!», con lo que inmediatamente volverá la risa. Profundizando durante tres horas te quedarás sorprendido de la cantidad de capas de polvo que has acumulado en tu ser. La risa las elimina como si fuese una espada, de un solo golpe. Durante siete días consecutivos, tres horas al día..., no te imaginas cuánta transformación puede aportar a tu ser.

La segunda parte es «¡Yaa-Bú !». La primera parte elimina todo aquello que entorpece tu risa, todas las inhibiciones y las represiones del pasado de la humanidad. Las elimina. Abre un nuevo espacio dentro de ti, pero aún tendrás que dar algunos pasos más para alcanzar el templo de tu ser, puesto que has reprimido tanta tristeza, tanta desesperación, tanta ansiedad, tantas lágrimas. Todo eso está allí, cubriéndote y destruyendo tu belleza, tu gracia, tu alegría.

Si entras en tu interior, encontrarás ambas cosas, tanto la risa como las lágrimas. Por eso, a veces sucede que mientras ríes, de pronto descubres que, junto con la risa, también empiezan a aparecer las lágrimas, lo cual es muy desconcertante porque normalmente pensamos que son opuestas. Cuando te estás ahogando en un mar de lágrimas no es el momento de reír, y cuando te ríes no es el momento de llorar. Pero la existencia no cree en tus conceptos ni en tus ideologías. La existencia trasciende todos tus conceptos porque son duales, porque están basados en la dualidad. El día y la noche, la risa y las lágrimas, el dolor y la dicha, son inseparables.

Cuando un hombre alcanza el centro más profundo de su ser, descubre que la primera capa es la risa y la segunda capa, el dolor, las lágrimas.

De modo que durante siete días tienes que darte permiso para sollozar y llorar sin motivo alguno, simplemente porque las lágrimas están listas para salir. Pero tú lo has impedido. No lo impidas y cuando sientas que no te salen, solo tienes que decir: «¡Yaa-Bú!».

Son solo puros sonidos utilizados como técnica para provocar toda tu risa y todas tus lágrimas, para limpiarte por completo de manera que puedas volver a ser un niño inocente.

Esta es decididamente mi meditación.

Te sorprenderá que ninguna otra meditación pueda darte tanto como esta pequeña estrategia. Esta es mi experiencia con muchas meditaciones, que lo único que hay que hacer es romper esas dos capas dentro de ti. Tu risa ha sido reprimida; te han dicho: «No te rías, esto es un asunto serio». No te puedes reír en la iglesia, ni cuando estás en clase en la universidad.

De modo que la primera capa es la risa, pero cuando la risa haya terminado, te encontrarás de pronto en un mar de lágrimas, de sufrimiento. Pero esto también es un gran mecanismo de descarga. Desaparecerán muchas vidas de dolor y sufrimiento. Si puedes deshacerte de estas dos capas, te habrás encontrado a ti mismo.

Las palabras «Yaa-Jú» o «Yaa-Bú» no tienen ningún significado. Únicamente son técnicas, son sonidos que pueden utilizarse con un determinado propósito para entrar dentro de tu propio ser.

Quizá lo hayas sentido al gritar «¡Yaa-Jú!», quizá hayas sentido una repentina brisa de frescura y alegría.

He inventado muchas meditaciones, pero probablemente esta sea la más esencial y fundamental. Podría llegar a extenderse por todo el mundo.

Todas las sociedades han hecho mucho daño impidiéndote tus alegrías y tus lágrimas. Si un anciano empieza a llorar, le dirás: «¿Qué haces? Debería darte vergüenza, no eres un niño. Te echas a llorar porque alguien te ha quitado el plátano. Toma otro plátano y deja de llorar».

Fíjate, échate a llorar en medio de la calle y verás como enseguida se reúne una multitud para consolarte: «¡No llores! Olvídalo, ya ha pasado». Nadie sabe lo que ha ocurrido, nadie puede ayudarte, pero todo el mundo lo intenta: «¡No llores!». Y el motivo es que, si sigues llorando, ellos también se pondrán a llorar porque están llenos de lágrimas.

Esas lágrimas que están muy cerca de los ojos. Llorar, sollozar o reír es muy sano. En la actualidad los científicos están descubriendo que llorar, gemir, reír es inmensamente saludable; no solo físicamente sino también psicológicamente, tienen una gran capacidad de mantenerte cuerdo. Toda la humanidad se ha vuelto un poquito mentecata por la sencilla razón de que nadie se ríe con plenitud, porque por todas partes hay gente que dirá: «¿Qué haces? ¿Eres un niño? ¿A tu edad? ¿Qué van a decir tus hijos? ¡Cállate!».

Si lloras y sollozas sin ninguna razón, solo como un ejercicio, como meditación... nadie se lo creerá. Las lágrimas nunca se han aceptado como meditación. Y yo te digo: no solo son una meditación, sino también una medicina. Tu vista mejorará y tendrás una mejor visión interna.

Te estoy dando una técnica fundamental, novedosa y nunca usada. Sin ninguna duda, se va a convertir en un fenómeno mundial, porque cualquiera podrá comprobar sus efectos: que la persona se vuelve más joven, más amorosa y llena de gracia. Se vuelve más flexible y menos fanática, en definitiva, más alegre y festiva.

Lo que el mundo necesita es limpiar profundamente el corazón de todas las inhibiciones del pasado. Y la risa y las lágrimas pueden hacer ambas cosas. Las lágrimas sacarán toda la amargura que hay oculta dentro de ti, y la risa sacará todo lo que te está impidiendo el éxtasis. Cuando hayas aprendido este arte, te sorprenderás inmensamente: ¿por qué no se ha dicho todo esto hasta ahora? Hay una razón: nadie ha querido que la humanidad tenga la frescura de una rosa, su fragancia y su belleza.

La tercera etapa es el silencio. La he denominado «El observador en la colina». Quédate tan en silencio como si te encontrases tú solo en una cumbre del Himalaya, estando totalmente en silencio y solo, simplemente observando, escuchando... Sintiendo, pero sin hacer nada.

NO-MENTE OSHO

Este proceso dura una semana, dos horas cada día.

En la primera hora se hace gibberish: te vuelves loco conscientemente, permitiendo que salga de dentro cualquier sonido, en cualquier idioma excepto en uno que conozcas, y sacas toda la basura de tu mente. La segunda hora consiste en sentarse en silencio sin hacer nada y permitir que surja un gran silencio en tu interior.

La primera parte es gibberish. La palabra «gibberish» proviene de Jabbar, un místico sufí. Jabbar nunca habló en ningún idioma, simplemente emitía sonidos sin sentido. Aun así, tenía miles de discípulos porque decía: «Tu mente no es nada más que gibberish (un parloteo o galimatías sin sentido). Déjala a un lado y podrás experimentar tu propio ser».

Gibberish significa no decir cosas con significado, no usar un idioma que conozcas. Si no sabes chino, utiliza el chino. Si no sabes japonés, utiliza el japonés. Si sabes alemán, no uses el alemán. Por primera vez eres tan libre como los pájaros. Simplemente deja salir todo lo que te venga a la mente sin que te importe que sea lógico, razonable, que tenga un sentido, que sea importante, igual que hacen los pájaros.

Durante la primera parte, deja a un lado el lenguaje y la mente. Como resultado surgirá la segunda parte, un gran silencio en el que tienes que cerrar los ojos y dejar el cuerpo paralizado, sin ningún movimiento, recoge toda tu energía en tu interior, permanece aquí y ahora. El zen no puede entenderse de otra manera.

VOLVER A NACER OSHO

Es un proceso que dura una semana, dos horas cada día.

Durante la primera hora compórtate como un niño, vuelve a tu infancia.

Haz todo lo que te apetezca —bailar, cantar, saltar, gritar, llorar—, cualquier cosa, en cualquier postura. No se prohíbe nada, excepto tocar a otras personas. No toques ni le hagas daño a nadie en el grupo.

Durante la segunda hora siéntate en silencio. Te sentirás rejuvenecido, más inocente y te resultará más fácil meditar.

Este gran experimento por el que estás pasando sirve básicamente para recuperar de nuevo tu infancia perdida.

Cuando digo «tu infancia perdida» quiero decir tu inocencia, tus ojos llenos de asombro, sin saber nada, sin tener nada, pero con la sensación de estar en la cima del mundo. Esos momentos dorados de asombro, alegría, sin tensión, sin preocupación, sin ansiedad, tienen que ser recuperados, redescubiertos. Un sabio no es otra cosa que recorrer el círculo completo que comenzó con tu nacimiento hasta volver al punto de partida.

RECORDAR EL LENGUAJE OLVIDADO DE HABLAR CON TU CUERPO-MENTE OSHO

Se trata de un proceso guiado que dura una semana, una hora cada día. Después puede continuarse o volver a hacerlo en cualquier momento.

Este método está basado en la idea de que tenemos que volver a aprender a establecer una amistad con nuestro cuerpo y nuestra mente, porque no están separados de nosotros, ni entre ellos. Tenemos que recordar «el lenguaje olvidado» de comunicarnos con el cuerpo-mente para poder tratar las zonas donde hay tensiones y dolores.

Mediante un trance ligero, que combina profunda relajación y conciencia, aprendes a aprovechar las energías creativas y autocurativas de tu cuerpo-mente. Este proceso puede utilizarse para tratar cualquier tema específico de desequilibrio o dificultad, tales como fumar, desórdenes alimentarios, insomnio, malestares y dolores; cualquier función que normalmente forme parte del cuerpo y que necesite restablecer el equilibrio y la plenitud.

Este proceso de siete días se ofrece en el Resort de Meditación OSHO International y en muchos Centros OSHO por personas cualificadas.

Este método también está disponible en muchos idiomas como un proceso guiado de una hora, acompañado de una música específica que apoya energéticamente las diferentes etapas.

Guía adicional de Osho: No puedes torturar el cuerpo y elevar tu conciencia. Hay que amar al cuerpo, tienes que ser su gran amigo. Es tu casa, tienes que sacar toda la basura y recordar que está a tu servicio cada día. Tu cuerpo sigue trabajando para ti haciendo la digestión, transformando el alimento en sangre, expulsando las células muertas, captando oxígeno nuevo, llevando al cuerpo oxígeno fresco, hasta cuando estás durmiendo, ¡mientras estás profundamente dormido!

Tu cuerpo hace todo para garantizar tu supervivencia, tu vida, a pesar de que eres tan ingrato que ni siquiera le das las gracias. Por el contrario, tus religiones te han estado enseñando a torturarlo: el cuerpo es tu enemigo y tienes que liberarte de él y de sus apegos. Yo también sé que eres algo más que el cuerpo y no hace falta tener ningún apego. Pero el amor no es apego, la compasión no es apego. El amor y la compasión son absolutamente necesarios para tu cuerpo y son su alimento. Y cuanto mejor esté tu cuerpo, más posibilidades habrá de que crezca en él la conciencia. Es una unidad orgánica.

Para poder relajarte, el primer paso es el cuerpo. Acuérdate de examinar tu cuerpo siempre que te sea posible; comprueba si hay tensión en alguna parte del cuerpo: en el cuello, la cabeza, las piernas. Relájalo conscientemente. Ve a esa parte del cuerpo y convéncela, diciéndole con cariño: «Relájate».

Y al dirigirte a cualquier parte de tu cuerpo, te quedarás sorprendido de que te escucha, te hace caso, ¡es tu cuerpo! Con los ojos cerrados recorre tu cuerpo por dentro de los pies a la cabeza, localizando cualquier lugar donde haya tensión. Habla entonces con esa parte como si lo hicieras con un amigo, permite un diálogo entre tu cuerpo y tú. Dile que se relaje y dile: «No hay nada que temer. No tengas miedo. Estoy aquí para cuidarte, quédate tranquilo». Poco a poco, aprenderás el truco. Conseguirás que tu cuerpo se relaje.

Después, da el siguiente paso, un poco más profundo: dile a la mente que se relaje. Si el cuerpo escucha, la mente también lo hace, pero no puedes empezar por la mente, tienes que empezar por el principio.

No puedes empezar por el medio. Mucha gente empieza por la mente y fracasa, y esto se debe a que empieza por el sitio equivocado. Todo debe hacerse en el orden correcto.

Si consigues relajar el cuerpo voluntariamente, entonces serás capaz de ayudar a que la mente haga lo mismo. La mente es un mecanismo más complejo.

Tu mente y tu cuerpo no son dos cosas separadas...

No lo olvides. No hables de «proceso físico» y «proceso mental». No son dos cosas, solo son dos partes de una totalidad. Todo lo que hagas físicamente afectará a la mente, igual que todo lo que hagas psicológicamente afectará al cuerpo. No son dos cosas separadas, solo es una.

Puedes decir que el cuerpo es la forma sólida de una energía, y que la mente es la forma líquida de esta misma energía, ¡de la misma energía! Por eso, hagas lo que hagas físicamente, no pienses que es solo a nivel físico. ¿De qué manera va a repercutir en la mente? Si tomas alcohol, ¿qué le pasa a la mente? El cuerpo es el que toma el alcohol, no la mente, pero ¿qué le ocurre a la mente? Si tomas LSD, se absorbe en el cuerpo, no en la mente, pero ¿qué le ocurre a la mente?

O si decides ayunar, el cuerpo hace el ayuno, pero ¿qué le pasa a la mente? O desde el otro extremo, si tienes pensamientos sexuales, ¿qué le pasa al cuerpo? Que este se ve afectado inmediatamente. Pones en la mente un objeto sexual y tu cuerpo comienza a prepararse.

Los procesos físicos y los procesos psicológicos no son dos cosas distintas, son una misma cosa, y desde cualquiera de los dos extremos puedes influir y cambiar al otro.

12

Meditaciones con la respiración

Todo lo que hagas con la respiración, te traerá de golpe al presente. Si haces algo con la respiración, llegarás a la fuente de la vida. Si haces algo con la respiración, trascenderás el tiempo y el espacio. Si haces algo con la respiración, estarás en el mundo y también más allá de él.

MEDITACIÓN VIPASSANA OSHO

Este método está basado en un método de Gautama el Buda. Sirve para practicar la conciencia, la observación, el mindfulness, el atestiguar. La forma OSHO del vipassana consigue convertirla en una experiencia cómoda y «sabrosa», no es árida.

El vipassana puede hacerse de diferentes maneras. A continuación, se explica la forma OSHO de una hora, dividida en dos etapas.

Instrucciones

La meditación dura una hora y tiene dos etapas. Durante 45 minutos permanecerás sentado, seguidos de 15 minutos en los que caminarás lentamente en meditación. Opcionalmente, puedes continuar sentado durante toda la hora.

PRIMERA ETAPA: 45 MINUTOS

Siéntate en una postura cómoda. Si es necesario, puedes cambiar de posición moviéndote despacio, con conciencia. Mientras estás sentado, los ojos permanecen cerrados.

La esencia del vipassana es observar y aceptar cualquier cosa que suceda. Mientras estás sentado, el objetivo principal es observar las subidas y bajadas del vientre —ligeramente por encima del ombligo— producidas por la respiración natural. No es una técnica de concentración, por tanto, mientras observas la respiración, habrá muchas otras cosas que distraerán tu atención. En el vipassana no hay nada que sea una interferencia, lo incluye todo, ya sean pensamientos, sentimientos, juicios, sensaciones físicas o impresiones del mundo exterior. Observa cualquier cosa que aparezca y vuelve suavemente a la respiración en cuanto te sea posible. Recuerda que lo significativo es el proceso de observar y no tanto lo que observas.

SEGUNDA ETAPA: 15 MINUTOS

Ahora el objetivo principal consiste en observar la sensación de tus pies en contacto con el suelo cuando caminas. Tu atención podría dirigirse a otras cosas. Date cuenta de lo que surge y, siempre que tengas elección, suavemente vuelve a dirigir tu atención a tus pies en contacto con el suelo.

Mantén los ojos hacia abajo, mirando unos pasos más adelante. Es caminar de una forma lenta y natural, a la mitad de la velocidad habitual.

NOTA: Si estás practicando esto en grupo y hay un facilitador, este podría golpearte suavemente en la cabeza con un bastón de vipassana mientras estás sentado. Esto sirve para ayudarte a estar más alerta y para darte más energía y ánimo para observar.

Guía adicional de Osho: Aquí la experiencia del vipassana es jugosa, no es árida.

Tengo algunas críticas que hacerle al Vipassana que se practica en los países budistas. Todos ellos lo han convertido en algo muy árido, desértico. No florece nada, no hay verde, todo es como una transacción. Quiero que aprendas que la meditación es un juego, es alegría. Tu meditación y tu amor tienen que ser sinónimos.

Aceptas la vida en su totalidad. De esta aceptación total surge la conciencia que te permite meditar. Y esta meditación será mucho más rica que cualquier Vipassana de Gautama el Buda. En ti esta meditación podría convertirse en una canción, podría convertirse en un baile, podría darte un nuevo impulso hacia la creatividad en todas las dimensiones de la vida.

Tu silencio no debería ser el silencio de un cementerio, sino el de un jardín. De vez en cuando, empieza a cantar un pájaro, pero no altera el silencio, lo hace más profundo. De vez en cuando, la brisa llega con su canción, pasa a través de los pinos, pero no altera el silencio, lo hace más profundo.

Yo no te enseño el desierto. Yo te enseño el jardín, el jardín del corazón. Ahí es donde, con gran respeto, difiero de Gautama el Buda. Amo a ese hombre, pero eso no significa que tenga que estar de acuerdo con todo lo que hace. Su meditación no tiene corazón, y una meditación que carece de corazón no vale nada. Quiero una meditación que te haga reír, que te haga bailar.

La meditación vipassana es la que más gente ha iluminado en el mundo, porque es la esencia misma de la meditación. Todas las demás tienen esa misma esencia, pero de diferentes formas porque se les ha añadido, además, algo que no es esencial. Pero el vipassana es pura esencia. No le puedes quitar ni le puedes añadir nada para mejorarlo.

El vipassana es tan simple que incluso un niño pequeño lo puede hacer. De hecho, un niño pequeño lo puede hacer mejor que tú, porque aún no tiene la mente llena de basura, todavía está limpio y es inocente.

La meditación vipassana puede llevarse a cabo de tres formas, y puedes elegir la que mejor se adapte a ti.

La primera es ser consciente de tus actos, de tu cuerpo, de tu mente, de tu corazón. Cuando caminas, debes hacerlo con conciencia. Al mover la mano, debes moverla con conciencia, sabiendo perfectamente que estás moviéndola. Puedes moverla sin ninguna conciencia, de un modo mecánico... Estás dando tu paseo matutino y puedes caminar sin ser consciente de tus pies.

Permanece atento a los movimientos de tu cuerpo. Mientras comes, permanece atento a los movimientos necesarios para comer. Al ducharte, permanece atento a la frescura que te invade, al agua cayendo sobre ti y al enorme disfrute que te produce. Simplemente, permanece atento. No debería seguir ocurriendo en un estado inconsciente.

Y lo mismo ocurre con la mente. Ante cualquier pensamiento que pase por la pantalla de tu mente, sé un observador. Con cualquier emoción que pase por la pantalla de tu corazón, sé un testigo. No te impliques, no te identifiques, no evalúes lo que está bien o lo que está mal porque eso no forma parte de la meditación. Tu meditación debe ser conciencia sin elección.

La segunda forma es respirar tomando conciencia de la respiración. A medida que entra el aire, tu vientre comienza a dilatarse y, cuando sale la respiración, vuelve otra vez a su sitio. Por tanto, el segundo método es tomar conciencia del vientre: ver cómo sube y cómo baja. Sencillamente la conciencia misma del vientre que sube y baja... Y además está muy cerca de la fuente de la vida porque el niño está unido a la vida de la madre a través del ombligo. Detrás del ombligo está la fuente de su vida. Por tanto, cuando el vientre sube, lo que está subiendo realmente es la energía vital, el manantial de la vida que está subiendo y bajando con cada respiración. Esto tampoco es difícil, incluso puede que sea más fácil, ya que es una sola técnica.

En la primera forma tienes que ser consciente del cuerpo, tienes que ser consciente de la mente y tienes que ser consciente de tus emociones y tus estados de ánimo. Por tanto, hay tres etapas. La segunda forma cuenta con un solo paso: solo es el vientre subiendo y bajando. El resultado es el mismo. A medida que eres más consciente del vientre, la mente se silencia, el corazón se silencia y desaparecen los estados de ánimo.

Y la tercera es ser consciente de cuando entra el aire, cuando la respiración pasa a través de las fosas nasales. Siéntela en ese extremo, el polo opuesto al vientre, que es la nariz. El aire, al entrar, produce un cierto frescor en las fosas nasales. A continuación, siente cómo sale el aire..., cómo entra el aire, cómo sale el aire.

Estas son las tres formas. Cualquiera de ellas servirá. Y si quieres practicar dos formas al mismo tiempo, también puedes hacerlo, aunque el esfuerzo será mayor. Si quieres hacer las tres formas a la vez, puedes hacerlo. Entonces el proceso se acelerará, pero todo depende de ti, de lo que creas que te resulta más fácil.

Recuerda que lo más fácil es lo correcto.

OBSERVA LA PAUSA ENTRE DOS RESPIRACIONES

Shiva dice: *«Oh, criatura radiante, esta experiencia puede surgir entre dos respiraciones. Después de que la respiración entra y justo antes de que empiece a salir: la beneficencia».*

Después de que la respiración entra —es decir, baja— *y justo antes de que empiece a salir* —es decir, suba—, *la beneficencia*. Sé consciente entre estos dos momentos..., y sucede. Cuando tu respiración entra, observa. Durante un solo momento, o una milésima de momento, no hay respiración: antes de empezar a subir, antes de empezar a salir. Entra una respiración; entonces hay un cierto punto en que la respiración se para. Luego, la respiración sale. Cuando la respiración sale, entonces, de nuevo por un solo momento, o una fracción de momento, la respiración se para. Luego, la respiración entra.

Antes de que la respiración comience a entrar o comience a salir, hay un momento en el que no estás respirando. Es entonces cuando puede suceder, porque cuando no estás respirando, no estás en el mundo. Comprende esto: cuando no estás respirando, estás muerto; todavía *estás*, pero muerto. Sin embargo, el momento dura tan poco que nunca lo observas.

Cada espiración es una muerte y cada nueva inspiración es un renacimiento. La respiración que entra es renacimiento; la respiración que sale es muerte. Espiración es sinónimo de muerte; inspiración es sinónimo de vida. De modo que con cada respiración estás muriendo y volviendo a nacer. El intervalo entre ambas tiene una duración muy breve, pero la observación y la atención aguda, sincera, te permitirán advertir la pausa.

Si puedes advertir la pausa, dice Shiva: *la beneficencia*. Entonces no se necesita nada más. Eres bienaventurado, has sabido; te ha sucedido.

No tienes que adiestrar la respiración. Déjala tal como es. ¿Por qué una técnica tan simple? Parece tan simple. ¿Una técnica tan simple para conocer la verdad? Conocer la verdad significa conocer lo que ni nace ni muere, conocer ese elemento eterno que siempre es. Puedes conocer la espiración, puedes conocer la inspiración, pero nunca conoces la pausa entre las dos.

Pruébalo. De pronto, lo comprenderás; y lo puedes comprender; ya está ahí. No hay que añadir nada ni a ti ni a tu estructura; ya está ahí. Ya está todo ahí, excepto una cierta conciencia. Así pues, ¿cómo hacerlo? En primer lugar, toma conciencia de la inspiración. Obsérvala. Olvídate de todo; simplemente observa la respiración que entra; el paso mismo.

Cuando la respiración te toque las ventanas de la nariz, siéntela ahí. Y deja que entre. Vete con ella con completa conciencia. Cuando bajes más y más y más con la respiración, no la pierdas. No te adelantes y no te quedes atrás; muévete con ella. Recuerda esto: no te adelantes, no la sigas como una sombra; sé simultáneo con ella.

La respiración y la conciencia deberían volverse una sola cosa. La respiración entra; tú entras. Solo entonces será posible caer en la cuenta de lo que hay entre dos respiraciones.

OBSERVA LA PAUSA DURANTE TUS ACTIVIDADES COTIDIANAS

NOTA: *Primero lee la meditación precedente. Observa la pausa entre dos respiraciones.*

Hemos hablado de una técnica similar. Solo hay esta diferencia ahora, que hay que practicarla durante la actividad mundana. No la practiques aisladamente. Este ejercicio lo debes hacer mientras estás ocupado con otra cosa. Estás comiendo: sigue comiendo y estate atento a la pausa. Estás andando: sigue andando y estate atento a la pausa. Te vas a dormir: acuéstate, deja que llegue el sueño, pero sigue atento a la pausa.

¿Por qué durante la actividad? Porque la actividad distrae la mente, la actividad requiere de tu atención una y otra vez. No te distraigas, mantente fijo en la pausa. Y no dejes la actividad, permite que esta continúe. Tendrás dos capas de existencia: hacer y ser.

RESPIRAR A TRAVÉS DE LAS PLANTAS DE LOS PIES

La parte inferior del cuerpo es un problema para mucha gente, casi para la mayoría. La parte inferior del cuerpo está muerta porque el sexo ha sido reprimido durante siglos. A la gente le asusta moverse por debajo del centro del sexo. Permanecen tensos, se quedan por encima del centro del sexo. De hecho, muchos de ellos viven en la cabeza, o si son un poco más valientes, en el torso.

Como mucho, la gente desciende hasta el ombligo, pero no van más allá, por eso la mitad del cuerpo está casi paralizada, y por eso la mitad de su vida está paralizada. Entonces muchas cosas se vuelven imposibles porque la parte inferior del cuerpo es como las raíces. Esas son las raíces. Las piernas son las raíces y te conectan con la tierra. Por eso la gente cuelga como fantasmas, desconectados de la tierra. Uno tiene que volver a los pies.

Lao Tzu solía decirles a sus discípulos: «A menos que empieces a respirar desde las plantas de los pies, no eres mi discípulo». Respirar a través de las plantas de los pies... es totalmente correcto. Cuanto más profundo vayas, más profundo irá tu respiración. Es casi verdad que los límites de tu ser están en los límites de tu respiración. Cuando el límite se amplía y toca tus pies —no en un sentido fisiológico, sino en un sentido muy muy psicológico—, entonces has recuperado todo tu cuerpo. Por primera vez has reclamado todo tu cuerpo. Por primera vez eres total, de una pieza, integrado. Continúa haciendo este ejercicio.

EXPERIMENTO DE AISLAMIENTO Y SILENCIO DURANTE VEINTIÚN DÍAS

Antes de decidirte a participar en un proceso intensivo como este, es conveniente tener una experiencia previa de las Meditaciones Activas OSHO, así como de sentarse en silencio sin hacer nada. Durante todo el experimento de aislamiento y silencio, es requisito imprescindible practicar cada día una Meditación Activa OSHO, preferiblemente la Dinámica. El texto que sigue a continuación es un extracto, y la descripción completa la puedes consultar en Meditación: El arte del éxtasis*, cap. 18.*

Ser consciente de la respiración durante veintiún días en aislamiento absoluto y silencio, te ayudará. Entonces, sucederán muchas cosas.

Durante el experimento de veintiún días, una vez al día practica la Meditación Dinámica y sé constantemente consciente de la respiración durante las veinticuatro horas. No leas, no escribas, no pienses, porque todos esos actos pertenecen al cuerpo mental, no guardan relación con el cuerpo etéreo.

Puedes dar un paseo. Esto ayudará porque caminar tiene que ver con el cuerpo etéreo; todas las acciones manuales tienen que ver con el *prana sharira*, el cuerpo etéreo. Las realiza el cuerpo físico, pero son para el cuerpo etéreo. Solo debe hacerse todo aquello que guarde relación con el cuerpo etéreo, y no debe hacerse aquello que guarde relación con los demás cuerpos. También puedes bañarte una o dos veces al día porque está relacionado con el cuerpo etéreo.

Cuando vayas a pasear, simplemente pasea. No hagas nada más, simplemente céntrate en el paseo. Y mantén los ojos medio cerrados mientras caminas. Con los ojos medio cerrados no puedes ver otra cosa que no sea el camino, y el camino en sí es tan monótono que no te aporta nada nuevo sobre lo que pensar.

Simplemente permanece en un mundo monótono, en una habitación, viendo el mismo suelo. Tiene que ser tan monótono que no puedas pensar en ello. Pensar necesita estímulos, nuevas sensaciones. Si tu sistema sensorial está constantemente aburrido, no habrá nada sobre lo que pensar en el exterior.

Si sigues observando tu respiración, esta se irá volviendo cada vez más sutil. Pero la conciencia también se volverá más sutil porque sigues observando esta sutil respiración. Y cuando no haya respiración, serás consciente de esta «ausencia de respiración», serás consciente de esta armonía, entonces la conciencia penetrará incluso más profundamente. Cuanto más sutil sea la respiración, más consciente tendrás que ser para percibirla.

Sigue siendo consciente y si sientes que no hay respiración, entonces sé consciente de tu «no-respiración». No trates de respirar, simplemente sé consciente de la ausencia de respiración. Este será un momento muy dichoso.

Si sigues observando tu respiración y eres indiferente a todo lo que está sucediendo, entonces la tercera semana será una semana de «nada» absoluta. Será como si todo hubiera muerto, como si todo hubiera entrado en la no-existencia, y solamente permaneciera la «nada».

No detengas el experimento antes de que se hayan acabado los veintiún días. Después de la primera semana puede que quieras dejarlo. Tu mente puede que diga: «Esto es una estupidez. Déjalo». No le hagas caso. Simplemente tendrás que decirte a ti mismo que ahora y durante estos veintiún días no hay ningún otro sitio donde ir.

Después de la tercera semana puede que no quieras dejarlo. Si tu mente está tan dichosa que no deseas molestarla, si solamente existe la nada, el gozo, si solo eres un vacío, entonces puedes prolongar el experimento durante dos, tres o cuatro días más. Pero no lo dejes antes de que se hayan cumplido los veintiún días.

13

Meditaciones de los chakras

Los chakras hay que sentirlos, no saber acerca de ellos. Tienes que sentirlos, tienes que enviar sensores a tu interior. Solo te puede ayudar sentir tus chakras, tu kundalini y sus canales; si no, no sirve para nada. De hecho, en lo que se refiere al mundo interno, el conocimiento ha resultado muy destructivo. Cuanto más conocimiento tengas, menos posibilidades habrá de que sientas las cosas reales y auténticas.

MEDITACIÓN RESPIRACIÓN DE LOS CHAKRAS OSHO

Esta meditación activa utiliza una respiración profunda y rápida y el movimiento del cuerpo para abrir y traer conciencia, vitalidad y silencio a cada uno de los siete chakras y, por consiguiente, en tu vida.

La música y las campanas apoyan el proceso y señalan el comienzo de cada etapa. Es mejor hacer la meditación con el estómago vacío. Esta meditación se tiene que hacer con la música específica de la Meditación Respiración de los Chakras, que señala y apoya energéticamente las diferentes etapas. (consulta recursos online al final del libro).

Todos los chakras están localizados profundamente en nuestro interior, en lugar de estar en la superficie del cuerpo.

El siguiente «mapa» se utiliza para indicar su localización aproximada:

1. Chakra base: centro del sexo, en la parte inferior de la pelvis.
2. Chakra sacral: justo debajo del ombligo.
3. Chakra del plexo solar: encima del ombligo, debajo del esternón.
4. Chakra del corazón: en medio del pecho.
5. Chakra de la garganta: en la garganta.
6. Chakra del tercer ojo: entre las cejas.
7. Chakra corona: en la parte superior de la cabeza.

Instrucciones

La meditación dura una hora y tiene dos etapas. Mantén los ojos cerrados durante todo el tiempo.

PRIMERA ETAPA: 45 MINUTOS

Ponte de pie con los pies ligeramente separados, el cuerpo suelto y relajado. Con la boca abierta, respira profunda y rápidamente en el primer chakra y lleva tu atención con cada respiración a la zona pélvica, donde se encuentra situado el primer chakra. Pon el mismo énfasis en la inspiración que en la espiración. No fuerces tu respiración, respira con un ritmo que te resulte cómodo y que te permita hacerte consciente de los sentimientos y las sensaciones de cada chakra.

Cada vez que escuches una campana, desplaza esta misma respiración, rápida y profunda, hacia arriba, al siguiente chakra. A medida que vas subiendo de chakra, deja que tu respiración se vaya haciendo más rápida y suave. Cuando te encuentres en el séptimo chakra, harás el doble de respiraciones que en el primero.

Para ayudar a la respiración puedes sacudir, estirar, rotar o mover el cuerpo y las manos como te parezca, pero los pies deben permanecer en el mismo lugar. Deja que tus pies, tus rodillas, tus caderas y otras articulaciones se vuelvan como muelles, de modo que, una vez que pongas la respiración y el cuerpo en marcha, el movimiento se vuelva continuo y sin esfuerzo. Deja que tu conciencia se mantenga enfocada principalmente en las sensaciones de los chakras, en lugar de en la respiración o en los movimientos corporales.

Después de respirar en el séptimo chakra, oirás tres campanas. Entonces deja que regresen tu respiración y tu conciencia descendiendo a través de cada chakra, reduciendo la velocidad de tu respiración paulatinamente entre chakra y chakra. Deja que el flujo energético descienda incluyendo todo el espectro de chakras de arriba abajo, como siete colores fundiéndose en un arcoíris de energía. Tienes aproximadamente dos minutos para alcanzar de nuevo el primer chakra, y depende de ti cuánto tiempo quieras respirar en cada chakra.

Después de terminar esta secuencia, quédate de pie en silencio durante un momento antes de empezar la siguiente secuencia. Esta secuencia respiratoria ascendente y descendente se repite tres veces.

Si al principio no sientes la energía de los chakras, simplemente respira en el área donde están localizados. Recuerda no forzar la respiración, y en su lugar permite que la respiración y el movimiento del cuerpo sean el puente que te conduzca a las sensaciones y las cualidades energéticas de cada chakra. Adquirir esta sensibilidad requiere conciencia y paciencia.

SEGUNDA ETAPA: 15 MINUTOS

Después de repetir esta secuencia por tercera vez, siéntate relajadamente y en silencio. Permanece como un testigo respecto a todo lo que está sucediendo por dentro, sin juzgar.

MEDITACIÓN SONIDO DE LOS CHAKRAS OSHO

Esta meditación puede realizarse a cualquier hora. Utiliza sonidos vocales para abrir y armonizar los chakras o los centros de energía mientras traes conciencia a ellos. Te puede llevar a un profundo y pacífico silencio interno, bien a través de los propios sonidos vocales que hagas, bien simplemente escuchando la música y sintiendo los sonidos dentro de ti.

Esta meditación debe hacerse con la música específica de la Meditación Sonido de los Chakras OSHO, que señala y apoya energéticamente las diferentes etapas de la meditación. (Consulta los recursos online al final del libro).

Todos los chakras están localizados profundamente en nuestro interior, en lugar de estar en la superficie del cuerpo.

El siguiente «mapa» se utiliza para indicar su localización aproximada:

1. Chakra base: centro del sexo, en la parte inferior de la pelvis.

2. Chakra sacral: justo debajo del ombligo.
3. Chakra del plexo solar: encima del ombligo, debajo del esternón.
4. Chakra del corazón: en medio del pecho.
5. Chakra de la garganta: en la garganta.
6. Chakra del tercer ojo: entre las cejas.
7. Chakra corona: en la parte superior de la cabeza.

Instrucciones

La meditación dura una hora y tiene dos etapas. Mantén los ojos cerrados todo el tiempo.

PRIMERA ETAPA: 45 MINUTOS

Ponte de pie, siéntate cómodamente o acuéstate si lo prefieres. Mantén la espalda recta y el cuerpo relajado. Respira en el vientre en lugar de hacerlo en el pecho. Los sonidos deben realizarse con la boca abierta y la mandíbula relajada, manteniendo todo el tiempo la boca abierta. Cierra los ojos y escucha la música y, si quieres, comienza haciendo sonidos en el primer chakra. Puedes hacer un único tono o variar de tono. Deja que la música te guíe. En cualquier caso puedes ser creativo con tus propios sonidos. Mientras escuchas el sonido de la música o los sonidos que estés haciendo, siente cómo resuenan en el centro mismo de cada chakra, incluso si al principio te parece producto de tu imaginación.

Puedes ayudarte de tu imaginación para «sintonizarte con algo que ya está ahí». De modo que sigue haciendo la meditación incluso si sientes que te podrías estar imaginando los chakras. Si pones atención, tu imaginación te puede llevar a experimentar las vibraciones internas de cada centro. Después de hacer sonidos en el primer chakra, oirás que el sonido cambia a un tono más agudo; esa es la señal para que empieces a escuchar y sentir los sonidos en el segundo chakra. Este proceso continúa ascendiendo ininterrumpidamente hasta el séptimo chakra. A medida que vas cambiando de chakra, vete subiendo simultáneamente el tono de los sonidos que emites.

Después de escuchar y emitir sonidos en el séptimo chakra, los tonos vuelven a descender, uno a uno, a través de todos los chakras. Mientras oyes cómo van bajando los tonos, haz sonidos en cada chakra. Siente cómo el interior de tu cuerpo se vuelve hueco como una flauta de bambú, dejando que los sonidos resuenen desde la parte superior de tu cabeza hasta la base misma de tu tronco.

Al final de esta secuencia, escucharás una pausa antes de comenzar la siguiente secuencia. La secuencia completa del movimiento del sonido ascendente y descendente se repetirá tres veces durante un total de 45 minutos.

Cuando te hayas familiarizado con la meditación, puedes añadirle otra dimensión por medio de la visualización, permitiendo, a medida que te enfocas en cada chakra, que aparezcan imágenes visuales en tu imaginación. No hace falta que las crees, simplemente permanece receptivo a cualquier imagen que pudiera llegarte. Las imágenes pueden ser colores, patrones o escenas de la naturaleza. Lo que aparezca en tu conciencia puede ser visual, o puede llegar en forma de un pensamiento (por ejemplo, podrías pensar en «oro» o ver un color en tu imaginación).

SEGUNDA ETAPA: 15 MINUTOS

Después de la última secuencia de sonidos, siéntate o acuéstate relajadamente con los ojos cerrados. Quédate en silencio y no enfoques tu atención en nada en particular. Hazte consciente y observa todo lo que está sucediendo por dentro, relajado, sin ningún juicio, permaneciendo como un testigo.

La música es una meditación muy sutil. Las siete notas musicales están relacionadas con los siete chakras del cuerpo, y cada chakra tiene su propia nota. Si te concentras en un chakra, comenzarás a oír que esa nota empieza a resonar dentro de tu cuerpo. El segundo chakra tiene dos notas, el tercero, tres. Una de ellas es la importante, las otras dos son únicamente parte de ella pero ayudan a crear una armonía. Y esa armonía se va haciendo cada vez más grande, a medida que sigue subiendo con cada chakra. En el séptimo chakra es una orquesta.

Cada chakra tiene su propia forma, su propia música, su propio sabor, su propio olor. Cuanto más profundizas en tu interior, más encuentras el mundo entero porque si no está en tu interior, tampoco lo puedes encontrar fuera. Tiene que haber algo que se corresponda.

MEDITACIÓN DE LA ORACIÓN OSHO

En esta meditación puedes experimentar la oración como un fenómeno energético, no como una devoción hacia Dios, sino como una fusión, como una abertura. Esta fusión con la energía es oración. Te cambia. Un nuevo impulso, una nueva vida comenzará a penetrarte.

Es mejor hacer esta meditación por la noche, en la oscuridad de tu habitación, y yéndote a dormir inmediatamente después. También puede hacerse por la mañana, pero entonces tiene que ir seguida por quince minutos de descanso. Este descanso es necesario, si no lo haces de esta forma te sentirás como borracho o aturdido.

Esta meditación debe hacerse con la música específica de la Meditación de la Oración OSHO, que energéticamente la apoya. (Consulta recursos online al final del libro).

Instrucciones

UNA ETAPA CON CICLOS DE DOS PARTES: APROXIMADAMENTE 20 MINUTOS

Sentado de rodillas, incorpórate sobre las rodillas con los ojos cerrados. Alza los brazos hacia el cielo, con las palmas de las manos y la cabeza mirando hacia arriba, sintiendo cómo fluye la existencia dentro de ti. Conforme la energía o el prana fluya hacia abajo a través de tus brazos, sentirás un suave temblor. Siéntete como una hoja al viento, temblando. Permítelo, favorécelo. Ahora deja que todo tu cuerpo vibre con la energía y permite que suceda lo que tenga que suceder.

Al cabo de dos o tres minutos, o cuando sientas que estás completamente cargado, inclínate apoyando tu frente en el suelo. Te conviertes en un simple vehículo para permitir que la energía divina se una con la de la Tierra. Sientes que has vuelto a fluir con la Tierra. El cielo y la Tierra, arriba y abajo, yin y yang, masculino y femenino…, flotas, te mezclas, te abandonas, dejas de ser. No existes. Eres uno, te fundes.

Estas dos etapas deberán repetirse seis veces más para que cada uno de los siete chakras se pueda desbloquear. Lo puedes hacer más veces, pero, si lo haces menos, te sentirás inquieto y no podrás dormir.

Por la mañana te sentirás más recargado que nunca, más vital de lo que nunca te hayas sentido. Comenzarás a sentir un nuevo ímpetu, una nueva vida, y durante todo el día estarás lleno de una nueva energía, una nueva vibración, una nueva canción en tu corazón y una nueva danza en tu forma de caminar.

Esta fusión con la energía es oración. Te cambia. Y cuando tú cambias, la existencia entera cambia, porque cuando cambias tu actitud, toda la existencia cambia para ti. No es que la existencia haya cambiado, sigue siendo la misma, pero ahora fluyes con ella, no hay un antagonismo, no hay una lucha, no hay un esfuerzo; te has rendido.

MEDITACIÓN MAHAMUDRA OSHO

Esta meditación es un encuentro entre tú y el cosmos, entre tú y toda la existencia. Te ayuda a fundirte, a disolverte y a dejarte llevar al nivel más profundo posible.

Tiene dos etapas sin una duración precisa para cada una. El formato propuesto más abajo funciona bien para empezar. Puedes hacer esta meditación en cualquier momento del día o justo antes de acostarte. Si decides hacerlo durante el día, asegúrate de tener algo de tiempo libre después, antes de reanudar tus actividades habituales.

Esta meditación se puede hacer con la música específica de la Meditación Mahamudra OSHO, que indica y apoya las etapas. (Para más detalles consulta recursos online al final del libro).

Instrucciones

La meditación dura 50 minutos y tiene dos etapas.

PRIMERA ETAPA: 30 MINUTOS

De pie y con los ojos cerrados, deja que tu cuerpo esté relajado y receptivo, esperando, y cuando de repente sienta el impulso de comenzar a moverse, coopera con él.

Ciertas energías sutiles que están fuera de tu control empezarán a mover tu cuerpo cuando este esté relajado y lo permita. Deja que tu más alta posibilidad tome posesión de tu cuerpo y permite que lo haga. Deja que ocurra. Esto es Latihan. A esto tienes que sumarle el atestiguar: permanece como un testigo.

SEGUNDA ETAPA: 15 MINUTOS

De rodillas, con los ojos cerrados, alza las dos mano al cielo, con las palmas hacia arriba. Siente como si fueses un bambú hueco o una vasija. Tu cabeza es la boca de una vasija vacía, y una energía enorme está cayendo sobre ella. En tu interior solo hay vacío y la energía te está llenando por completo. Deja que entre lo más posible en tu cuerpo, tu mente y tu espíritu. Tu cuerpo empieza a temblar y a sacudirse como una hoja sacudida por un fuerte viento.

Cuando te sientas lleno y la energía te desborde, inclínate hacia delante. Descansa tu frente en el suelo. Entonces vuelca la energía en la tierra. La recibes del cielo y la devuelves a la tierra. Sé como un bambú hueco entre los dos, encauzando la energía.

Entonces levanta otra vez las manos, llénate de nuevo y vuelve a volcarla. Hazlo por lo menos siete veces. En cada ocasión penetrará dentro de uno de los chakras, un centro del cuerpo, e irá más profundamente. Puedes hacerlo más veces, pero no menos.

Y esto será el Mahamudra completo.

Guía adicional de Osho: El Latihan es el primer paso hacia el Mahamudra. Consiste en dejar que el cuerpo vibre, que se convierta en energía no sustancial, en algo inmaterial. Es dejar que el cuerpo se funda y se disuelvan sus límites.

No tienes que hacer nada. Solo tienes que estar ahí, relajado y natural, esperando que suceda algo. Y si tu cuerpo empieza a moverse, déjalo, solo tienes que permitirlo y cooperar. La cooperación no debe ser demasiado directa. No debes presionar; solo debes permitirlo. De pronto tu cuerpo empezará a moverse como si estuvieras poseído, como si una tremenda energía descendiera sobre ti, como si te rodease una nube. Y entonces esa nube te poseerá y penetrará en tu cuerpo, y este tomará la iniciativa. Tus manos se alzarán y empezarás a dibujar movimientos sutiles, o quizá comiences a danzar suave y dulcemente. Tu cuerpo será poseído.

Y esa danza no será solo externa. Pronto, cuando sintonices con ella, percibirás también una danza interior. No solo tu cuerpo estará danzando, sino que, dentro de ti, tu energía también danzará, y los dos cooperarán entre ellos. Entonces surgirá una pulsación y sentirás que empiezas a latir con el universo. Habrás encontrado el ritmo universal.

Este proceso puede llevar entre 30 y 60 minutos: empieza haciéndolo 30 minutos y acaba con 60 minutos. Entre esos extremos has de encontrar tu tiempo. Y llegarás a descubrirlo. Si te sientes en sintonía a los 40 minutos, este es tu tiempo. Si sintonizas a los 20 minutos, este es tu tiempo. Entonces tu meditación debe proseguir más allá de este tiempo: si entras en sintonía a los 10 minutos, te bastarán 20 minutos. Si sintonizas a los 15 minutos, 30 minutos serán suficientes. Hazlo el doble, por si acaso para que quedes completamente limpio.

Y termina con una oración. Cuando sientas que estás completamente limpio y veas que tu cuerpo se ha recargado al haber estado bajo una lluvia de energía; cuando sientas todo tu cuerpo integrado, sin divisiones; cuando no experimentes tu cuerpo como material; cuando lo sientas más como una energía, un movimiento, un proceso, no material, entonces estarás listo. Ahora, póstrate de rodillas.

Levanta ambas manos hacia el cielo con los ojos cerrados y siéntete como una vasija vacía, como un bambú hueco: hueco por dentro, como una vasija de barro. Tu cabeza es la boca de la vasija y sobre ella cae una tremenda energía, como si estuvieras bajo una cascada.

Déjala que caiga en tu interior tan hondo como te sea posible para que llegue a los rincones más lejanos de tu cuerpo, de tu mente y de tu alma. Y cuando empieces a sentir que estás lleno y que tu cuerpo empieza a temblar, póstrate de nuevo, apoya la cabeza en el suelo, y vuelca la energía en la tierra. Cuando sientas que rebosa la energía, vuélcala en la tierra. Tómala del cielo y devuélvesela a la tierra sintiéndote mientras tanto como un bambú hueco entre ambos.

Hay que hacerlo siete veces. Tómala del cielo y devuélvela a la tierra. Besa la tierra y vacíate, vuélcate por completo. Vacíate del todo igual que lo hiciste al llenarte; quédate completamente vacío. Entonces, levanta las manos de nuevo, llénate otra vez y vacíate de nuevo. Hay que hacerlo siete veces porque cada vez llegará a un nuevo chakra de tu cuerpo, a un nuevo centro vital. Cada vez llegará más profundo. Si lo haces menos de siete veces, es posible que te sientas inquieto porque la energía quedará suspendida en algún lugar intermedio.

No, la energía tiene que entrar en los siete chakras de tu cuerpo para que este se convierta en un canal completamente hueco. La energía cae del cielo y llega a la tierra a través de ti. Tú estás arraigado en la tierra, de modo que simplemente le transmites esa energía, como ocurre con la electricidad. Con la electricidad tenemos que poner una toma de tierra. La energía viene del cielo y entra en la tierra, y eso es lo que te arraiga. Solo eres una vasija, un bambú hueco, que transmite la energía. Siete veces. Puedes hacerlo más de siete veces, pero no menos. Y esto será un Mahamudra completo.

Si lo haces todos los días, pronto —antes de tres meses—, sentirás que no estás ahí. Serás solo una energía palpitando con el universo. Allí no habrá nadie. El ego habrá desaparecido por completo. El «hacedor» habrá desaparecido. El universo estará ahí y tú estarás aquí: serás la ola latiendo con el océano. Esto es Mahamudra. Este es el orgasmo final, el estado de conciencia más dichoso posible.

14

Meditaciones del corazón

Todo lo que tiene algo de valor no se conoce a través de la cabeza. El amor, la belleza, la divinidad, se conocen a través del corazón. El corazón es la puerta sin puerta hacia la realidad. Ve de la cabeza al corazón. Todos estamos atascados en la cabeza. Ese es nuestro único problema, el gran problema. Y solamente existe una solución: baja de la cabeza al corazón, y todos los problemas desaparecerán. Han sido creados por la cabeza. Y de pronto todo se vuelve tan claro y transparente que uno se sorprende de cómo ha podido estar inventando problemas continuamente. Los misterios permanecen, pero los problemas desaparecen. Los misterios abundan, pero los problemas se evaporan. Y los misterios son bellos. No son para ser resueltos. Hay que vivirlos.

MEDITACIÓN DEL CORAZÓN OSHO

En esta meditación, basada en un pequeño fragmento de Atisha, el fundador del budismo tibetano, permites que todo el sufrimiento

—el tuyo y el de todos los seres del mundo— cabalgue en tu inspiración y alcance tu corazón. El corazón puede hacer milagros y puede transformar la energía inmediatamente. Bebes la desgracia y la transformas en dicha. Después, en la espiración, viertes esa dicha en toda la existencia.

La meditación no tiene un formato fijo, el formato que facilitamos más abajo funciona bien para empezar, y más tarde lo puedes adaptar como quieras.

Esta meditación se puede hacer con la música específica de la Meditación del Corazón OSHO, que indica y apoya las etapas. (Para más detalles consulta los recursos online al final del libro).

Instrucciones

La meditación dura 50 minutos y tiene cuatro etapas. Durante las primeras tres etapas puedes estar de pie, moverte, sentarte o tumbarte tal como lo sientas de forma natural, con los ojos abiertos o cerrados.

PRIMERA ETAPA: (5 MINUTOS)

«Entrando en el corazón»

Trae tu conciencia a tu cuerpo y a tu respiración, y siéntete en el aquí y ahora.

Después, lleva tu conciencia al chakra del corazón, el centro de energía que está en el centro del pecho.

Lleva cada inspiración al corazón, y vierte cada espiración desde el corazón.

SEGUNDA ETAPA: (15 MINUTOS)

«Comienza contigo»

Empieza con tu propia miseria y siéntela con tanta intensidad como puedas: el dolor, las heridas y el sufrimiento de toda tu vida. Acéptala y dale la bienvenida.

Inspira tu sufrimiento... Absórbelo en el corazón... Deja que se transforme allí en alegría, en dicha. Espira toda la alegría, la dicha; viértete en la existencia.

Puedes expresar lo que esté sucediendo en tu interior con sonidos, palabras, gestos y movimientos, o puedes dejar que ocurra en silencio.

TERCERA ETAPA: (15 MINUTOS)

«Incluye a toda la gente del mundo»

Ahora expande este proceso. Toma incondicionalmente el sufrimiento de todos los seres: amigos, enemigos, familia, extraños. Acéptalo y dale la bienvenida.

Inspira todo este sufrimiento e infierno... Absórbelo en tu corazón... Deja que se transforme en alegría, en dicha. Espira toda la alegría, la dicha; viértete en la existencia.

Puedes expresar lo que esté sucediendo en tu interior con sonidos, palabras, gestos y movimientos, o puedes dejar que ocurra en silencio.

CUARTA ETAPA: (15 MINUTOS)

«Regresa»

Ahora retira completamente tu atención del mundo, de los otros, incluso de ti mismo. Acuéstate, cierra los ojos, permanece en silencio e inmóvil.

NOTA: Una vez que has experimentado que el dolor y el sufrimiento pueden transformarse en alegría a través de la respiración y el corazón, quizá quieras aplicar este método silenciosamente cuando la gente y lo que ocurre a tu alrededor susciten el proceso.

Osho dice lo siguiente acerca de las cualidades singulares de esta técnica: «Este es uno de los mejores métodos. Cuando inspires, piensa que estás inhalando todo el sufrimiento del mundo. Estás inhalando toda la oscuridad, toda la negatividad, todo el infierno que exista en cualquier parte. Y deja que tu corazón lo absorba.

Habrás oído hablar o habrás leído sobre los llamados pensadores positivos de Occidente. Ellos propugnan justamente lo contrario, no saben lo que están diciendo. Dicen: cuando espires, expulsa todas tus miserias, toda tu negatividad; y cuando inspires, inhala dicha, positividad, felicidad, alegría».

El método de Atisha es justamente lo contrario: cuando inspires, inhala toda la miseria y el sufrimiento de todos los seres del mundo, del pasado, del presente y del futuro; y cuando espires, exhala toda la alegría que poseas, todo la dicha que poseas, toda la bendición que poseas. Exhala, viértete en la existencia. Este es el método de la compasión: bebe todo el sufrimiento y vierte todas las bendiciones.

Y te quedarás asombrado si lo haces. En el momento en que absorbes dentro de ti todos los sufrimientos del mundo dejan de ser sufrimientos. El corazón transforma la energía de inmediato. El corazón es una fuerza transformadora: bebe la miseria y se transformará en dicha; a continuación, viértelo.

Una vez que has aprendido que tu corazón es capaz de realizar esta magia, este milagro, querrás hacerlo una y otra vez. Inténtalo. Es uno de los métodos más prácticos. Es simple y da resultados inmediatos. Hazlo hoy y compruébalo con tus propios ojos.

Cuando inspires, convierte en tu meditación que el sufrimiento de todos los seres del mundo entre cabalgando en esa inspiración y llegue hasta tu corazón. Absorbe en tu corazón todo ese sufrimiento, ese dolor, esa infelicidad, y observa cómo sucede un milagro.

Cuando absorbes la infelicidad de otra persona, su dolor, su sufrimiento..., en el momento en que lo haces, ¡todo se transforma! La tendencia natural es evitarlo, la tendencia natural es protegerse contra el sufrimiento. La tendencia natural es mantenerse separado, no compadecerse, no empatizar con el otro.

Todo el mundo lleva una gran carga de infelicidad, todo el mundo está sufriendo, a todo el mundo le duele el corazón. Hay mucho dolor.

Atisha dice que, antes de que puedas absorber el sufrimiento de la existencia entera, tendrás que empezar contigo mismo. Este es uno de los secretos fundamentales del crecimiento interno. No puedes hacer nada con los demás que no hayas hecho antes contigo mismo. Si te haces daño a ti mismo, puedes hacer daño a los demás. Si eres insoportable contigo mismo, serás insoportable para los demás. Solo puedes ser una bendición para los demás si lo eres para ti mismo.

Todo lo que puedas hacer con los demás antes debes haberlo hecho contigo mismo porque eso es lo único que puedes compartir. Solo puedes compartir lo que tienes, no puedes compartir lo que no tienes.

DE LA CABEZA AL CORAZÓN

En primer lugar, trata de imaginarte sin cabeza. Visualízate sin cabeza, muévete como si no la tuvieras. Parece absurdo, pero es uno de los ejercicios más importantes. Pruébalo y entonces lo comprobarás.

Camina y siente como si no tuvieras cabeza. Al principio será solo «como si». Será muy extraño. La sensación de que no tienes cabeza te resultará muy misteriosa y extraña. Pero, poco a poco, te irás estableciendo en el corazón.

Si uno de los centros no está, la energía empieza a moverse desde otro.

Intenta hacer el ejercicio del que estoy hablando, el de visualizarte sin cabeza. De pronto sentirás algo extraño: será como si por primera vez estuvieras en el corazón. Camina sin cabeza. Siéntate a meditar, cierra los ojos y simplemente siente que no tienes cabeza. Siéntelo. «Mi cabeza ha desaparecido». Al principio será solo «como si», pero, poco a poco, sentirás que la cabeza ha desaparecido realmente. Y cuando sientas que tu cabeza ha desaparecido, tu centro bajará al corazón ¡inmediatamente! Estarás mirando el mundo a través del corazón, y no a través de la cabeza.

Trata de imaginarte sin cabeza. Medita delante del espejo del cuarto de baño. Mírate profundamente a los ojos y siente que estás mirando desde el corazón. El centro del corazón poco a poco empezará a funcionar. Y cuando el corazón funciona, cambia toda tu personalidad, toda tu estructura, tus patrones, porque el corazón tiene su propio modo de funcionar.

Por tanto, lo primero es intentar imaginarte sin cabeza. En segundo lugar, sé más amoroso porque el amor no puede funcionar a través de la cabeza. ¡Sé más amoroso! Es por ello que, cuando alguien está enamorado, pierde la cabeza. La gente dice que se ha vuelto loco. Si estás enamorado y no estás loco, entonces realmente no estás enamorado. Hay que perder la cabeza. Si la cabeza no se ve afectada y funciona normalmente, el amor es imposible porque para amar necesitas que funcione el corazón, no la cabeza; es una función del corazón.

EL CORAZÓN EN PAZ

Es un método muy sencillo, pero tiene efectos milagrosos; pruébalo. Todo el mundo puede hacerlo, no entraña ningún peligro. En primer lugar, tienes que estar en una postura cómoda y relajada, una postura que te resulte cómoda a ti. No intentes ponerte en una postura determinada o en una asana. Buda se sentaba de una manera especial porque a él le resultaba fácil. A ti también te lo resultará si practicas durante un tiempo, pero al principio no será fácil. Y tampoco tienes que practicar; empieza por la postura que te resulte más fácil en este momento. No trates de buscar una postura incómoda. Puedes sentarte en una silla cómoda y relajarte. Lo principal es que tu cuerpo esté relajado.

Entonces, cierra los ojos y siente todo el cuerpo. Empieza por las piernas, observa si hay alguna tensión. Si notas que hay tensión, ténsalo aún más. Si percibes que hay tensión en la pierna derecha, haz que la tensión aumente de intensidad. Llévalo al límite y después relájala rápidamente, para que percibas cómo se relaja. Luego recorre todo el cuerpo buscando dónde hay tensiones. Donde sientas que hay tensión, intensifícala, porque es más fácil relajarte cuando es más intensa. De lo contrario, es muy difícil porque realmente no lo sientes.

Es fácil ir de un extremo al otro, muy fácil, porque un extremo te pide ir al contrario. Si sientes tensión en la cara, aprieta los músculos faciales todo lo que puedas y lleva la tensión hasta el límite. Llega hasta el punto en el que no puedas tensarlo más, y después relájalo de golpe. Y, del mismo modo, observa que todas las extremidades y las partes del cuerpo están relajadas.

Haz especial hincapié en los músculos faciales, ya que acumulan el noventa por ciento de las tensiones, mientras que el resto del cuerpo solo acumula el diez por ciento. La mayor parte de las tensiones provienen de la cabeza, por eso se concentran en la cara. Arruga la cara todo lo que puedas, sin sentir vergüenza. Pon cara de intenso dolor y sufrimiento, y luego relájala rápidamente. Explora tu cuerpo durante unos cinco minutos buscando las tensiones hasta que sientas que todos los miembros se han relajado. Hazlo en una postura que te resulte fácil.

Puedes hacerlo tumbado en la cama, sentado o como te encuentres más cómodo.

En segundo lugar, cuando sientas que el cuerpo ha dado con una postura cómoda, no le prestes demasiada atención. Siente que el cuerpo se ha relajado y olvídate de él.

Cierra los ojos y percibe el espacio comprendido entre las dos axilas: la zona del corazón, del pecho. Primero siente el espacio entre las dos axilas y pon toda tu atención y conciencia ahí. Olvídate del resto del cuerpo, fíjate solo en la zona del corazón entre las dos axilas, en el pecho, y siente que se llena de una gran paz.

Cuando el cuerpo se relaja, el corazón automáticamente siente paz. Se queda tranquilo, relajado, en armonía. Y cuando te olvidas del resto del cuerpo y pones toda la atención en el pecho, sintiendo conscientemente que se llena de paz, de inmediato notas que te inunda una profunda paz.

Hay partes del cuerpo y zonas específicas en las que puedes provocar ciertos sentimientos conscientemente. El centro del corazón está entre las dos axilas y es la fuente de toda la paz que experimentas en ciertos momentos. Cuando sientes paz, proviene del corazón. El corazón irradia paz.

Esto explica que en cualquier parte del mundo, toda la gente, sin distinción de religión, país o cultura, siente que el amor nace cerca del corazón. No tiene una explicación científica.

Cuando piensas en el amor, piensas en el corazón. En realidad, cuando te enamoras estás relajado y te sientes lleno de paz por ese motivo. Esa paz surge del corazón. Por eso se ha asociado la paz con el amor. Cuando estás enamorado sientes paz; cuando no estás enamorado, estás incómodo. Y, debido a esta paz, el amor se ha asociado al corazón.

Puedes hacer dos cosas. Una forma es buscar el amor, y a veces encontrarás la paz. Pero es un camino arriesgado porque la persona que amas se vuelve importante para ti. El otro es el otro, y de alguna forma empiezas a depender de él. De manera que el amor algunas veces puede darte paz, pero no siempre.

El amor puede darte atisbos de paz, pero no la paz eterna. Y entre dos atisbos hay un valle de conflicto, violencia, odio y enfado.

La otra forma es encontrar la paz directamente, y no a través del amor. Si la encuentras directamente —y este es el método—, tu vida se llenará de amor. Pero este amor tendrá una cualidad distinta. No será posesivo, no se centrará en una persona. No será dependiente ni hará que los demás dependan de ti. Tu amor se convertirá en cariño, en compasión, en una profunda empatía. Y entonces nadie podrá perturbarlo, ningún amante, porque esa paz se asienta en tu interior, y el amor es el reflejo de tu paz interior. Le has dado la vuelta a todo.

15

Meditaciones para centrarse

La esencia es el centro, es tu propia naturaleza, es lo que te ha sido dado por la existencia. La personalidad es la circunferencia, es lo que ha sido cultivado por la sociedad; no te ha sido dado por la existencia. Lo proporciona la educación, no existe por naturaleza.

MEDITACIÓN WHIRLING OSHO®

Whirling, el baile giratorio, es una antigua técnica sufí. Mientras todo tu cuerpo se está moviendo, toma conciencia de tu propio ser, del observador que permanece inmóvil y está en el centro. Aprenderás a ser un testigo en el centro del ciclón sin identificarte con nada. Esta meditación se hace mejor con el estómago vacío, y vistiendo una ropa suelta y cómoda.

Esta meditación se debe hacer con la música específica de la OSHO Whirling Meditation, que señala y apoya energéticamente las diferentes etapas de la meditación. (Consulta para más detalles los recursos online al final de este libro).

Instrucciones

La meditación dura una hora y tiene dos etapas, girar y descansar. Termina cuando oigas tres veces el sonido de una campana.

PRIMERA ETAPA: 45 MINUTOS

Se gira en un mismo lugar en el sentido contrario a las agujas del reloj, manteniendo el brazo derecho en alto con la palma de la mano hacia arriba y el brazo izquierdo hacia abajo con la palma de la mano hacia abajo. Gira como lo hacen los niños cuando dan vueltas. Las personas a las que les resulte incómodo girar en el sentido contrario a las agujas del reloj pueden hacerlo en el sentido de las agujas del reloj, cambiando también la posición de los brazos. Mantén tu cuerpo relajado y los ojos abiertos, pero sin enfocarlos en nada, de forma que las imágenes se vean borrosas y en movimiento. Permanece en silencio.

Durante los primeros 15 minutos, gira despacio. Luego, aumenta la velocidad de manera gradual hasta que el giro se apodere de ti y te conviertas en un remolino de energía. La periferia es un torbellino de movimiento, pero el testigo permanece en el centro, en calma y en silencio.

Cuando estés girando tan rápido que no puedas mantenerte de pie, tu cuerpo se caerá al suelo. No decidas de antemano cuándo vas a caer ni trates de controlar el aterrizaje. Si tu cuerpo está relajado, aterrizarás suavemente y la tierra absorberá tu energía. Cuando te hayas caído, quédate ahí, es en ese momento cuando da comienzo para ti la segunda etapa de la meditación.

SEGUNDA ETAPA: 15 MINUTOS

Si al terminar la música todavía no te has caído, deja caer tu cuerpo al suelo. Ponte inmediatamente boca abajo para que tu ombligo esté en contacto con la tierra. Siente que tu cuerpo se funde con la tierra, como un niño pequeño se funde con el pecho de su madre. Si alguien está muy incómodo tendido de esta manera, puede acostarse bocarriba.

Mantén los ojos cerrados y permanece pasivo y en silencio.

NOTA: Al girar algunas personas podrían sentir náuseas, pero esta sensación debería desaparecer al cabo de dos o tres días. Interrumpe la meditación solo si esto persiste.

MEDITACIÓN NO-DIMENSIONES OSHO

Esta meditación activa de centramiento se basa en técnicas sufíes que Osho desarrolló y amplió posteriormente. Al utilizar la respiración y una serie de movimientos coordinados, seguidos por el giro, tu energía se centra en el hara, el «centro de la energía vital» ubicado debajo del ombligo. Desde ahí puedes observar la mente y tener una experiencia de lo que es la presencia y la totalidad; el cuerpo se mueve en todas las direcciones, pero el centro permanece inmóvil.

Esta meditación se debe hacer con la música específica de la Meditación No-Dimensiones Osho, que señala y apoya energéticamente las diferentes etapas de la meditación. (Para más detalles, consulta los recursos online al final del libro).

Instrucciones

La meditación dura una hora y consta de tres etapas. En las dos primeras etapas se mantienen los ojos abiertos, pero sin enfocarlos en nada en particular. En la tercera etapa los ojos se mantienen cerrados.

PRIMERA ETAPA: 30 MINUTOS

Se trata de una secuencia de seis movimientos, repetidos continuamente y acompañados por el sonido «shuú» que asciende desde tu vientre hasta tu garganta. A medida que progresa la meditación, el sonido ayudará a que los movimientos se vuelvan más libres y fáciles. Ejecuta los movimientos y los sonidos con un corazón amoroso y una conciencia centrada.

Para empezar, sitúate de pie en un lugar con la mano izquierda en el centro del corazón y la mano derecha en el centro del ombligo, hasta que suene la campana que señala el comienzo de la secuencia de movimientos (consulta la demo en osho.com/meditations):

1) *Une ambas manos sobre el hara, con las palmas hacia fuera y apuntando hacia abajo.*

   Inspirando por la nariz, sube las manos hasta el centro del corazón.

   A continuación, espira emitiendo el sonido «shuú» mientras llevas la mano izquierda al hara, y al mismo tiempo lleva el brazo derecho hacia delante con la mano completamente extendida y la palma hacia abajo, mientras das un paso hacia delante con el pie derecho.

   Vuelve a la posición original con las dos manos sobre el hara.

2) *Repite este movimiento con el brazo y el pie izquierdos moviéndose hacia delante. Vuelve a la posición original con las dos manos sobre el hara.*

3) *Repite este movimiento con el brazo y el pie derechos, dando un giro de 90° hacia la derecha.*

   Regresa a la posición original con las manos sobre el hara.

4) *Repite este movimiento con el brazo y el pie izquierdos, dando un giro de 90° hacia la izquierda.*

Regresa a la posición original con las dos manos sobre el hara.

5) *Repite el movimiento del brazo y el pie derechos, esta vez dando un giro de 180° directamente hacia atrás por el lado derecho. Regresa a la posición original con las dos manos sobre el hara.*

6) *Repite este movimiento, con el brazo y el pie izquierdos, esta vez dando un giro de 180° en el sentido contrario a las agujas del reloj directamente hacia atrás por el lado izquierdo. Regresa a la posición original con las dos manos sobre el hara.*

Las caderas y los ojos siguen siempre la dirección del movimiento de las manos. Muévete con gracia, en un flujo continuo, al ritmo de la música. Esta fase de la meditación empieza lentamente y poco a poco gana en intensidad. A medida que la música aumenta gradualmente de velocidad, la quietud del centro se hace más evidente.

Si estás participando con un grupo, puede que pierdas la sincronicidad con los demás en algún momento. Cuando esto suceda, retoma el mismo ritmo de tus compañeros.

Esta etapa termina cuando se detiene la música.

SEGUNDA ETAPA: 15 MINUTOS

Con los brazos cruzados sobre el pecho, inclínate durante unos momentos, en amorosa gratitud ante la existencia y ante ti mismo.

Cuando cambie el ritmo de la música, empieza a girar, bien sea a la derecha o a la izquierda, según sientas qué es mejor para ti. Si giras hacia la derecha, pon el pie y el brazo derechos hacia la derecha y el brazo izquierdo en dirección opuesta. A medida que empieces a girar, puedes cambiar las manos a cualquier posición que te resulte agradable. Gira como lo hacen los niños.

Si no has hecho nunca este ejercicio, empieza muy despacio, y una vez que tu cuerpo y tu mente se acostumbren al movimiento, el cuerpo se moverá naturalmente más rápido. Si sientes que te mareas, está bien que te detengas y esperes antes de volver a empezar. Para terminar los giros, disminuye el ritmo y cruza los brazos sobre el centro del corazón.

TERCERA ETAPA: 15 MINUTOS

Acuéstate sobre el vientre con los ojos cerrados permitiendo que toda la energía que has acumulado fluya a través de ti. Si estás incómodo acostado sobre el vientre, hazlo sobre la espalda. No hay que hacer nada, solo ser.

El giro sufí es una de las técnicas más antiguas que existen, una de las más poderosas. Es tan profunda que incluso una sola experiencia puede cambiarte por completo. Tienes que girar con los ojos abiertos, como lo hacen los niños, como si tu ser interior se hubiese convertido en un centro y todo tu cuerpo en una rueda en movimiento, igual que la rueda de un alfarero. Tú estás en el centro, pero todo el cuerpo está en movimiento.

PREGÚNTATE A TI MISMO

Un místico sufí había sido feliz toda su vida. Nunca le habían visto infeliz, siempre se estaba riendo. *Era* la risa misma, todo su ser emanaba un perfume de celebración. En su vejez, cuando se estaba muriendo —estaba en su lecho de muerte y seguía disfrutando, riéndose de forma hilarante—, un discípulo le preguntó: «Estoy desconcertado. Te estás muriendo. ¿Por qué te ríes? ¿Qué le encuentras de divertido? Estamos muy tristes. Te hemos querido preguntar muchas veces por qué nunca estás triste. Pero frente a la muerte uno debería estar triste. Tú, en cambio, sigues riéndote; ¿cómo lo consigues?».

Y el anciano le dijo: «Es fácil. Una vez le pregunté a mi maestro... Fui a verle cuando yo era joven. Solo tenía diecisiete años y ya era infeliz. Él estaba sentado debajo de un árbol, riéndose sin motivo alguno. No había nadie más, no había sucedido nada, nadie había contado un chiste ni nada parecido, y él estaba allí simplemente riéndose, agarrándose la tripa, y le pregunté: "¿Qué es lo que te pasa? ¿Acaso te has vuelto loco?".

»Me contestó: "Hace mucho tiempo yo también estaba tan triste como tú. Entonces descubrí que es una decisión mía, que se trata de mi vida".

»Desde entonces, todos los días cuando me despierto, lo primero que decido es... Antes de abrir los ojos me digo a mí mismo: "Abdullah" [así se llamaba], "¿qué es lo que quieres? ¿Sufrir o ser dichoso? ¿Qué vas a escoger hoy?". Y lo que sucede es que siempre escojo ser dichoso».

Es una elección. Inténtalo. Cuando te des cuenta, el primer momento por la mañana, en cuanto el sueño se haya ido, pregúntate: «Abdullah, ¡ya es otro día! ¿Qué tienes pensado? ¿Vas a escoger sufrir o ser dichoso?».

¿Quién va a escoger sufrir? ¿Y por qué? Es tan poco natural, a menos que uno se sienta dichoso sufriendo..., pero en ese caso también estás escogiendo la dicha, no la infelicidad.

ENCONTRAR LA FUENTE DE LA ALEGRÍA

Cuando veas a un amigo y sientas de pronto que surge alegría en tu corazón, concéntrate en esta alegría. Siéntela y conviértete en ella, y ve al encuentro de tu amigo siendo consciente y estando lleno de tu alegría. Deja que el amigo esté solamente en la periferia, y permanece centrado en tu sentimiento de felicidad.

Esto se puede hacer en muchas otras circunstancias. Está saliendo el sol y de repente sientes que surge algo en ti. Entonces olvídate del sol, deja que se quede en la periferia. Tú céntrate en tu propia sensación de energía emergente. En cuanto la mires, se extenderá. Se volverá todo tu cuerpo, todo tu ser. Y no te limites a ser un observador, hazte uno con ella. Hay muy pocos momentos en los que sentimos alegría, felicidad, dicha, pero nos los perdemos porque estamos centrados en el objeto.

Siempre que hay alegría, te parece que llega de fuera. Te encuentras con un amigo y, por supuesto, parece que la alegría viene de tu amigo, de verle. No es eso lo que sucede realmente. La alegría siempre está dentro de ti. El amigo simplemente se ha vuelto una situación. El amigo la ha ayudado a salir, pero ya estaba ahí. Y esto no solo pasa con la alegría, sino con todo: con la ira, con la tristeza, con la desdicha, con la felicidad...; es así con todo. Los demás son tan solo situaciones que permiten que las cosas que están ocultas en ti se expresen. Los demás no son las causas, no te están causando algo a ti. Cualquier cosa que esté sucediendo, te está sucediendo *a ti*. Siempre ha estado ahí, pero el encuentro con este amigo se ha convertido en una situación en la que lo que estaba oculto ha salido a la luz, ha aflorado. Ha surgido de las fuentes ocultas, se ha vuelto visible, manifiesto. Siempre que esto ocurra, permanece centrado en la sensación interna, y entonces tendrás una actitud diferente con respecto a todo en la vida.

PERMANECE SIN ALTERARTE

Shiva dice: «*En estados de deseo extremo, permanece sin alterarte*».

Cuando el deseo se apodera de ti, te alteras. Por supuesto, eso es natural. El deseo se apodera de ti, y tu mente empieza a fluctuar y hay muchas olas en la superficie. El deseo te lleva a algún lugar del futuro; el pasado te empuja a algún lugar del futuro. Te alteras, no estás a gusto. El deseo es, por tanto, una *alteración*.

Este sutra dice: *en estados de deseo extremo, permanece sin alterarte.* Pero ¿cómo permanecer sin alterarse? Deseo significa alteración; así pues, ¿cómo permanecer sin alterarse..., ¡y sobre todo en momentos extremos de deseo! Tendrás que hacer ciertos experimentos; solo entonces comprenderás lo que significa. Estás enfadado, la ira se apodera de ti, estás loco, poseído, ya no estás en tus cabales. De pronto, recuerda no alterarte: como si estuvieras desnudándote. Por dentro, desnúdate, desnúdate de la ira. Habrá ira, pero ahora tienes un punto en tu interior que no está alterado.

Sabrás que la ira está en la periferia. Está ahí, como una fiebre. La periferia está fluctuando; la periferia está alterada. Pero tú puedes mirarla. Si puedes mirarla, permanecerás sin alterarte. Obsérvala como testigo y permanecerás sin alterarte. Este punto que no se altera es tu mente original. La mente original no puede alterarse; nunca está alterada…, pero nunca la has mirado. Cuando la ira está presente, te identificas con la ira. Te olvidas de que la ira es una cosa diferente a ti. Te haces uno con ella y empiezas a actuar a través de ella, empiezas a hacer algo a través de ella.

Se pueden hacer dos cosas. Con la ira serás violento con alguien, con el objeto de tu ira. Entonces te has ido al otro. La ira está entre tú y el otro. Yo estoy aquí, luego está la ira, y ahí estás tú, el objeto de mi ira. Desde la ira puedo viajar en dos dimensiones. Una es que yo viajo hacia ti; por tanto, tú te vuelves mi centro de conciencia, el objeto de mi ira. Entonces mi mente se centra en ti, el que me ha insultado. Esta es una de las maneras en que puedes viajar con la ira.

Hay otra: puedes viajar hacia ti mismo. No te vas a la persona que te parece que ha causado la ira, sino a la persona que siente la ira; vas al sujeto y no al objeto.

Normalmente, vamos siempre al objeto. Si vas al objeto, la parte de tu mente que acumula polvo se altera, y sentirás: «Yo» estoy alterado. Si vas hacia dentro, al centro de tu propio ser, serás capaz de observar la parte de tu mente que acumula polvo; podrás ver que la parte de tu mente que acumula polvo está alterada, pero «yo» no estoy alterado. Y puedes experimentar esto con cualquier deseo, con cualquier perturbación.

Te viene a la mente un deseo sexual, se apodera de todo tu cuerpo. Puedes ir al objeto sexual, al objeto de tu deseo. Puede que el objeto esté presente y puede que no. También puedes ir al objeto en tu imaginación, pero entonces estarás cada vez más alterado. Cuanto más te alejes de tu centro, más alterado estarás. En realidad, la distancia y la alteración siempre son proporcionales. Cuanto más distante estás de tu centro, más alterado te sientes; cuanto más cerca estás del centro, menos alterado te sientes. Si te encuentras justo en el centro, no hay alteración.

En un ciclón hay un centro que permanece inalterable: en el ciclón de la ira, el ciclón del sexo o el ciclón de cualquier deseo. Justo en el centro no hay ciclón, y un ciclón no puede existir sin un centro silencioso. La ira tampoco puede existir sin algo dentro de ti que está más allá de la ira.

Recuerda que nada puede existir sin su opuesto. Necesita lo

opuesto porque, sin ello, no hay posibilidad de que exista. Si no hubiese dentro de ti un centro que permanece inmóvil, no sería posible ningún movimiento. Si no hubiese dentro de ti un centro que permanece sin alterarse, no te podría suceder ninguna perturbación.

Analiza esto y obsérvalo. Si no hubiese en ti ningún centro de absoluta calma, ¿cómo podrías sentir que estás alterado? Necesitas una comparación. Necesitas dos puntos para poder comparar.

Supón que una persona está enferma: siente la enfermedad porque en alguna parte dentro de ella existe un punto, un centro de absoluta salud. Por eso puede comparar. Dices que te duele la cabeza. ¿Cómo es que tienes conocimiento de este dolor, de este dolor de cabeza? Si fueras el dolor de cabeza, no podrías saberlo. Debes ser otra persona, otra cosa: el que observa, el que presencia, el que puede decir: «Me está doliendo la cabeza».

Esta técnica no aboga por la represión, ni dice que cuando haya ira la reprimas y permanezcas sin alterarte. ¡No! Si reprimes, crearás más perturbación. Si hay ira y hay un esfuerzo por reprimirla, duplicará la perturbación. Cuando haya ira, cierra tus puertas, medita sobre la ira y deja que esté. Permanece sin alterarte, pero no la reprimas.

Es fácil reprimir, es fácil expresar. Hacemos ambas cosas. Expresamos si la situación lo permite, y si resulta conveniente y seguro para ti. Si puedes hacerle daño al otro sin que este te lo haga a ti, expresarás la ira. Si es peligroso, si el otro te puede hacer más daño, si tu jefe o con quien sea que estés enfadado es más fuerte, la reprimirás.

La expresión y la represión son fáciles; observar es lo difícil. La observación no es ninguna de las dos cosas: ni reprimir ni expresar. No es expresar porque no la estás dirigiendo al objeto de la ira.

Tampoco está siendo reprimida. Lo que estás haciendo es permitir que se exprese, que se exprese en un vacío. Estás meditando sobre ella.

Ponte delante de un espejo y expresa tu ira, y presénciala. Estás solo, así que puedes meditar sobre ella. Haz lo que tengas que hacer, pero en un espacio vacío. Si quieres pegar a alguien, pega al cielo vacío; si quieres enfadarte, enfádate; si quieres gritar, grita. Pero hazlo solo, y recuerda el punto dentro de ti que está viendo todo esto, toda esta representación. Entonces se vuelve un psicodrama, y puedes reírte de ello y te resultará una catarsis profunda. Después te sentirás liberado..., y no solo liberado, sino que habrás ganado algo con ello. Habrás madurado, habrá operado en ti un crecimiento. Y ahora sabrás que, incluso mientras estabas enfadado, había un centro en tu interior que permaneció sin alterarse.

16

Meditaciones en la luz

Medita sobre la luz y, cuanto más medites sobre ella, más te sorprenderás de que se empieza a abrir algo en tu interior, como si se estuviera abriendo un capullo y convirtiendo en una flor.

Meditar sobre la luz es uno de los métodos más antiguos. En todos los tiempos, en todos los países, en todas las religiones, se ha hecho hincapié en este método por una razón en particular: en el momento en que meditas sobre la luz, algo que hasta ahora era un capullo en tu interior abre sus pétalos. Meditar sobre la luz crea el espacio para esta apertura.

MEDITACIÓN DE LA LUZ DORADA OSHO

Este es un sencillo método que sirve para transformar tu energía y dirigirla hacia arriba. Es mejor hacerla dos veces al día, durante 20 minutos cada vez: por la mañana justo antes de levantarte de la cama y por la noche justo antes de irte a dormir.

Esta meditación se puede hacer con la música específica de la Meditación Luz Dorada OSHO, que señala y apoya energéticamente las diferentes etapas de la meditación. (Para más detalles, consulta los recursos online al final del libro).

Instrucciones

UNA ETAPA: 20 MINUTOS

Acuéstate boca arriba, como si estuvieras en tu cama. Mantén los ojos cerrados.

Al inhalar visualiza una gran luz que entra en tu cuerpo por la cabeza, como si un sol hubiese salido cerca de tu cabeza. Tú estás hueco y la luz dorada te está inundando por la cabeza como un torrente, entrando y llegando hasta el fondo, y saliendo por los dedos gordos de los pies.

Realiza esta visualización al inhalar.

Al exhalar visualiza algo diferente: ahora entra una oscuridad por los dedos gordos de los pies, que va ascendiendo y sale por la cabeza. Hazlo despacio mientras respiras profundamente para poderlo visualizar. Ve muy despacio.

Repítelo: inspira, deja que la luz dorada entre por la cabeza porque es allí donde te está esperando la Flor Dorada. Esa luz dorada te ayudará. Limpiará todo tu cuerpo y lo llenará por completo de creatividad; esta es la energía masculina.

Después, al exhalar, deja que la oscuridad, la más profunda que puedas concebir, como una noche cerrada, como una corriente, ascienda a través de los dedos gordos de los pies —esta es la energía femenina: te relajará, te volverá receptivo, te calmará, te dará un descanso—, y deja que salga por la cabeza.

A continuación, vuelve a inhalar y la luz dorada entrará de nuevo.

Se trata de un método sencillo para transformar tu energía y dirigirla hacia arriba. Y recuerda siempre que los métodos taoístas son muy sencillos, de modo que no pienses: «¿Cómo puede tener tanta importancia algo tan simple?». Practícalo, experimenta con ello y lo sabrás.

Guía adicional de Osho: Al menos dos veces al día... El mejor momento es por la mañana temprano, justo antes de levantarte. En cuanto sientas que estás alerta, despierto, hazlo durante 20 minutos. ¡Hazlo nada más despertarte por la mañana! Sin levantarte de la cama. ¡Hazlo ahí, allí mismo, inmediatamente! Porque cuando te estás despertando estás en un estado muy delicado, muy receptivo. Cuando te estás despertando estás muy descansado y el impacto será más profundo. Cuando te estás despertando estás menos en la mente que nunca. Por eso hay algunas brechas en los que el método penetrará en tu núcleo más interno. Y por la mañana temprano, cuando estás despertándote y cuando toda la tierra hace igual que tú, hay una gran corriente de energía de despertar en todo el mundo. Usa esa corriente, no pierdas esa oportunidad.

Todas las religiones antiguas solían rezar por la mañana temprano, con la salida del sol, porque la salida del sol es el renacer de todas las energías de la existencia. En ese momento puedes montarte en la ola de energía ascendente, será más fácil. Por la tarde resultará complicado porque las energías estarán retrocediendo. Entonces estarás luchando contracorriente, y en cambio por la mañana estarás yendo a favor de la corriente.

De manera que el mejor momento para empezar es por la mañana temprano, inmediatamente, justo cuando estás medio despierto, medio dormido. Y el proceso es muy sencillo. No requiere ninguna postura, ninguna *asana* yógica, no es necesario ningún baño, nada.

Hazlo durante 20 minutos por la mañana temprano.

Y luego, el segundo mejor momento es por la noche, cuando vayas a acostarte. Túmbate en la cama y relájate durante unos minutos. Cuando empieces a sentir que estás fluctuando entre el sueño y la vigilia, justo entre los dos, empieza el proceso de nuevo y continúa durante 20 minutos. Si te duermes mientras tanto, es lo mejor, porque el impacto permanecerá en el subconsciente y seguirá funcionando.

Después de un periodo de tres meses, te sorprenderás: la energía que estaba acumulándose continuamente en el *muladhar*, en el centro más bajo, el del sexo, ya no se está acumulando ahí. Está ascendiendo.

CORAZÓN DE LUZ

Shiva dice: «*En estado de vigilia, durmiendo, soñando, conócete como luz*».

En estado de vigilia —moviéndote, comiendo, trabajando— recuérdate a ti mismo como luz. Como si en tu corazón hubiera una llama ardiendo y tu cuerpo no fuera más que el aura en torno a la llama. Imagínalo. En tu corazón hay una llama ardiendo y tu cuerpo no es más que un aura de luz a su alrededor. Deja que penetre lo más hondo posible en tu mente y en tu conciencia. Embébete de esa sensación.

Tardarás un tiempo, pero si sigues pensando en ello, sintiéndolo, imaginándolo, en cierto plazo serás capaz de recordarlo todo el día. En estado de vigilia, andando por la calle, eres una llama que se mueve. Nadie más será consciente de esto al principio, pero si continúas, después de tres meses otros también se darán cuenta. Y solo entonces, cuando otros se den cuenta, puedes estar a gusto. No se lo digas a nadie. Simplemente imagina una llama, y tu cuerpo como el aura en torno a ella. No un cuerpo físico, sino un cuerpo eléctrico, un cuerpo de luz. Sigue haciéndolo.

Si perseveras, en tres meses, poco más o menos, otros se percatarán de que algo te ha sucedido. Notarán una luz sutil a tu alrededor. Cuando te acerques a ellos, sentirán una calidez diferente. Si los tocas, sentirán un contacto ardiente. Se darán cuenta de que te está ocurriendo algo extraño. No se lo digas a nadie. Cuando otros se den cuenta, entonces te puedes sentir a gusto y puedes entrar en la segunda etapa, no antes.

La segunda etapa es llevarlo a los sueños. Ahora puedes hacerlo. Se ha vuelto una realidad. Ya no es imaginación. Mediante la imaginación has revelado una realidad. Es real. Todo consiste en luz. Eres luz —inconsciente del hecho— porque toda partícula de materia es luz.

Los científicos dicen que la luz consiste en electrones. Es lo mismo. La luz es la fuente de todo. Tú también eres luz condensada; mediante la imaginación simplemente estás revelando una realidad. Embébete de ello y, cuando estés muy lleno, puedes llevarlo a los sueños, no antes.

Entonces, cuando te estés durmiendo, sigue pensando en la llama, sigue viéndola, sintiendo que eres luz. Recordándolo..., recordando..., recordando... te quedarás dormido. Y el recuerdo continúa. Al principio empezarás a tener algunos sueños en los que sentirás que tienes una llama dentro, que eres luz. Con el tiempo, también te moverás en los sueños con la misma sensación. Y una vez que esta sensación entre en los sueños, estos empezarán a desaparecer. Cada vez habrá menos sueños y dormirás más profundamente.

Cuando esta realidad se ponga de manifiesto en todos tus sueños

—que eres luz, que eres una llama, una llama ardiente—, todos los sueños desaparecerán. Solo cuando desaparezcan los sueños podrás llevar esta sensación al momento de dormir, no hasta entonces. Ahora estás en la puerta. Cuando los sueños han desaparecido y te recuerdas a ti mismo como una llama, estás en la puerta del dormir. Ahora puedes entrar con la sensación. Y una vez que te duermes con la sensación de que eres una llama, serás consciente de ello: ahora el acto dormir solo le sucederá a tu cuerpo, no a ti.

17
Meditaciones en la oscuridad

Igual que la semilla inicia su vida en la oscuridad de la tierra, o el niño comienza la suya en la oscuridad del útero, todos los inicios ocurren en la oscuridad porque la oscuridad es uno de los requisitos más esenciales para que comience cualquier cosa.

MEDITACIÓN EN LA OSCURIDAD OSHO

Este es un método tántrico. Te ayudará a enfrentarte a cualquier miedo inconsciente que puedas tener a la oscuridad y a la muerte. Mientras haces esta meditación, creas una profunda amistad con la oscuridad que te permitirá entrar en una relajación hasta ahora desconocida.

La meditación necesita hacerse en un ambiente de total oscuridad y la puedes practicar durante el tiempo que quieras. Si sigues el formato de una hora durante el día que se ofrece a continuación, asegúrate de reservar un tiempo después antes de volver a conducir o de reincorporarte al tráfico.

Instrucciones

La meditación dura una hora y tiene dos etapas.

PRIMERA ETAPA: 45 MINUTOS

Siéntate. Mantén los ojos abiertos y mira a las tinieblas, al vacío, a la oscuridad. Continúa mirando a la oscuridad. Relájate y sigue mirando. Comenzará a entrarte por los ojos, y luego tú empezarás a entrar en ella.

Comenzarás a lagrimear, los ojos podrían empezar a irritarse, a doler, pero no te preocupes, simplemente continúa. En el momento en el que la oscuridad, la verdadera oscuridad que está ahí, te entre por los ojos, te dará una sensación de calma muy profunda. Estarás lleno de oscuridad.

SEGUNDA ETAPA: 15 MINUTOS

Ahora acuéstate. La oscuridad es la madre de todo. Si todo desaparece, solo quedará la oscuridad. Por eso la oscuridad es la madre, el útero. Siente que el útero te envuelve por todas partes, y tú estás en él.

Al terminar la hora, regresa y recuerda llevar dentro de ti un parche de oscuridad mientras te mueves, vas al trabajo, comes o haces cualquier cosa. Si llevas la oscuridad que te ha entrado, todo tu cuerpo estará tan relajado y tan calmado, tan fresco, que se sentirá.

Guía adicional de Osho: Shiva dice: *«Durante una noche oscura y lluviosa, entra en esa negrura como la forma de las formas».*

¿Cómo puedes entrar en la negrura? Hay tres maneras:

Primera: mira fijamente a la negrura. Es difícil. Es fácil mirar fijamente una llama, cualquier fuente de luz, porque está ahí como un objeto, definida; puedes dirigir tu atención hacia ella. La oscuridad no es un objeto, está en todas partes, por todos lados. No puedes verla como un objeto. Mira fijamente el vacío. Está en todas partes, simplemente mírala. Siéntete a gusto y mírala. Empezará a entrar en tus ojos. Y cuando la oscuridad entra en tus ojos, tú estás entrando en ella.

Cuando estés haciendo esta técnica en una noche oscura, permanece con los ojos abiertos. No los cierres porque con los ojos cerrados hay una oscuridad diferente. Esa oscuridad es tuya, es mental, no es real. No es real. En realidad, es una parte negativa, no es oscuridad positiva.

Aquí hay luz, si cierras los ojos puede haber oscuridad, pero esa oscuridad es simplemente el negativo de la luz. Igual que cuando miras por la ventana y luego cierras los ojos aparece una figura en negativo de la ventana. Toda nuestra experiencia es de la luz, de modo que cuando cerramos los ojos, tenemos una experiencia en negativo de la luz que llamamos oscuridad. No es real, no servirá.

Abre los ojos, permanece con ellos abiertos en la oscuridad, y tendrás una oscuridad diferente: la oscuridad positiva que hay ahí. Mírala fijamente. Sigue mirando la oscuridad. Asomarán las lágrimas, se te irritarán los ojos, te dolerán. No te preocupes, continúa. Y en el momento en que la oscuridad, la oscuridad real, entre en tus ojos, te dará una sensación tranquilizadora muy profunda. Cuando la oscuridad real entre en ti, te llenarás de ella.

Y esta entrada de la oscuridad te vaciará de toda la oscuridad negativa. Este es un fenómeno muy profundo. La oscuridad que tienes dentro es una cosa negativa; está en contra de la luz. No es la ausencia de luz, se opone a la luz. No es la oscuridad de la que habla

Shiva como *la forma de todas las formas*: la verdadera oscuridad que está ahí.

Le tenemos tanto miedo que hemos creado muchas fuentes de luz simplemente para protegernos y vivir en un mundo alumbrado. Entonces cerramos los ojos y el mundo alumbrado se refleja negativamente por dentro. Hemos perdido el contacto con la verdadera oscuridad que existe: la oscuridad de los esenios o la oscuridad de Shiva. Hemos perdido el contacto con ella. Le tenemos tanto miedo que la hemos rechazado por completo. Le estamos dando la espalda.

De manera que esto será difícil, pero si lo puedes hacer, es milagroso, es mágico. Tendrás un ser enteramente diferente. Cuando la oscuridad entra en ti, tú entras en ella. Siempre es recíproco, mutuo. No puedes entrar en ningún fenómeno cósmico sin que el fenómeno cósmico entre en ti. No puedes violarlo, no puedes entrar a la fuerza. Solo si estás disponible, abierto, vulnerable, y si das paso a que entre en ti algún fenómeno cósmico, entrarás tú en él. Siempre es recíproco. No puedes forzarlo, solo puedes permitirlo.

Permaneciendo, viviendo con la oscuridad durante tres meses, una hora al día, perderás toda sensación de individualidad, de separación. Entonces no serás una isla, te volverás el océano. Serás uno con la oscuridad. Y la oscuridad es muy oceánica. No hay nada tan inmenso, nada tan eterno, nada que esté tan cerca de ti, ni nada a lo que le tengas tanto miedo y terror. Está a la vuelta de la esquina, siempre esperándote.

Mírala para que entre en tus ojos.

Segunda: túmbate y siente que estás junto a tu madre. La oscuridad es la madre, la madre de todo. Piensa: ¿qué había cuando no había nada? No puedes pensar en otra cosa que en la oscuridad. Si desaparece todo, ¿qué seguirá habiendo ahí? Habrá oscuridad.

La oscuridad es la madre, el útero, así que túmbate y siente que estás en el útero de tu madre. Y se volverá real, se volverá cálido, y tarde o temprano empezarás a sentir que la oscuridad, el útero, te está envolviendo por todas partes. Estás en ella.

Tercera: yendo a trabajar, hablando, comiendo, haciendo cualquier cosa. Lleva contigo la oscuridad que ha entrado en ti.

Y solo con recordar que llevas oscuridad —que estás lleno de oscuridad, que cada poro del cuerpo, cada célula del cuerpo está llena de oscuridad—, te sentirás muy relajado. Pruébalo. Te sentirás muy relajado. Todo en ti irá más despacio. No podrás correr, caminarás, y tu caminar también será más lento. Andarás despacio, como camina una mujer embarazada. Caminarás lentamente, con mucho cuidado. Estás llevando algo.

Y cuando estés llevando una llama te ocurrirá justo lo contrario: andarás más deprisa; más bien, te gustaría correr. Habrá más movimiento, te volverás más activo. Llevando oscuridad estarás relajado. Otros empezarán a pensar que eres perezoso.

Pruébalo. Una de las experiencias más bellas de la vida es llevar oscuridad en tu útero, volverte oscuro. Al andar, al comer, al estar sentado, al hacer cualquier cosa, recuerda que te has llenado de oscuridad, que estás colmado de ella. Y entonces mira cómo cambian las cosas. No podrás acalorarte, no podrás estar muy activo, no te pondrás tenso. Dormirás tan profundamente que los sueños desaparecerán y andarás todo el día como si estuvieras embriagado.

18

Meditaciones en el sonido

El sonido existe, pero el tantra dice que el sonido solo puede existir gracias al silencio, de lo contrario, no habría sonido. El silencio es el antisonido. Así que, siempre que hay sonido, quiere decir que detrás hay silencio. No puede existir sin el silencio porque es la otra cara de la moneda. Si pronuncio una palabra, por ejemplo, «aum», en cuanto la pronuncio, justo detrás de ella está el antifenómeno: la ausencia de sonido. De modo que si usas los sonidos como una técnica para llegar a la ausencia de sonido, entrarás en meditación. Si puedes usar una palabra para ir más allá de las palabras, entrarás en un estado de meditación.

MEDITACIÓN DEVAVANI OSHO

En esta meditación, un idioma suave y desconocido fluye y habla a través del meditador, que se convierte en una vasija vacía.

Esta meditación relaja la mente profundamente y crea paz interna. Puede practicarse a cualquier hora del día. Si se practica como última actividad por la noche, producirá un sueño profundo.

Esta meditación se debe hacer con la música específica de la Meditación Devavani OSHO, que señala y apoya energéticamente las diferentes etapas de la meditación. (Para más detalles, consulta los recursos online al final del libro).

Instrucciones

La meditación dura una hora y tiene cuatro etapas. Mantén los ojos cerrados durante toda la meditación.

PRIMERA ETAPA: 15 MINUTOS

Siéntate en silencio mientras suena la música.

SEGUNDA ETAPA: 15 MINUTOS

Empieza a hacer sonidos sin sentido, por ejemplo, «la... la... la...», y continúa hasta que surjan sonidos desconocidos. Es preciso que estos vengan de la parte inexplorada del cerebro, la que utilizabas de pequeño antes de aprender a usar las palabras. Deja que tengan un tono suave de conversación. No llores, ni chilles, ni rías, ni grites.

TERCERA ETAPA: 15 MINUTOS

Ponte de pie y continúa hablando, permitiendo que tu cuerpo se mueva suavemente en armonía con los sonidos. Si tu cuerpo está relajado, las energías sutiles crearán un Latihan, un movimiento espontáneo y desestructurado fuera de tu control.

CUARTA ETAPA: 15 MINUTOS

Acuéstate; permanece inmóvil y en silencio.

ESCUCHA DESDE EL CORAZÓN

Cuando estás escuchando música, no la escuches con la cabeza. Olvídate de la cabeza y siente que no tienes cabeza, que no hay cabeza en absoluto. Está bien tener en el dormitorio una foto tuya sin la cabeza. Concéntrate en ella: no tienes cabeza, no permitas que entre la cabeza. Mientras estés escuchando música, hazlo desde el corazón. Siente que la música llega a tu corazón, deja que tu corazón vibre con ella. Deja que tus sentidos se unan al corazón, no a la cabeza. Prueba esto con todos los sentidos y siente cada vez más que todos los sentidos van al corazón y se disuelven en él.

AUM

Shiva dice: *«Entona un sonido como aum lentamente. Conforme el sonido entre en la plenitud del sonido, así también tú»*.

Utiliza, por ejemplo, el sonido *aum*. Este es uno de los sonidos básicos. A-U-M: estos tres sonidos están combinados en él. A-U-M son tres sonidos básicos. Todos los sonidos se componen o se derivan de ellos, todos los sonidos son combinaciones de estos tres. Por tanto, estos tres son básicos. Son tan básicos como lo son el electrón, el neutrón y el protón para los físicos. Esto hay que comprenderlo profundamente.

La entonación de un sonido es una ciencia muy sutil. Primero hay que entonarlo en voz alta, hacia fuera, de modo que los demás puedan oírlo. Es bueno empezar en voz alta. ¿Por qué? Porque tú también puedes oír claramente cuando entonas en voz alta, y porque cualquier cosa que digas es para los demás; de hecho, esto se ha convertido en un hábito. Siempre que hablas lo haces para los demás, solo te oyes hablar cuando hablas a los demás. Por tanto, comienza por lo que te es habitual.

Entona el sonido *aum* y, poco a poco, siéntete en sintonía con él. Cuando entones el sonido *aum*, llénate de él. Olvida cualquier otra cosa. Conviértete en el *aum*, conviértete en el sonido. Es muy fácil convertirse en el sonido, porque el sonido vibra a través de tu cuerpo, de tu mente, de todo tu sistema nervioso. Siente la reverberación del *aum*. Entónalo y nota como si todo tu cuerpo estuviera llenándose de él, con cada célula vibrando con él.

Entonar es también «afinarte por dentro». Afínate con el sonido, conviértete en el sonido. Entonces, cuando sientas una profunda armonía entre el sonido y tú, y desarrolles un profundo cariño por él —el sonido *aum* es tan hermoso y musical—, cuanto más lo entones, más lleno te sentirás de una suave dulzura. Hay sonidos que son amargos, hay sonidos que son muy duros. *Aum* es un sonido muy dulce, el más puro. Entónalo y llénate de él.

Cuando empieces a sentirte en armonía con él, podrás dejar de entonarlo en voz alta. Cierra entonces los labios y entónalo hacia dentro, pero también al interiorizarlo hazlo primero en voz alta. Entona hacia dentro, pero tan alto que el sonido se difunda por todo tu cuerpo, que acaricie cada parte, cada célula de tu cuerpo. Te sentirás revitalizado por él, rejuvenecido. Sentirás que una nueva vida entra en ti, porque tu cuerpo es un instrumento musical. Necesita armonía y cuando se rompe la armonía te sientes inquieto.

Por eso te sientes bien cuando escuchas música. ¿Por qué te sientes bien? ¡Qué es la música sino sonidos armónicos! ¿Por qué te sientes tan bien cuando hay música a tu alrededor? ¿Por qué te sientes tan molesto cuando hay caos, ruido? Tú mismo eres profundamente musical. Eres un instrumento en el que las cosas encuentran su eco.

Entona *aum* por dentro y sentirás que todo tu cuerpo baila con ello. Sentirás que todo tu cuerpo está recibiendo un baño purificador, cada uno de tus poros se está limpiando. Pero según vayas sintiéndolo más intensamente, y según vaya penetrando más en ti, vete haciéndolo cada vez más lento, porque cuanto más lento sea el sonido, más profundo llegará. Es como la homeopatía. Cuanto más pequeña sea la dosis, más profundamente penetra. Porque si quieres llegar más profundo, tendrás que ir más sutilmente, cada vez más sutilmente...

Los sonidos rudos, burdos, no pueden entrar en tu corazón. Pueden entrar en tus oídos, pero no en tu corazón. El pasaje es muy estrecho, y el corazón es tan delicado que solo pueden entrar en él los sonidos muy lentos, muy rítmicos, muy atomizados. Y el mantra no está completo a no ser que el sonido entre en tu corazón. El mantra solo está completo cuando el sonido llega a tu corazón, al núcleo más profundo, más central de tu ser. Así que continúa cada vez más despacio, más despacio, más despacio...

Y hay también otras razones para hacer estos sonidos más lentos y más sutiles: cuanto más sutil sea un sonido, más intensa será la conciencia que necesites para sentirlo dentro. Cuanto más burdo sea el sonido, menos necesidad hay de conciencia alguna. Ese sonido tendrá la fuerza suficiente para impactarte, te percatarás de él, pero resultará violento.

Si un sonido es musical, armonioso, sutil, tendrás que escucharlo dentro de ti y tendrás que estar muy alerta para escucharlo. Si no estás alerta, te quedarás dormido y perderás la oportunidad. Ese es el problema de los mantras, de cualquier repetición, de usar los sonidos: nos puede producir sueño. Es un tranquilizante sutil.

Si repites continuamente cualquier sonido sin estar atento a él, te dormirás, porque entonces la repetición se vuelve mecánica. «*Aum, aum, aum...*» se vuelve mecánico, y entonces la repetición produce aburrimiento.

Tendrás que hacer dos cosas: ralentizar el sonido y estar más alerta. Cuanto más sutil se vuelva el sonido, más alerta deberás estar. Para estar más alerta, el sonido tiene que ser cada vez más sutil, y llega un punto en que el sonido entra en la ausencia de sonido o en la plenitud del sonido, y tú entras en la conciencia absoluta. Cuando el sonido entre en la ausencia de sonido o en la plenitud del sonido, tu estado de alerta debe haber llegado a su punto álgido. Cuando el sonido llegue al valle, cuando llegue a su punto más bajo, al centro más profundo del valle, tu estado de alerta habrá llegado a la misma cima, al Everest. Y entonces el sonido se disuelve en ausencia de sonido o plenitud del sonido, y tú te disuelves en la conciencia absoluta.

EL CENTRO DEL SONIDO

Shiva dice: «*Sumérgete en el centro del sonido, como si estuvieras sentado junto al sonido constante de una cascada o con los dedos en los oídos; escucha el sonido de los sonidos*».

Esta técnica puede realizarse de muchas maneras. Una manera es sentarse en cualquier lugar: los sonidos siempre están presentes. Puede ser en un mercado o en un retiro en el Himalaya; los sonidos están ahí, siéntate en silencio. Con el sonido ocurre algo muy especial: siempre que hay sonidos, tú eres el centro, los sonidos te llegan de todas partes, de todas las direcciones.

Con la vista, con los ojos, no ocurre lo mismo. La visión es lineal.

Te veo, entonces hay una línea hacia ti. El sonido es circular, no es lineal. Por tanto, los sonidos llegan en círculos y tú eres el centro. Dondequiera que estés, siempre eres el centro del sonido. Para los sonidos, tú siempre eres Dio», el centro de todo el universo.

Cada sonido viene hacia ti, se mueve hacia ti en círculos.

Esta técnica dice: «*Sumérgete en el centro del sonido*». Donde sea que te encuentres, si estás practicando esta técnica, cierra los ojos y siente el universo repleto de sonidos. Siente como si cada sonido se moviera hacia ti y tú fueras el centro. Incluso esta sensación de ser el centro te dará una paz muy profunda. Todo el universo se convierte en una circunferencia, tú eres el centro y todo se mueve hacia ti, cae hacia ti, «*...como en el sonido constante de una cascada...*».

Si estás sentado junto a una cascada, cierra los ojos y siente el sonido a tu alrededor, cayendo sobre ti, creando un centro en ti desde todos los lados. ¿Por qué este énfasis en la sensación de que estás en el centro? Porque en el centro no hay sonido. El centro carece de sonido alguno, por eso puedes oír los sonidos. De otra forma, no podrías oírlos. Un sonido no puede oír a otro sonido. Tú sí puedes porque en tu centro no hay sonido. El centro es silencio absoluto, por eso puedes oír los sonidos que entran en ti, que llegan hasta ti penetrándote, rodeándote.

Si puedes encontrar el centro, en qué lugar de tu cuerpo está ese espacio al que llega cada sonido, los sonidos desaparecerán de repente y entrarás en la ausencia de sonido. Si puedes encontrar el centro donde todo sonido es escuchado, habrá una súbita transferencia de conciencia. En un momento dado estarás escuchando el mundo entero lleno de sonidos, y un instante después tu conciencia se volverá de pronto hacia dentro y escucharás la ausencia de sonido, el centro del silencio.

Cuando lo hayas escuchado, ningún sonido podrá perturbarte. Te llegará, pero nunca te alcanzará. Te llegará —siempre llega—, pero sin alcanzarte. Hay un punto donde no entra ningún sonido. Ese punto eres tú.

19

El arte de mirar

Cuando miras el cielo lleno de estrellas, de repente te sientes completamente feliz. ¿Qué más puedes pedir? No se puede mejorar. La noche estrellada es impresionante. Ante la puesta de sol, tu corazón deja de latir durante unos instantes. Viendo volar a un pájaro, de repente, tu mente desaparece. Estos son momentos espontáneos meditación.

MIRA SIN PALABRAS

Observa la flor y no digas nada. Será difícil, pues la mente se siente incómoda porque para ella las palabras son una costumbre. Siempre está parloteando. Observa la flor y conviértelo en una meditación. Observa el árbol y no lo nombres, no digas nada. No hay necesidad; el árbol está allí. ¿Para qué decir nada?

Oí una vez que Lao Tzu, uno de los más grandes místicos chinos, solía salir a caminar todas las mañanas. Un vecino acostumbraba a seguirlo, pero sabía que Lao Tzu era un hombre de silencio, por eso le siguió durante años en su caminata matutina sin decir nunca nada. Un día llegó una visita a la casa del vecino, un invitado, y también quiso salir a caminar. El vecino le dijo:

—No digas nada, pues Lao Tzu quiere vivir directamente. ¡No digas nada!

Salieron de paseo, era una mañana tan hermosa, tan silenciosa, los pájaros cantaban, y para no perder la costumbre, el huésped dijo:

—¡Qué bonito!

Solo dijo esto, nada más, para una caminata de una hora, decir «¡Qué bonito!» no es demasiado. Pero Lao Tzu lo miró como si hubiera cometido un pecado.

De vuelta a casa, antes de entrar, Lao Tzu le dijo al vecino:

—¡No vuelvas a venir nunca más! Y no vuelvas a traerme a nadie, este hombre habla demasiado.

Apenas había dicho «¡Qué bonito!», y ya le pareció que hablaba demasiado. Lao Tzu dijo:

—La mañana era maravillosa, había tanto silencio. Este hombre lo ha perturbado todo.

«¡Qué bonito!» cayó como una piedra en un estanque silencioso. «¡Qué bonito!» cayó como una piedra en un estanque silencioso y todo reverberó.

Medita cerca de un árbol, medita con las estrellas, con el río, con el océano, medita en el mercado con la gente paseando. No digas nada, no juzgues, no uses palabras: simplemente observa. Si puedes aclarar tu percepción, si puedes alcanzar la claridad de observación, lo habrás logrado todo. Y una vez que has alcanzado esta claridad, serás capaz de verte a ti mismo.

MIRA CON LOS OJOS VACÍOS

Medita con la luna cada vez más. Siempre que la luna esté en el firmamento, siéntate y mírala, pero con los ojos muy vacíos. Mirando, pero sin concentrarte. Solo mirar sin hacer ningún esfuerzo. ¿Me sigues?

Puedes mirar de dos formas. Una mirada es lo que llamamos atención: te enfocas, y se genera tensión en la mente, como si fueses a disparar con un arco en la diana. Entonces te estás concentrando. Pero eso no es correcto. Mira relajadamente, como si estuvieses mirando por casualidad y la luna estuviera allí.

Mira a la luna con los ojos vacíos.

MIRA POR PRIMERA VEZ

Siempre miramos las cosas con ojos viejos. Cuando llegas a tu casa, la miras sin verla realmente. La conoces, no te hace falta mirarla. Has entrado en ella una y otra vez durante años. Vas hacia la puerta, entras, puede que la abras con la llave. Pero no te hace falta mirar.

Todo este proceso tiene lugar como si fueras un robot, mecánicamente, inconscientemente. Cuando algo va mal, si la llave no encaja en la cerradura, entonces miras la cerradura. Si la llave encaja, nunca la miras. Debido a los hábitos mecánicos de hacer una misma cosa repetidamente, pierdes la capacidad de mirar. En realidad, tus ojos dejan de funcionar, recuérdalo. Te vuelves básicamente ciego porque no te hacen falta los ojos.

Recuerda la última vez que miraste a tu mujer. La última vez que miraste a tu mujer o a tu marido puede que fuera hace años. ¿Cuántos años llevas sin mirarla? Simplemente pasas, echando un vistazo casual, pero sin mirar. Vuelve y mira a tu mujer o a tu marido como si estuvieras mirándola por primera vez. ¿Por qué? Porque si estás mirándola por primera vez, tus ojos se llenarán de frescor. Se llenarán de vida.

Estás andando por la calle y pasa una mujer hermosa. Tus ojos cobran vida, se iluminan. Llega a ellos una luz repentina. Esta mujer puede que sea la esposa de otra persona. Él no la mirará; puede que él esté tan ciego como tú respecto a *tu* mujer. ¿Por qué? Los ojos son necesarios la primera vez, la segunda vez no tanto, y la tercera vez no son necesarios. Después de varias repeticiones te vuelves ciego. Vivimos ciegamente. Sé consciente: cuando te reúnes con tus hijos, ¿los estás mirando? No los estás mirando. Este hábito mata los ojos; los ojos se aburren, solo ven lo viejo una y otra vez. Y, en realidad, nada es viejo, pero tu hábito hace que te lo parezca. Tu mujer no es la misma que ayer, no puede serlo; de lo contrario, sería un milagro. Nada puede ser igual en el momento siguiente. La vida es un flujo, todo está fluyendo, nada es lo mismo.

Nunca volverá a ser el mismo amanecer. Y en un sentido físico el sol tampoco es el mismo. Cada día es nuevo; se han producido cambios básicos. Y el cielo no volverá a ser el mismo; esta mañana no volverá a repetirse. Cada mañana tiene su propia individualidad, y el cielo y los colores no volverán a formar el mismo diseño. Pero tú sigues pasando como si todo fuera simplemente igual.

Dicen que no hay nada nuevo bajo el sol. En realidad, no hay nada viejo bajo el sol. Solo los ojos se vuelven viejos, se acostumbran a las cosas; por eso no hay nada nuevo.

Mira todo lo que te encuentres como si fuera la primera vez. Conviértelo en una actitud constante. Tócalo todo como si fuera la primera vez. ¿Qué sucederá? Si puedes hacerlo, te liberarás de tu pasado. Te liberarás de la carga, del fondo, de la suciedad, de las experiencias acumuladas.

Salte del pasado en cada momento. No permitas que entre en ti, ni cargues con él..., déjalo. Míralo todo como si fuera la primera vez. Esta es una gran técnica para ayudarte a liberarte del pasado. Entonces todo será nuevo. Entonces podrás comprender la máxima de Heráclito que dice que no puedes pisar dos veces el mismo río.

SIENTE LA LUZ VOLVIENDO

El maestro Lu-Tsu dice: *«Cuando se hace que la luz se mueva en círculo, todas las energías del cielo y de la tierra, de la luz y de la oscuridad se cristalizan»*.

Algún día, cuando estés delante de un espejo, prueba un pequeño experimento. Estás mirando al espejo, estás viendo tu propia cara reflejada, tus propios ojos. Esto es extroversión. Estás mirando la cara reflejada, tu propia cara, por supuesto, pero se trata de un objeto que está de fuera de ti. Entonces, por un momento, invierte el proceso. Empieza a sentir que el reflejo que hay en el espejo te está mirando —no es que tú estés mirando el reflejo, sino que el reflejo te está mirando—, y sentirás algo muy extraño. Hazlo durante unos minutos y te sentirás muy vivo, y empezarás a sentir que te entra una energía muy poderosa. Puede que incluso te asustes porque nunca lo has experimentado, nunca has visto el círculo de energía completo.

Al principio es posible que te dé miedo porque nunca lo habías hecho y no lo sabías, te parecerá una locura. Puede que te estremezcas, que tiembles un poco, o que te sientas desorientado, porque hasta ahora tu única orientación ha sido la extroversión.

La introversión hay que aprenderla poco a poco. Pero el círculo está completo. Y si lo haces durante unos días, te sorprenderá lo vivo que te sientes durante todo el día, con solo unos minutos ante el espejo, dejando que la energía vuelva a ti, para que el círculo esté completo. Y siempre que el círculo está completo hay un gran silencio. El círculo incompleto crea inquietud. Cuando el círculo está completo crea descanso, te centra, y estar centrado es ser poderoso. El poder es tuyo.

Esto es solo un experimento, luego puedes probarlo de muchas formas.

Al mirar una rosa, primero mira la rosa unos momentos, unos minutos, y luego empieza el proceso inverso: la rosa te está mirando a ti. Y te sorprenderá cuánta energía te puede dar la rosa. Se puede hacer lo mismo con los árboles y las estrellas, y con la gente. Aunque lo mejor es hacerlo con la mujer o el hombre que amas. Miraos a los ojos. Primero comienza mirando al otro y luego empieza a sentir que el otro te está devolviendo la energía. El regalo está volviendo a ti. Te sentirás lleno de nuevo, te sentirás irradiado, bañado, deleitado en un nuevo tipo de energía. Saldrás de ello rejuvenecido, revitalizado.

20

Meditaciones con el tacto

Siente tu ser. Cuando le toques la mano a alguien, no le toques solo la mano, siente también tu contacto, siéntete también a ti. Siente que estás totalmente presente en este contacto.

TOCAR COMO UNA PLUMA

Shiva dice: *«Al tocar los ojos como una pluma, la levedad entre ellos se abre en el corazón y allí impregna el cosmos»*.

Usa las dos palmas de las manos, ponlas sobre los ojos y deja que toquen los ojos..., pero solo como una pluma, sin hacer ninguna presión. Si presionas, no lo estarás haciendo bien, desaprovecharás toda la técnica. No presiones, simplemente toca como una pluma. Tendrás que calcular porque al principio harás presión. Ejerce cada vez menos presión, hasta que simplemente estés tocando sin hacer presión en absoluto; tus palmas solo tocan los ojos. Solo es un contacto, un toque, porque si hay presión, entonces la técnica no funcionará. Como si fuese una pluma.

¿Por qué? Porque una aguja puede hacer lo que no puede hacer una espada. Si presionas, cambia la cualidad: estarás siendo agresivo. Y la energía que fluye por los ojos es muy sutil: una ligera presión, y empieza a luchar y se crea una resistencia. Si presionas, la energía que fluye por los ojos empezará a resistirse, surgirá una lucha, una pugna. Así que no presiones. Incluso una ligera presión es suficiente para que la energía del ojo juzgue.

Es muy sutil, muy delicada, de modo que no presiones. Que sea como una pluma, que tu palma toque como si no estuviera tocando. Tocar como si no estuviera tocando, sin ninguna presión; solo un toque, una ligera sensación de que la palma está en contacto con el ojo, eso es todo. ¿Qué sucederá? Cuando simplemente estás tocando sin ejercer ninguna presión, la energía empieza a ir hacia dentro. Si presionas, empieza a luchar con la mano, con la palma, y sale hacia fuera. Solo un toque y la energía empieza a ir hacia dentro. La puerta está cerrada; simplemente está cerrada y la energía retrocede. En el momento en que la energía retroceda, sentirás que llega una ligereza a toda tu cara, a tu cabeza. Esta energía que retrocede te hace ligero.

Y justo entre estos dos ojos está el tercer ojo, el ojo de la sabiduría, el *prajna-chakshu*. Justo entre los dos ojos está el tercer ojo. La energía que retrocede de los ojos da en el tercer ojo. Por eso te sientes ligero, levitando, como si no hubiera gravedad. Y del tercer ojo la energía baja al corazón. Es un proceso físico: gotea, gotea y cae..., y experimentarás una sensación de ligereza entrando en tu corazón. Los latidos serán más lentos, la respiración será más lenta. Todo tu cuerpo se relajará.

Incluso aunque no estés entrando en una meditación profunda, esto te ayudará físicamente. En cualquier momento del día, relájate en una silla —o, si no estás en una silla, y vas sentado en un tren—, cierra los ojos, relaja todo tu cuerpo, y entonces coloca sobre los ojos las dos palmas de las manos. Pero no presiones, eso es muy importante. Solo tócalos como si fuera una pluma.

Cuando tocas y no presionas, tus pensamientos cesan inmediatamente. Los pensamientos no pueden moverse en una mente relajada, se detienen. Necesitan frenesí y emoción, necesitan tensión para moverse. Viven gracias a la tensión. Cuando los ojos estén silenciosos, relajados, y la energía esté retrocediendo, los pensamientos se detendrán. Sentirás cierta cualidad de euforia, y esta sensación se volverá más profunda cada día.

Así que practícalo muchas veces al día. Incluso durante un solo momento, tocar será bueno. Cuando sientas que tus ojos están agotados, sin energía, exhaustos —después de leer, de ver una película o la televisión—, siempre que los sientas así, cierra los ojos y tócalos. Inmediatamente se producirá el efecto. Pero si quieres convertirlo en una meditación, entonces hazlo al menos durante 40 minutos.

TOCAR DESDE EL INTERIOR DE TU CUERPO

Solo has visto tu cuerpo desde el exterior. Has visto tu cuerpo en un espejo o te has visto las manos desde fuera. No sabes cómo es el interior de tu cuerpo. Nunca has entrado en tu propio ser, nunca has estado en el centro de tu cuerpo y de tu ser para ver lo que hay por dentro.

Esta técnica es muy útil para mirar desde dentro, y eso transforma toda tu conciencia, toda tu existencia, porque si puedes mirar desde dentro, inmediatamente te puedes diferenciar del cuerpo.

Cierra los ojos, observa detalladamente tu ser interno y pasa de una extremidad a otra. Vete al dedo del pie. Olvídate del resto del cuerpo, vete al dedo del pie. Permanece allí y echa una ojeada. Luego pasa por las piernas, sigue hacia arriba hasta alcanzar todas las extremidades. Y ocurrirán muchas cosas. ¡*Muchas* cosas!

De pronto, tu cuerpo se convierte en un vehículo muy sensible, ni siquiera te lo puedes imaginar. Entonces, cuando toques a alguien, estarás completamente centrado en tu mano y ese contacto se volverá transformador.

SIENTE EL TACTO

Al practicar estar técnicas, la primera dificultad que surge es tu desconocimiento de lo que es sentir. Intenta cultivarlo. Cuando toques algo, cierra los ojos y no pienses, siente. Por ejemplo, si tomo tu mano en la mía y te digo: «Siente lo que está sucediendo», inmediatamente dirás: «Tu mano está en la mía». Pero eso no es sentir, sino pensar.

Entonces te vuelvo a decir: «Siente, no pienses». Y tú dices: «Estás expresando tu amor». Eso también es pensar. Si vuelvo a insistir: «Simplemente siente, no uses la cabeza. ¿Qué estás sintiendo ahora mismo?». Solo entonces serás capaz de sentir y decir: «La calidez». Porque el amor es una conclusión. «Tu mano está en la mía» es un pensamiento centrado en la cabeza.

La sensación real es que de mi mano a la tuya o de tu mano a la mía está fluyendo una cierta calidez. Nuestras energías vitales se están uniendo y el punto de contacto se ha calentado, se ha vuelto cálido. Esta es la sensación, la impresión, lo real. Pero estamos continuamente en la cabeza. Se ha vuelto un hábito, nos han educado para ello. De modo que tendrás que volver a abrir tu corazón.

Intenta vivir con sensaciones. Algunas veces, durante el día, cuando no estés ocupándote de ningún asunto en particular..., porque, mientras trabajas, al principio será difícil vivir sintiendo. La cabeza ha demostrado ser muy eficiente para trabajar y no puedes estar supeditado a lo que sientes. Cuando estás en casa jugando con tus hijos, la cabeza no es necesaria, eso no es un trabajo, pero cuando estás ahí también estás con la cabeza. Jugando con tus hijos o sentado con tu mujer, o sin hacer nada, relajado en una silla, siente. Siente la textura de la silla.

Tu mano está tocando la silla: ¿cómo la sientes? El aire está soplando, la brisa está entrando. Te toca. ¿Qué sientes? Llegan olores de la cocina. ¿Qué sientes? Simplemente siéntelos, no pienses en ellos. No empieces a cavilar que este olor revela que se está preparando algo en la cocina..., porque a continuación empezarás a soñar despierto. No, simplemente siente lo que hay. Quédate con lo que está pasando, no te vayas al pensamiento.

TOCAR DESDE EL CORAZÓN

Cuando tocas a alguien, si eres una persona orientada al corazón, esa sensación va inmediatamente a tu corazón y puedes sentir su cualidad. Si tomas la mano de una persona orientada a la cabeza, su mano estará fría y no solo fría, sino que su propia cualidad será fría. La mano estará como muerta, le faltará vida. Si la persona está orientada al corazón, hay una cierta calidez, su mano se fundirá realmente contigo. Sentirás algo que fluye de su mano hacia ti, y habrá un encuentro, una comunicación de calidez.

Esta calidez viene del corazón, nunca puede venir de la cabeza, porque la cabeza siempre es fría, gélida, calculadora. El corazón es cálido, no es calculador. La cabeza siempre piensa en cómo conseguir más, mientras que el corazón siempre siente cómo dar más. Esa calidez es simplemente una voluntad de dar: dar energía, vibraciones internas, vida. Si la persona te abraza realmente, te fundirás profundamente con ella.

¡Toca! Cierra los ojos y toca cualquier cosa. Toca a tu amada o a tu amante, toca a tu hijo o a tu madre o a tu amigo, o toca un árbol o una flor, o simplemente toca la tierra. Cierra los ojos y siente una comunicación de tu corazón con la tierra o con tu amada. Siente que tu mano es simplemente tu corazón que se extiende para tocar la tierra. Deja que la sensación del tacto se vincule al corazón.

Deja que tu amor sea un estado de tu ser. No es que te enamores, sino que eres amoroso. Es tu propia naturaleza. El amor, para ti, es solo la fragancia de tu ser. Incluso si estás solo, estás rodeado de una atmósfera amorosa. Incluso si tocas algo inerte, como una silla, tu mano está rebosando amor, no importa hacia quién.

21

Encontrar el espacio interior

Cuando tu espacio interior está completamente vacío de basura —palabras, pensamientos, memorias, deseos, sueños, imaginaciones—, cuando todos se han marchado y simplemente estás ahí, en silencio, experimentando esta inmensa nada, ese es el momento en el que sientes la dicha por primera vez.

ENTRA EN EL CIELO CLARO

Medita sobre el cielo: un cielo de verano sin nubes, infinitamente limpio y vacío, sin nada moviéndose, en su total virginidad. Contémplalo, medita sobre él y entra en esa claridad. Conviértete en esa claridad, esa claridad semejante al espacio.

Si meditas sobre el cielo abierto, sin nubes, de pronto notarás que la mente está desapareciendo, que la mente está cesando. Habrá momentos. De pronto tomarás conciencia, como si el cielo claro hubiese entrado también dentro de ti. Habrá intervalos. En ese momento cesarán los pensamientos, como si se hubiera detenido el tráfico y no se moviera ningún vehículo.

Al principio solo durará unos momentos, pero incluso esos momentos son transformadores. Poco a poco, la mente irá más despacio, aparecerán intervalos más grandes. Durante unos minutos seguidos no habrá ningún pensamiento, ninguna nube. Y cuando no *hay* ningún pensamiento, ninguna nube, el cielo externo y el interno se vuelven uno, porque solo el pensamiento es la barrera, solo el pensamiento crea el muro; lo externo es externo y lo interno es interno solo debido al pensamiento. Cuando no hay pensamiento, lo externo y lo interno pierden sus lindes, se vuelven uno. En realidad, las lindes nunca existieron. Surgieron debido al pensamiento, a la barrera.

Meditar sobre el cielo es hermoso. Solo tienes que tumbarte para que te olvides de la tierra. Acuéstate de espaldas en cualquier playa solitaria o en el campo, y simplemente mira al cielo. Un cielo claro, sin nubes, infinito, te ayudará. Simplemente mira, mira fijamente al cielo, siente su claridad, lo despejado que está, su amplitud sin límites, y entonces entra en esa claridad, hazte totalmente uno con ella. Siente como si te hubieras convertido en el cielo, en el espacio.

Primero entras tú en el cielo y luego el cielo entra en ti. Se produce un encuentro: el cielo interno se une al cielo externo. En ese encuentro hay realización. En ese encuentro no hay mente porque el encuentro solo puede ocurrir cuando la mente no está presente. En ese encuentro, por primera vez no eres tu mente. No hay confusión. La confusión no puede existir sin la mente. No hay desdicha porque la desdicha tampoco puede existir sin la mente.

Esta técnica —contemplar la claridad del cielo y hacerse uno con ella— es una de las más practicadas. Muchas tradiciones la han utilizado y resulta particularmente útil para la mente moderna, porque no queda nada en la tierra sobre lo que meditar, solo el cielo. Si miras a tu alrededor, todo es artificial, todo está limitado, tiene fronteras, límites. Afortunadamente todavía permanece abierto el cielo para meditar sobre él.

Prueba esta técnica, te ayudará, pero recuerda tres cosas. En primer lugar: no parpadees, mantén la mirada fija. Aunque te duelan los ojos y las lágrimas empiecen a brotar, no te preocupes. Incluso esas lágrimas serán parte de la descarga; serán beneficiosas, refrescarán tus ojos, los harán más inocentes. Continúa mirando fijamente.

El segundo punto: recuerda que no debes pensar en el cielo. Es posible que empieces a pensar en el cielo (por ejemplo, tal vez empieces a recordar muchos poemas, poemas hermosos sobre el cielo), pero entonces te perderás lo más importante. No tienes que pensar en él: tienes que entrar en él, tienes que hacerte uno con él; porque si empiezas a pensar en él, crearás de nuevo una barrera. Te estarás perdiendo el cielo otra vez y de nuevo te encerraras en tu propia mente. No pienses en el cielo. Sé el cielo. Mira fijamente, muévete hacia el cielo y deja que el cielo se mueva hacia ti. Si te mueves hacia el cielo, el cielo se moverá hacia ti de inmediato.

¿Cómo puedes hacerlo? ¿Cómo harás este movimiento hacia el cielo? Simplemente sigue mirando fijamente, cada vez más lejos. Sigue mirando fijamente, como si estuvieras intentando encontrar el límite. Ve hasta el fondo. Ve tan lejos como puedas. Este movimiento romperá la barrera. Este método deberá practicarse al menos durante 40 minutos, menos de eso no servirá, no servirá de mucho.

Cuando realmente sientas que te has convertido en uno con él, entonces puedes cerrar los ojos. Cuando el cielo haya entrado en ti, puedes cerrar los ojos. Serás capaz de verlo dentro de ti también. Por tanto, después de 40 minutos, cuando sientas que se ha producido la unidad y hay una comunión, que te has hecho parte de él y no existe la mente, cierra los ojos y permanece con el cielo dentro de ti.

La claridad ayudará al tercer punto: entra en esa claridad. La claridad ayudará: el cielo sin contaminar, sin nubes. Simplemente sé consciente de la claridad que hay a tu alrededor. No pienses en ella; solo sé consciente de la claridad, la pureza, la inocencia. Estas palabras no son para que las repitas. Tienes que sentirlas en vez de pensarlas. Y una vez que mires el cielo, la sensación acudirá a ti, porque no te corresponde imaginar estas cosas: están ahí. Si miras, empezarán a ocurrirte.

Pero ¿qué puedes hacer si no es verano? Si el cielo está nublado, si no está claro, entonces cierra los ojos y entra en el cielo interno. Simplemente ciérralos, y si ves algunos pensamientos, haz como si fueran nubes flotando en el cielo. Sé consciente del fondo, el cielo, y muéstrate indiferente a los pensamientos.

INCLÚYELO TODO

Sentado en meditación, inclúyelo todo: tu cuerpo, tu mente, tu respiración, tu pensamiento, tu conocimiento, todo. Inclúyelo todo. No dividas, no crees ninguna fragmentación. Normalmente fragmentamos, siempre estamos segmentando. Decimos: «Yo no soy el cuerpo». Hay otras técnicas que también pueden usarlo, pero esta técnica es completamente distinta, más bien lo opuesto.

No dividas. No digas: «No soy el cuerpo». No digas: «No soy la respiración». No digas: «No soy la mente». Solo di: «Soy todo», y sé todo. No crees ninguna fragmentación dentro de ti. Se trata de una sensación. Con los ojos cerrados incluye dentro de ti todo lo que existe. No te centres en ninguna parte, permanece sin centro. La respiración entra y sale, el pensamiento viene y se va. La forma de tu cuerpo irá cambiando. No has reparado en esto.

Si te sientas con los ojos cerrados, notarás que tu cuerpo a veces es grande y a veces pequeño; en ocasiones es muy pesado, otras es ligero, como si pudieras volar. Puedes sentir este aumento y disminución de la forma. Cierra los ojos y siéntate, y unas veces sentirás que tu cuerpo es muy grande, llegando a llenar toda la habitación, y que otras veces es tan pequeño que es microscópico. ¿Por qué cambia de forma? La forma del cuerpo cambia según lo hace tu atención. Si eres inclusivo, se volverá grande; si eres excluyente —«esto no soy yo, esto no soy yo»—, entonces se volverá diminuto, muy pequeño, microscópico.

Incluye todo en tu ser y no descartes nada. No digas: «Esto no soy yo». Di: «Yo soy», e incluye todo. Si puedes hacer esto sentado, maravilloso, te ocurrirán acontecimientos totalmente nuevos. Sentirás que no hay ningún centro, que no hay ningún centro dentro de ti y, si no hay un centro, no habrá ningún yo, no habrá ningún ego; solo permanecerá la conciencia, la conciencia que abarca todo como un cielo. Y cuando crece esta conciencia, no solo incluirá tu respiración, sino también tu propia forma; y al final incluirá dentro de ti a todo el universo.

El punto básico es recordar el incluir. No excluyas. Esta es la clave de esta técnica: incluir. Incluye y crece. Incluye y expándete. Inténtalo con tu cuerpo y después inténtalo también con el mundo exterior.

Sentado debajo de un árbol, mira al árbol, cierra los ojos y siente que el árbol está dentro de ti. Mira al cielo, cierra los ojos y siente que el cielo está dentro de ti. Mira al sol naciente, cierra los ojos y siente cómo el sol nace dentro de ti. Siéntete más inclusivo.

Tendrás una experiencia formidable. Cuando sientas que el árbol está dentro de ti, inmediatamente te sentirás más joven, más fresco. Esto no es pura imaginación, porque el árbol y tú pertenecéis a la tierra. Ambos estáis enraizados en la misma tierra y, en último término, enraizados en la misma existencia. Por tanto, cuando sientas que el árbol está dentro de ti, el árbol estará dentro de ti —no es imaginación—, y sentirás el efecto inmediatamente. Sentirás en tu corazón la viveza del árbol, el verdor, la frescura, la brisa que pasa a través de él. Incluye cada vez más partes de la existencia, no excluyas.

Así que recuerda lo siguiente: haz del incluir un estilo de vida, no solo una meditación, sino un estilo de vida, una forma de vivir. Intenta incluir cada vez más. Cuanto más incluyas, más te expandes, más retroceden los límites a los mismísimos rincones de la existencia. Un día solo existirás tú, habrás incluido a toda la existencia. De todas las experiencias religiosas esta es la máxima.

SIENTE LA AUSENCIA DE LAS COSAS

Patanjali dice: «*Al alcanzar la suprema pureza del estado de nirvichara samadhi, la luz espiritual empieza a alborear*».

Tu ser más interior es de la naturaleza de la luz. La conciencia es luz, la conciencia es la única luz. Existes de forma muy inconsciente; haces cosas sin saber por qué; deseas cosas sin saber por qué; pides cosas sin saber por qué; deambulas en un sueño inconsciente. Sois todos sonámbulos. El sonambulismo es la única enfermedad espiritual: caminar y vivir dormido. Sé más consciente.

Empieza siendo consciente de los objetos. Observa las cosas con mayor atención. Al pasar junto a un árbol, observa el árbol con más atención. Detente por un instante, mira el árbol, frótate los ojos, obsérvalo con más atención. Centra tu atención: observa el árbol y percibe la diferencia. De repente, cuando estás atento, el árbol es diferente: es más verde, está más vivo, es más hermoso. El árbol es el mismo, solo tú has cambiado. Mira una flor como si toda tu existencia dependiera de esa mirada. Concentra toda tu atención en la flor, y de repente la flor se transfigurará, se volverá más radiante, más luminosa. Tiene algo de la gloria de lo eterno, como si lo eterno hubiera entrado en lo temporal bajo la forma de una flor.

Observa con atención el rostro de tu marido, de tu mujer, de tu amigo, de aquel que amas. Medita sobre él y de repente verás no solo el cuerpo, sino también aquello que está más allá del cuerpo, aquello que surge de este. Existe un aura alrededor del cuerpo, un aura espiritual. El rostro del amado ha dejado de ser el rostro de tu amado, el rostro del amado se ha convertido en el rostro de lo divino. Observa a tu hijo. Observa con plena atención, con plena conciencia cómo juega, y de repente el objeto se habrá transfigurado.

Empieza con los objetos y muévete hacia objetos cada vez más sutiles. Por ejemplo, un pájaro cantando en un árbol. Mantente alerta como si en ese instante solo existierais tú y la canción del pájaro; el resto no existe, no importa. Focaliza tu ser en la canción del pájaro y verás la diferencia. El ruido del tráfico deja de existir, o existe en la periferia de la existencia, muy lejano, distante, y el pajarillo y su canción colman tu ser por completo. Solo tú y el pájaro existís. Entonces, cuando la canción se ha acabado, escucha la ausencia de la canción. Entonces el objeto se vuelve sutil porque...

Recuerda que cuando se acaba una canción siempre deja tras de sí una cierta cualidad en la atmósfera: la de la ausencia. La atmósfera deja de ser la misma. La atmósfera ha cambiado completamente porque la canción existía y después desapareció. La ausencia de la canción... Obsérvala; la existencia entera está llena de la ausencia de la canción. Y eso es más hermoso que cualquier canción porque es la canción del silencio. Una canción utiliza el sonido, y cuando el sonido desaparece, la ausencia utiliza el silencio. Y después de que haya cantado un pájaro, el silencio es más profundo. Si eres capaz de observarlo, si puedes permanecer alerta, estarás entonces meditando sobre un objeto sutil, *muy* sutil.

Una persona pasa a tu lado, una persona muy bella; obsérvala. Y cuando haya desaparecido, ahora observa su ausencia; ha dejado algo tras de sí. Su energía ha cambiado la habitación; ya no es la misma habitación.

Si tienes buen olfato... Muy poca gente lo tiene, la humanidad ha perdido casi completamente el olfato. Los animales tienen mejor olfato, mucho más sensitivo, mucho más fino que el del hombre. Algo le ha sucedido al olfato humano, algo ha ido mal, muy poca gente tiene un olfato fino. Pero si tú lo tienes, entonces acércate a una flor, deja que su olor te llene. Y poco a poco ve alejándote de la flor, muy lentamente, pero continúa prestando atención a su aroma, a su perfume. A medida que te alejes, el perfume se irá volviendo cada vez más sutil y necesitarás prestar más atención para percibirlo. Conviértete en el olfato. Olvídate de todo el cuerpo, concentra toda tu energía como si solo existiese el olfato. Y si poco a poco dejas de percibir el perfume, vuelve a acercarte a la flor. Vuelve a sentir la fragancia; a continuación, retrocede, aléjate. Poco a poco serás capaz de oler una flor desde una gran distancia. Nadie será capaz de oler esa flor desde allí. Y continúa alejándote. Estás convirtiendo al objeto en algo muy sutil de una forma muy simple.

Y llegará un momento en el que no serás capaz de oler su perfume; entonces huele su ausencia. Donde hacía solo un instante estaba el perfume, ahora este ha desaparecido. Esa es la otra parte de su ser, la parte ausente, la parte oscura. Si eres capaz de oler la ausencia del aroma, si lo percibes, date cuenta de que es algo distinto, *es* distinto. Entonces el objeto se ha vuelto muy sutil.

Puedes probarlo con el incienso. Quema incienso, medita sobre él, siéntelo, huélelo, imprégnate de él, y entonces aléjate, sepárate de él. Y continúa, continúa meditando sobre él, deja que vaya haciéndose cada vez más sutil. Llegará un momento en el que podrás percibir que falta algo. Entonces habrás alcanzado una conciencia muy profunda.

«Al alcanzar la suprema pureza del estado de nirvichara samadhi, la luz espiritual empieza a alborear». Pero cuando el objeto desaparece por completo, cuando la presencia del objeto desaparece y la ausencia del objeto desaparece, cuando el pensamiento desaparece y desaparece la ausencia de pensamiento, cuando la mente desaparece y desaparece la idea de la no-mente, solo en ese momento has alcanzado lo supremo.

Este es el instante en el que, de repente, la gracia desciende sobre ti. Este es el momento en el que llueven las flores. Este es el momento en el que estás conectado con la fuente de la vida y del ser.

BAMBÚ HUECO

Tilopa dice: *«Descansa cómodo en tu cuerpo, como un bambú hueco»*.

Este es uno de los métodos especiales de Tilopa. Cada maestro tiene su propio método especial por el que ha llegado y con el que le gustaría ayudar a los demás. Esta es la especialidad de Tilopa: *Descansa cómodo en tu cuerpo, como un bambú hueco.*

Un bambú está completamente hueco por dentro. Cuando descanses, percíbete como un bambú hueco en tu interior. Y, de hecho, es así: tu cuerpo es como un bambú, está hueco por dentro. Tu piel, tus huesos, tu sangre..., todo forma parte del bambú, y en su interior solo hay espacio, vacío.

Cuando te sientes con la boca cerrada, inactivo, con la lengua inmóvil tocando el paladar, en silencio, quieto sin pensamientos, con la mente observando pasivamente, sin esperar nada en particular, siéntete como un bambú hueco, y, de súbito, una energía infinita empezará a llenarte. Lo desconocido, lo misterioso, lo divino, entrará en ti. El bambú hueco se transforma en flauta y lo divino empieza a tocarla. Una vez que estás vacío, no hay ninguna barrera que le impida a lo divino entrar en ti.

Pruébalo. Es una de las meditaciones más hermosas: convertirte en un bambú hueco. No tienes que hacer nada más. Simplemente conviértete en un bambú. Lo demás sucederá por sí solo. De repente, sentirás que algo está descendiendo en tu vacío. Serás como un útero en el que está descendiendo una nueva vida, en el que se está sembrando una semilla. Y llegará el momento en que el bambú desaparezca por completo.

22

Vaciar la mente

La paz mental no existe.

La única paz que existe es cuando no hay mente. Cuando solo hay un observador y no hay nada que observar, de repente, todo se calma y se tranquiliza.

Cuando desaparece la mente, desaparecen los pensamientos. No es que te vuelvas irreflexivo, al contrario, te vuelves consciente. Buda utiliza millones de veces la expresión «conciencia correcta». Cuando desaparece la mente y desaparecen los pensamientos, te vuelves consciente. Haces cosas —te mueves, trabajas, comes, duermes—, pero siempre estás consciente. La mente no está ahí, pero la conciencia plena está ahí. ¿Y qué es la conciencia plena? Es estar atento. Es estar completamente atento.

MEDITACIÓN GIBBERISH OSHO

El gibberish es una de las formas más científicas de limpiar la mente. Es una técnica catártica que alienta el uso de sonidos expresivos y movimientos corporales, seguidos de una profunda fusión o una relajación silenciosa.

Instrucciones

La meditación dura 30 minutos y tiene dos etapas. Durante la segunda etapa se dan dos opciones y puedes escoger la que mejor se adapte a ese momento.

PRIMERA ETAPA: 15 MINUTOS

A solas o en grupo, cierra los ojos y comienza a decir todo lo que hay dentro de ti que necesites expresar, todo aquello que siempre quisiste decir y no has sido capaz por culpa de la civilización, de la cultura, de la sociedad. Hazlo con totalidad, con entusiasmo. Saca todo lo que esté dando vueltas en tu mente, pero evita usar un idioma que conozcas. Si no sabes chino, ¡dilo en chino! Si no sabes japonés, dilo en japonés. No utilices el alemán si sabes alemán.

Saca toda tu locura en forma de disparates, gibberish, sonidos, gestos. Simplemente expresa todo lo que te venga a la mente sin preocuparte de que sea lógico, razonable, que tenga sentido o importancia. Por primera vez, siéntete libre como un pájaro.

La mente siempre piensa con palabras. El gibberish te ayudará a romper este patrón de verbalización constante. No te preocupes de si es árabe, hebreo o chino, puedes hablar en cualquier idioma que no conozcas. Solo tienes que evitar hablar en un idioma conocido, porque con un idioma conocido serás incapaz de expresar tonterías. El gibberish te permite expresar tus pensamientos sin reprimirlos. Permite igualmente que tu cuerpo se exprese.

Sé sincero, hazlo de verdad. Vuélvete loco.

SEGUNDA ETAPA: 15 MINUTOS – PRIMERA OPCIÓN

Túmbate bocabajo y siente cómo te fundes con la madre Tierra. Siente, con cada exhalación, cómo te fundes con el suelo que tienes debajo.

SEGUNDA ETAPA: 15 MINUTOS – SEGUNDA OPCIÓN

Relájate en silencio; siéntate con los ojos cerrados y observa el cielo interno.

NOTA: Para una mayor comprensión del gibberish, véase también el apartado «No-Mente OSHO» en el capítulo 11: «Terapias Meditativas OSHO» y el punto «A: Gibberish» del capítulo 10: «Meditación Encuentro del Atardecer OSHO».

Guía adicional de Osho: Me estoy dirigiendo al ser humano contemporáneo, que es el ser más inquieto que ha habido nunca sobre la Tierra. Pero la gente sí llega al silencio, solo hay que dejarles sacar su locura, su demencia, entonces ellos solos llegarán al silencio.

Todo el mundo debería aprender gibberish. Si pudieras sentarte en tu habitación durante una hora y hablar en voz alta, a nadie en particular, el mundo se convertiría en un sitio más sano. Al principio te parecerá una locura. ¡Y lo es! Pero disipará gran parte del calor y la presión, y al cabo de una hora te sentirás sumamente tranquilo.

Resulta inhumano tratar de imponer tu gibberish a otras personas, porque *puedes* obligarles a escucharte. Les estás poniendo en un aprieto porque todo lo que les has dicho empezará a dar vueltas en su cabeza y entonces tendrán que buscar a otra persona, y la cadena continuará. De esta forma, un problema que se podría haber resuelto, ¡se convierte en un problema mundial! Tal vez tú ya no estés, pero el gibberish que has puesto en la cabeza de otras personas seguirá circulando durante siglos. No hay manera de pararlo; no podrás terminar con ello.

Si quieres sacar tu basura, por favor, asegúrate de que no se la estés echando a nadie encima. La gente ya tiene la suya y es demasiado, no le añadas nada más.

Si quieres, puedes irte al río y hablar con él. El río no te escucha, así que no pasa nada, no se volverá loco. Puedes hablarle a un árbol, puedes hablarles a las estrellas, puedes hablarles a las paredes, todo eso está bien. Y si te parece que es demasiada locura, escríbelo. Empieza a hacer un diario y escribe todo lo que quieras.

Tienes que librarte de tu presión, pero no debería entrar en el ser de otra persona, de lo contrario, estarías siendo violento. Y si la gente aprende algo tan sencillo, el mundo se convertirá en un sitio más saludable.

SACAR COSAS FUERA

Patanjali dice: *«Al expulsar el aliento y retenerlo, alternativamente, la mente también se calma»*.

Cuando sientas que tu mente no está tranquila, que está tensa, preocupada, parlanchina, inquieta, soñando constantemente, haz una cosa: primero exhala profundamente. Empieza siempre exhalando. Hazlo tan profundamente como puedas, expulsa todo el aire. Al expulsar el aire, expulsarás también ese estado de ánimo, porque la respiración lo es todo.

Expulsa todo el aire que puedas. Comprime el vientre y aguanta unos segundos sin inhalar. Deja que salga todo el aire y durante unos cuantos segundos no inhales. Luego deja que el cuerpo inhale. Inhala profundamente, todo lo que puedas. Vuelve a detenerte unos segundos. Deberías retener el aire el mismo intervalo de tiempo que al exhalar. Si retienes la exhalación durante tres segundos, retén la inhalación durante tres segundos. Expulsa y retén durante tres segundos; inhala y retén durante tres segundos. Pero tienes que expulsar todo el aire. Exhala totalmente e inhala totalmente, y aplica un ritmo a este proceso. Retén, y después inhala; retén, y después exhala. Retén, hacia dentro; retén, hacia fuera. Notarás que inmediatamente se extiende un cambio por todo tu ser. El malestar habrá desaparecido, y habrá cambiado tu estado de ánimo.

CÓMO DEJAR DE PENSAR

El pensamiento no se puede parar. No es que no se pare, sino que no lo puedes parar. Se para espontáneamente. Hay que entender esta diferencia, si no te volverás loco tratando de perseguir a tu mente.

La no-mente no surge deteniendo el pensamiento. Cuando ya no hay pensamiento, está la no-mente. El esfuerzo mismo para detenerlo creará más ansiedad, creará un conflicto, te dividirá. Dentro de ti habrá una confusión constante. Esto no te va a ayudar.

E incluso si consigues pararla a la fuerza durante unos momentos, no habrás conseguido nada, porque esos breves instantes estarán casi muertos, no estarán vivos. Podrías sentir una especie de tranquilidad, pero no será silencio porque una tranquilidad forzada no es silencio. Por debajo, en lo profundo de tu inconsciente, la mente reprimida continuará funcionando.

Por eso no hay forma de parar la mente. Pero la mente se para; de eso no hay ninguna duda. Se para ella sola.

Entonces, ¿qué puedes hacer? Es una pregunta importante. Observa, no trates de pararla. No hace falta actuar de ninguna manera contra la mente. En primer lugar, ¿quién lo va a hacer? Será la mente luchando consigo misma. Dividirás a la mente en dos: la parte más fuerte estará encima, tratando de imponerse, tratando de acabar con la otra parte, lo que supondrá un absurdo. Es un juego ridículo. Te podría enloquecer. No trates de parar la mente o el pensamiento, simplemente obsérvala, permítela. Dale total libertad. Déjala correr todo lo que quiera. No trates de controlarla de ninguna manera. Solo sé un testigo. Es maravilloso.

La mente es uno de los mecanismos más maravillosos. La ciencia no ha sido capaz todavía de crear nada parecido. La mente continúa siendo una obra maestra. Es tan complicada, tan tremendamente poderosa, tiene tanto potencial... ¡Obsérvala! ¡Disfrútala!

Y no la mires como a un enemigo, porque si miras a la mente como a un enemigo, no la podrás observar. Entonces ya tendrás prejuicios, ya te habrás puesto en contra. Habrás decidido que le pasa algo la mente, habrás llegado a una conclusión. Y siempre que miras a alguien como a un enemigo, dejas de mirarlo profundamente, dejas de mirarlo a los ojos. Lo estás evitando.

Observar la mente quiere decir mirarla con profundo amor, con profundo respeto, con reverencia. Es un regalo que te ha hecho la existencia. La mente en sí no tiene ningún problema. El pensamiento en sí no tiene ningún problema. Es un proceso maravilloso, como lo son otros procesos. Las nubes recorriendo el cielo son preciosas, ¿por qué no pueden serlo los pensamientos que recorren el cielo interno? Las flores que salen en los árboles son preciosas, ¿por qué no lo son los pensamientos que florecen en tu ser? El río que fluye hacia el mar es maravilloso, ¿por qué no lo es la corriente de pensamientos que fluye hacia un destino desconocido? ¿No es maravilloso?

Mira con profunda reverencia. No seas un luchador, sé un amante. Observa los tenues matices de la mente, los giros repentinos, los bellos giros, los saltos y los brincos; los incesables juegos de la mente, los sueños que teje, la imaginación, la memoria; las mil y una proyecciones que crea. ¡Observa! De pie, alejado, distante, sin implicarte, y, poco a poco, comenzarás a sentir...

Cuanto más profunda se vuelva tu observación, cuanto más profunda se vuelva tu conciencia, comenzarán a aparecer pausas, intervalos. Un pensamiento se va y, antes de que llegue el siguiente, hay una pausa. Pasa una nube y, antes de que llegue otra, hay una pausa.

En esas pausas, tendrás, por primera vez, destellos de la no-mente, vivirás una experiencia de la no-mente. Llámalo una experiencia del zen, del tao o del yoga. En esos pequeños intervalos, de repente, el cielo está limpio y brilla el sol. De repente, el mundo está lleno de misterios porque han caído todas las barreras. Has dejado de tener una cortina delante de los ojos. Puedes ver con claridad, puedes ver de una forma penetrante. La existencia entera se ha vuelto transparente.

Al principio serán momentos aislados, pocos y muy distantes, pero te darán un vislumbre de lo que es el *samadhi*. Pequeños embalses de conciencia.., llegarán y se irán. Ahora ya sabes que estás en el camino correcto y volverás a observar.

Cuando pasa un pensamiento, lo observas; cuando pasa un intervalo, lo observas. Las nubes son bellas, el sol también lo es. Ya no eliges. Ya no tienes una mente fija, no dices: «Solo querría que hubiera intervalos». Eso es estúpido, porque cuando te apegas, y quieres solo los intervalos, te has vuelto a posicionar en contra del pensamiento. Y entonces esos intervalos desaparecerán. Solo ocurren cuando estás muy alejado y distante. Suceden, no pueden ser provocados. Ocurren, no puedes obligarles a que sucedan. Son sucesos espontáneos.

Continúa observando. Deja que los pensamientos vengan y se vayan a donde quieran ir. ¡Todo está bien! No trates de manipularlos ni de dirigirlos. Deja que los pensamientos se muevan con total libertad. Y entonces habrá intervalos más amplios. Serás bendecido con pequeños *satoris*. En ocasiones, habrá algunos minutos sin un solo pensamiento, no habrá tráfico: un silencio total, sin interrupciones.

23

Gestionando tus emociones

Fíjate cómo sube y cómo baja el termómetro de tus emociones. Observa cómo sube y cómo baja. Una persona te insulta, mientras otra te pone un collar de flores en el cuello. Observa los vaivenes que esto te produce. Cuando los insultos y las flores dejan de alterarte, y el termómetro no cambia, entonces habrás encontrado el equilibrio.

EXAGERA

Durante toda tu vida nunca has podido ir más allá de un punto en nada. Te enfadas, pero solo hasta un punto. Estás triste, pero solo hasta un punto. Estás feliz, pero solo hasta un punto. Existe una línea sutil que nunca has traspasado. Todo se detiene en ese punto. Se ha convertido en algo casi automático, en el momento que alcanzas esa línea, inmediatamente te desconectas. Eso es lo que le han enseñado a todo el mundo: puedes enfadarte hasta un cierto punto, pero sin pasar de ahí porque podría ser peligroso. Puedes ser feliz hasta un cierto punto, pero sin pasar de ahí porque la felicidad puede hacerte enloquecer. Puedes estar triste, pero solo hasta un determinado punto, sin pasar de ahí, porque más podría resultar suicida.

Esto es lo que te han enseñado, y ahora hay una muralla china en torno a ti y a todos los demás. Nunca vas más allá. Ese es tu único espacio, tu única libertad, por eso, cuando comienzas a ser feliz, dichoso, la Muralla China se interpone. De modo que tienes que ser consciente de ella.

Empieza a hacer un experimento que te ayudará muchísimo. Se llama el método de la exageración. Es uno de los métodos tibetanos más antiguos. Si te sientes triste, cierra los ojos y exagera la tristeza. Entra en ella todo lo que puedas, ve más allá del límite. Si quieres gemir y llorar, hazlo. Si sientes ganas de rodar por el suelo, hazlo, pero ve más allá del límite habitual, hasta donde no hayas llegado nunca.

Exagera, porque ese límite, esa limitación constante en la que has vivido, se ha convertido en una rutina y, a menos que vayas más allá, nunca serás consciente de ella, forma parte de tu mente habitual. Por eso, aunque te enfades, no te harás consciente a menos que vayas más allá del límite. Entonces, de repente, te haces consciente porque está sucediendo algo que no había pasado antes.

Hazlo con la tristeza, con la rabia, con los celos, con cualquier sentimiento que tengas en este momento, especialmente con la felicidad. Cuando te sientas feliz, no creas en los límites. Salte corriendo de los límites: baila, canta, corre, no seas tacaño. Una vez que hayas aprendido a traspasar los límites, a trascenderlos, vivirás en un mundo completamente diferente. Entonces te darás cuenta de lo mucho que te has estado perdiendo durante toda tu vida.

ACEPTA EL DESAFÍO

El único problema con la tristeza, con la desesperanza, con la ira, con la desesperación, con la preocupación, con la angustia, con el sufrimiento, es que quieres deshacerte de ellos. Esa es la única barrera.

Tendrás que vivir con ellos. No podrás escaparte. Son justamente el marco en donde la vida se tiene que integrar y desarrollar. Son los retos de la vida. Acéptalos. Son bendiciones disfrazadas. El problema surge cuando quieres escapar de ellos, cuando, de algún modo, quieres liberarte de ellos. Debido a que quieres desembarazarte de algo, nunca lo observas directamente. Y luego eso empieza a ocultarse de ti porque lo condenas y se va desplazando más y más hacia el inconsciente, se esconde en el rincón más profundo de tu ser donde nunca podrás encontrarlo. Penetra en los sótanos de tu ser y se oculta ahí. Desde luego, cuanto más profundo penetra, más problemas crea, porque entonces empieza a funcionar desde puntos desconocidos de tu ser y tú estás totalmente indefenso.

Por eso lo primero es no reprimir. Lo primero es que sientas lo que tengas que sentir. Acéptalo y déjalo ser, déjalo que aparezca ante ti. En realidad no es suficiente decir «no reprimas». Si me lo permites, te diría: «Hazte su amigo». ¿Sientes tristeza? Hazte amigo de ella, ten compasión por ella. La tristeza también posee un ser. Permítela, abrázala, siéntate con ella, estrecha sus manos. Sé amistoso. Quiérela. ¡La tristeza es hermosa! No hay nada malo en ella. ¿Quién te dijo que había algo de malo en estar triste? En realidad, solamente la tristeza te aporta profundidad. La risa es superficial; la felicidad es superficial. La tristeza penetra hasta los mismos huesos, hasta la médula. Nada llega tan profundo como la tristeza.

De modo que no te preocupes. Permanece con ella y la tristeza te llevará a tu centro más profundo. Si te dejas llevar por ella, conocerás nuevas cosas sobre tu ser, cosas que no sabías. Esas cosas solamente pueden revelarse en un estado de tristeza, nunca pueden ser reveladas en un estado de felicidad. La oscuridad también es buena y la oscuridad también es divina. No solamente el día es de Dios, la noche también es suya. A esa actitud yo la llamo religiosa.

COMPRENDER LA INFELICIDAD, EL DOLOR Y EL SUFRIMIENTO

Es muy difícil librarnos del dolor, la infelicidad y el sufrimiento por la sencilla razón de que han sido nuestros compañeros durante toda nuestra vida. No tienes otros amigos en el mundo excepto ellos.

Es más fácil sentir dolor, estar abatido y sufrir, que estar totalmente solo, porque hay remedios: puedes conseguir calmantes, puedes conseguir medicinas y escapar del sufrimiento. Puedes enredarte en todo tipo de estupideces para olvidar tu sufrimiento. Pero no te servirá de nada porque ningún calmante ninguna droga, ninguna estupidez te va a ayudar a escapar de tu soledad.

La sensación de soledad es tan profunda que todos esos métodos superficiales no la pueden alcanzar, no la pueden tocar. Por eso es tan complicado librarte de estos amigos que tienes. Son tu mundo, son tu familia.

Te has hecho adicto a tu dolor, a tu infelicidad, a tu sufrimiento. En realidad, no te quieres librar de ellos. Sigues preguntando cómo librarte de ellos, pero seguir preguntando cómo librarte de ellos es también una estrategia de la mente.

¿Te has preguntado alguna vez con sinceridad si *quieres* librarte de ellos? ¿Estás dispuesto a vivir sin toda la infelicidad, el dolor y el sufrimiento que has estado cargando desde siempre? ¿Estarías dispuesto a quedarte solo sin estos compañeros de largo recorrido que te han acompañado en las buenas y en las malas y que nunca te han abandonado?

Cuando todo el mundo te abandonó, ellos han seguido contigo. Te han seguido como una sombra; de alguna forma han sido un consuelo. Te resultará muy chocante escuchar cuando te digo que, de alguna forma, han sido un consuelo para ti. Decir esto implica muchas cosas.

Tu sufrimiento te convierte en alguien especial. Sin tu sufrimiento no eres nadie. ¿Quién eres? Ni siquiera tendrás de qué hablar con nadie. Estarás perdido; ¿de qué vas a hablar?

El sufrimiento, la desgracia, el dolor, son creaciones tuyas. Esa es también una de las razones por las que no te puedes librar de ellas. Tú las has creado, son tus hijos. Mira a la gente cuando habla de su sufrimiento, observa sus rostros, observa sus ojos y te sorprenderás. ¿Están hablando de su sufrimiento o se están jactando? Cuando hablan de su sufrimiento sus caras están radiantes. Y recuerda que lo sabes porque tú también haces lo mismo. Tú siempre exageras tu dolor, tu sufrimiento, tu desgracia, lo agrandas todo lo que puedes. ¿Por qué? Si es algo de lo que te quieres librar, ¿por qué lo magnificas? Porque te gusta.

No te puedes librar de tu infelicidad por la sencilla razón de que no tienes ninguna otra cosa a la que aferrarte. Te quedarás vacío, y nadie quiere sentirse vacío. La gente se engaña a sí misma de todas las maneras posibles.

He visitado zonas en las que la gente estaba hambrienta, famélica, no tenían comida. Les pregunté: «¿Cómo conseguís dormir si no tenéis nada de comer?». Si no has comido, no puedes dormir. De hecho, para realizar una de las funciones más básicas, que es digerir el alimento, hace falta dormir. De ese modo, el resto de las actividades se detienen para que toda tu energía se dedique a la digestión. Pero cuando no tienes ningún alimento en el estómago, el sueño se complica.

Yo he ayunado, por eso lo sé. Después de un día de ayuno, te pasas la noche entera dando vueltas en la cama, pensando en el día siguiente y en comida deliciosa. Y cuando tienes hambre, cualquier cosa te parece deliciosa, pero no puedes dormir. «¿Cómo conseguís dormir?», les pregunté.

Contestaron: «Bebemos mucha agua para llenarnos la tripa y engañar al cuerpo, y con esto nos dormimos». Saben perfectamente que están haciendo trampa, porque el agua no es un alimento. El cuerpo está pidiendo alimento, y ellos le dan agua porque es lo único que tienen. Pero por lo menos llenan el estómago con algo, y así no está vacío.

En lo que se refiere a tu vacío psicológico pasa lo mismo: cualquier cosa servirá. *La nada* no es aceptable para ti. Y mientras no sea aceptable, no estarás listo para librarte del dolor, la desdicha y el sufrimiento.

En el momento que lo entiendes, ya no tendrás que sacar, eliminar o librarte de ningún dolor. La comprensión simplemente te limpia.

Después te podrás reír, pero no es una acción. Te podrás echar una buena carcajada porque verás lo estúpido que has sido. Has estado tratando de librarte de cosas que solo tenías que entender, y esa misma comprensión se ha convertido en tu liberación.

No hace falta ninguna otra acción sino comprender.

RENUNCIA A LA INFELICIDAD

Siempre que tienes tiempo, que no estás ocupado, de repente tu vacío interior comienza a hacerse evidente y te asustas. Es como un abismo en el que tienes miedo a caer. Agárrate a algo, si no hay nada más a lo que aferrarse, invéntate algo.

Es por esto que la gente está dispuesta a aferrarse incluso a su infelicidad; nadie está dispuesto a renunciar a su infelicidad fácilmente. Todos sus problemas se pueden reducir a uno: el apego a su infelicidad. Para ellos resulta muy complicado renunciar a su infelicidad porque sus infelicidades los mantienen ocupados. Sus infelicidades les ayudan a evitarse a sí mismos y su oquedad, su vacío, su falta de sentido. Sus desgracias no son sino una manera de escaparse. Por supuesto, esas desgracias les hacen daño, por eso hablan de cómo librarse de ellas, pero no pueden renunciar a ellas porque eso significaría quedarse vacíos.

De modo que están atados por un doble vínculo: no quieren ser infelices y al mismo tiempo no pueden renunciar a su infelicidad. Recuerda que la infelicidad no está aferrada a ti, eres tú el que está aferrado a ella.

Solo puedes renunciar a tu infelicidad cuando empieza a despuntar en ti un significado interno. La infelicidad solo se puede abandonar cuando comienza a florecer en ti la meditación, porque empiezas a disfrutar de tu vacío, que ya no está vacío. El vacío comienza a tener una fragancia positiva, deja de ser negativa. Esa es la magia de la meditación, que transforma tu vacío en una plenitud positiva, en algo inmenso. El vacío se convierte en silencio, el vacío se convierte en paz; el vacío se convierte en algo glorioso, se convierte en divinidad.

No hay mayor magia que la meditación. El milagro de la meditación es transformar lo negativo en positivo, transformar la oscuridad en luz. Transformar a una persona temblorosa en un espíritu sin miedo, transformar a una persona que estaba aferrándose a cualquier estupidez en alguien sin apegos, en alguien no posesivo, esto es lo que sucede a través de la meditación.

24

Dejarse llevar, la muerte y el morir

Aprende a danzar externamente, como una preparación o una disciplina para que puedas danzar internamente. Es un estado de ánimo, una atmósfera; la danza es una atmósfera, no tiene nada que ver con la actividad de danzar. Es un ambiente, un borboteo interno de gozo, una pulsación de gozo interno. Solo podrás atravesar esa parte que te resulta tan difícil de atravesar, en esa barca. De otra forma te escapas. En el momento en que te enfrentas con tu vacío interno, te escapas, te asustas terriblemente. Por eso hay tanta gente que no piensa nunca en sí misma. Piensan en el mundo entero, se preocupan por el mundo entero, pero nunca piensan en sí mismos, porque ese punto parece tocar una herida interna. Tienen miedo.

No tengas miedo. Está bien que existan las cosas, puedes sacarle provecho, pero no es suficiente. A no ser que aprendas a hacer que el vacío también te sirva, no habrás aprendido el arte, el arte de vivir. Si solo sabes vivir, solo conoces la mitad del arte de vivir, pero si también sabes morir, entonces conocerás el arte completo. Y el arte completo te hará entero.

DEJA IR EL PASADO

Estás recordando cualquier incidente de tu pasado. Tu infancia, tus aventuras amorosas, la muerte de tu padre o de tu madre..., cualquier cosa. Míralo, pero no te involucres en ello. Recuérdalo como si estuvieras recordando la vida de otra persona. Y cuando ese incidente se vuelva a proyectar, cuando aparezca de nuevo en la pantalla, estate atento, consciente, sé un testigo, permanece distante. Tu forma pasada estará en la película, en la historia.

Si estás recordando tu historia de amor, tu primera historia de amor, estarás ahí con la persona a la que amaste; tu forma pasada estará ahí con ella. Si no, no podrás recordarlo. Mantente desapegado también de tu forma pasada. Observa todo el fenómeno como si fuera otro el que estuviese amando, como si todo el asunto no te incumbiera. Solo eres un testigo, un observador.

COMPLETA EL DÍA

Cuando digo que abandones el pasado, quiero decir que a partir de este momento va a ser un ejercicio diario. Cada noche antes de dormirte, termina el día. Está terminado en la existencia, es inútil seguir cargando con él en la mente. Simplemente, termina con él. Despídete de él.

Si algo ha quedado incompleto durante el día, será difícil terminarlo. Complétalo, complétalo en la mente. Estabas andando por la calle y viste una mujer hermosa y querías abrazarla. Ahora ya no lo puedes hacer, algo ha quedado incompleto. Antes de irte a la cama repasa todo el día y fíjate en lo que ha quedado incompleto. Complétalo psicológicamente: abrázala. Revive ese momento, abrázala en tu mente, dale las gracias y despídete. No lo dejes incompleto. Solo cargamos con los momentos incompletos; se quedan colgando porque todas las experiencias quieren completarse.

En todas las cosas existe un mecanismo intrínseco que las empuja a completarse. Una semilla quiere convertirse en un árbol, un niño quiere pasar a ser un joven, el fruto inmaduro quiere madurar, y así con todo. Todo se quiere completar a sí mismo, tiene una necesidad inherente por completarse. Y esto es así con cada experiencia.

Querías golpear a alguien, pero no era factible, no era práctico. Te habría costado demasiado y no estabas dispuesto a perder tanto. Hazlo antes de acostarte. Emplea media hora cada noche, y esa será tu meditación: ir terminando las cosas. Empieza por la mañana y termina todo lo que haya quedado incompleto. Te sorprenderá ver que puede completarse. Y una vez que lo hayas completado, te quedarás dormido.

EXPERIMENTA LA MUERTE

Cuando una rosa se marchita por la tarde, cuando sus pétalos se están cayendo, siéntate y medita. Siente como si fueras una flor cuyos pétalos se están cayendo. Por la mañana temprano, cuando salga el sol y se oculten las estrellas, siente como si tú estuvieras desapareciendo con ellas. Y cuando el sol ya haya salido y las gotas de rocío comiencen a evaporarse de las briznas de hierba, siente que te evaporas como ellas. Siente la muerte de todas las maneras posibles. Conviértete en una gran experiencia de muerte.

DEJA QUE LA MUERTE PAREZCA UN PROFUNDO DESCANSO

Shiva dice: *«Concéntrate en un fuego que ascienda desde los dedos de los pies, hasta que el cuerpo sea cenizas, pero tú no»*.

Cuando te estás muriendo, no puedes inspirar. El último acto no puede ser la inspiración; el último acto será la espiración. El primer acto es la inspiración y el último es la espiración. La inspiración es el nacimiento y la espiración, la muerte. Pero estás haciendo ambas en todo momento: inspirando, espirando. La inspiración es vida; la espiración es muerte.

Puede que no lo hayas observado, pero intenta hacerlo. Cuando espiras, estás más en paz. Espira profundamente y sentirás cierta paz dentro de ti. Cuando inspiras te pones tenso. La intensidad misma de la inspiración crea una tensión. Y el énfasis normal, corriente, se pone siempre en la inspiración. Si te digo que respires hondamente, empezarás siempre con la inspiración.

En realidad, nos da miedo espirar. Por eso la respiración se ha vuelto superficial. Nunca espiras, sigues inspirando. Solo el cuerpo sigue espirando, porque el cuerpo no puede existir solo con la inspiración. Necesita ambas: la vida y la muerte.

Haz un experimento. Durante todo el día, siempre que te acuerdes, espira profundamente y no inspires. Deja que inspire el cuerpo y tú simplemente espira profundamente. Y sentirás una gran paz porque la muerte es paz, la paz es silencio. Y si puedes prestar atención, más atención a la espiración, te sentirás sin ego. Con la inspiración te sentirás más egoísta; con la espiración te sentirás con menos ego. Presta más atención a la espiración. Todo el día, siempre que te acuerdes, espira profundamente y no inspires. Deja que inspire el cuerpo y tú no hagas nada.

Este énfasis en la espiración te ayudará muchísimo a hacer este experimento porque estarás listo para morir. Esta disposición es necesaria, de lo contrario, la técnica no servirá de mucho. Y solo puedes estar listo si, de alguna forma, has conocido la muerte. Espira profundamente y tendrás una muestra de ella. Es bella.

La muerte es bella porque no hay nada, tan silencioso, tan relajante, tan calmado, tan sereno, como la muerte. Pero la muerte nos da miedo. ¿Y por qué ocurre esto? ¿Por qué hay tanto miedo a la muerte? Le tenemos miedo a la muerte debido, no a la muerte, sino a que no la conocemos. ¿Cómo puedes tener miedo a algo con lo que nunca te has topado? ¿Cómo puedes tener miedo a algo que no conoces? Al menos debes conocerlo para tenerle miedo. De modo que, en realidad, no le tienes miedo a la muerte, lo que sientes es miedo a otra cosa. Nunca has vivido realmente: eso crea el miedo a la muerte.

El miedo llega porque no estás viviendo, así que tienes miedo: «Aún no he vivido, y si sucede la muerte, entonces ¿qué? Moriré insatisfecho, sin haber vivido». El miedo a la muerte solo les llega a los que no están realmente vivos. Si estás vivo, le darás la bienvenida a la muerte. Entonces no hay miedo. Has conocido la vida y ahora querrás conocer también la muerte. Pero le tenemos tanto miedo a la vida misma que no la hemos conocido, no hemos entrado de lleno en ella. Eso crea el miedo a la muerte.

Si quieres introducirte en esta técnica, debes ser consciente de este miedo profundo. Y este miedo profundo debe ser descartado, purgado... Solo entonces puedes adentrarte en la técnica. Esto ayudará: presta más atención a la espiración. Y en realidad, si puedes poner toda tu atención en la espiración y olvidarte de la inspiración..., no tengas miedo de morirte; no te morirás: el cuerpo inspirará por sí solo. No necesitas interferir. Entonces una relajación muy profunda se extenderá por toda tu conciencia. Te sentirás relajado todo el día, y se creará un silencio interior.

Puedes hacer que esta sensación sea más honda si haces otro experimento. Durante solo 15 minutos al día, espira profundamente. Siéntate en una silla o en el suelo, espira profundamente y, mientras estés espirando, cierra los ojos. Cuando el aire salga, tú entra. Y después deja que inspire el cuerpo; cuando entre el aire, abre los ojos y sal. Es justo lo opuesto: cuando el aire sale, tú entras; cuando el aire entra, tú sales. Cuando espiras, se crea un espacio dentro porque la respiración es vida.

Cuando espiras profundamente, estás vacío, la vida ha salido. En cierto modo, estás muerto; por un momento lo estás. En ese silencio de la muerte, entra en ti. El aire está saliendo: cierra los ojos y entra en ti. Hay espacio y puedes hacerlo fácilmente.

Antes de llevar a cabo esta técnica, haz esto durante 15 minutos para estar listo; no solo listo, sino receptivo, dando la bienvenida. No hay miedo a la muerte, porque ahora la muerte parece una relajación, la muerte parece un descanso profundo.

La muerte no parece antagónica a la vida, sino su fuente misma, su energía misma. La vida es como ondas en la superficie de un lago, y la muerte es el lago. Cuando no hay ondas, el lago sigue ahí. Y el lago puede existir sin las ondas, pero las ondas no pueden existir sin el lago. La vida no puede existir sin la muerte. La muerte puede existir sin la vida porque es la fuente. Entonces puedes hacer esta técnica. *Concéntrate en un fuego que asciende por tu forma desde los dedos de los pies...*

Túmbate. Primero imagínate a ti mismo muerto; el cuerpo es como un cadáver. Túmbate y, a continuación, lleva tu atención a los dedos de los pies. Con los ojos cerrados, entra en ti. Dirige tu atención a los dedos de los pies y siente que el fuego está ascendiendo desde ahí, todo se está quemando. Según asciende el fuego, tu cuerpo va desapareciendo. Empieza por los dedos de los pies y luego sube.

¿Por qué empezar desde los dedos de los pies? Así será más fácil, pues los dedos de los pies están muy lejos de tu yo, de tu ego. Tu ego existe en la cabeza. No puedes empezar en la cabeza, será muy difícil; así que empieza en el punto más distante. Los dedos de los pies son el punto más distante del ego. Empieza el fuego ahí. Siente que los dedos de los pies se están quemando, solo quedan cenizas, y luego sube lentamente, quemando todo lo que encuentra el fuego. Todas las partes —las piernas, los muslos— desaparecerán.

Y sigue viendo que se han convertido en cenizas. El fuego está ascendiendo y las partes por las que ha pasado ya no están, se han vuelto cenizas. Sigue subiendo y finalmente desaparece la cabeza. Todo se ha convertido en cenizas..., el polvo ha vuelto al polvo...; *hasta que el cuerpo se convierta en cenizas, pero tú no.*

Tú permanecerás como alguien que mira desde una colina. El cuerpo estará ahí —muerto, quemado, cenizas— y tú serás quien lo observa, tú serás el testigo. Este testigo no tiene ego.

25

Meditaciones con el tercer ojo

Esta es una de las contribuciones de Oriente al mundo: la comprensión de que entre nuestros dos ojos hay un tercer ojo interno que normalmente permanece inactivo.

Uno tiene que esforzarse y llevar toda su energía sexual hacia arriba, en contra de la gravedad, y cuando la energía alcanza el tercer ojo, este se abre. Se han intentado muchos métodos para conseguirlo, ya que cuando se abre, de pronto hay un destello de luz y las cosas que nunca han estado claras para ti de pronto se vuelven claras.

Cuando pongo tanto énfasis en observar, en atestiguar..., este es el método más refinado para poner a funcionar el tercer ojo porque se trata de un observar hacia dentro. Nuestros dos ojos no pueden utilizarse para ello, solamente pueden mirar hacia fuera; tienen que estar cerrados. Y cuando intentas mirar dentro de ti, eso desde luego quiere decir que hay algo como un ojo que ve. ¿Quién ve tus pensamientos? No son estos dos ojos. ¿Quién ve que la ira está surgiendo en ti? A ese lugar de visión se le denomina simbólicamente «el tercer ojo».

MEDITACIÓN GOURISHANKAR OSHO

Osho dice que si se hace correctamente la respiración en la primera etapa, el dióxido de carbono del torrente sanguíneo hará que te sientas tan alto como el Gourishankar, el monte Everest. Esta «sensación de elevación» debe incorporarse a las siguientes etapas de mirar suave, movimiento espontáneo e inmovilidad silenciosa.

Esta meditación se debe hacer con la música específica de la Meditación Gourishankar OSHO, que señala y apoya energéticamente las diferentes etapas de la meditación. (Consulta más detalles en recursos online al final del libro).

Instrucciones

La meditación dura una hora y tiene cuatro etapas.

PRIMERA ETAPA: 15 MINUTOS

Siéntate con los ojos cerrados. Inspira profundamente por la nariz llenando los pulmones. Contén la respiración todo el tiempo que puedas, entonces espira suavemente por la boca y mantén los pulmones vacíos todo el tiempo que puedas. Continúa con este ritmo respiratorio durante toda la primera etapa.

Segunda etapa: 15 minutos

Vuelve a la respiración normal y, con una mirada suave, observa una luz azul intermitente o la llama de una vela. Mantén el cuerpo inmóvil.

TERCERA ETAPA: 15 MINUTOS

Con los ojos cerrados, ponte de pie y deja que tu cuerpo esté suelto y receptivo. Sentirás que las energías sutiles moverán el cuerpo fuera de tu control normal. Permite que ocurra este Latihan. No hagas tú el movimiento, deja que el movimiento suceda suave y elegantemente.

CUARTA ETAPA: 15 MINUTOS

Acuéstate con los ojos cerrados, inmóvil y en silencio.

Nota 1: Las personas con enfermedades neurológicas tales como la epilepsia no deberían utilizar nunca una luz estroboscópica o de flash para esta meditación. No obstante, pueden hacer la segunda fase con los ojos tapados.

Nota 2: La música de la segunda fase de esta meditación tiene un ritmo siete veces superior al ritmo normal del corazón. Si es posible, la luz de flash debería ser una luz estroboscópica sincronizada a una frecuencia de 490 parpadeos por minuto aproximadamente. Si no se dispone de una luz estroboscópica, puede utilizarse una vela.

MEDITACIÓN MANDALA OSHO

Todos los círculos contienen un centro. En las tres primeras etapas de esta energética y poderosa técnica el objetivo es centrarte a través de la creación de un círculo de energía. Entonces, en la cuarta etapa viene la relajación.

Esta meditación se debe hacer con la música específica de la Meditación Mandala OSHO, que señala y apoya energéticamente las diferentes etapas de la meditación. (Consulta más detalles en recursos online al final del libro).

Instrucciones

La meditación dura una hora y tiene cuatro etapas.

PRIMERA ETAPA: 15 MINUTOS

Con los ojos abiertos, empieza a correr sin moverte del sitio elevando las rodillas todo lo que puedas. Respira de forma profunda y uniforme. Sigue corriendo. Esto hará que se mueva la energía en tu interior.

SEGUNDA ETAPA: 15 MINUTOS

Siéntate con los ojos cerrados y la boca abierta y relajada. Suavemente, mece el cuerpo desde las caderas como si fueras un junco movido por el viento. Siente el viento moviéndote de un lado a otro, de atrás hacia delante u oscilando en círculos. Esto reunirá tus energías despiertas en el centro del ombligo.

TERCERA ETAPA: 15 MINUTOS

Túmbate de espaldas, abre los ojos y, con la cabeza quieta, gira los ojos en el sentido de las agujas del reloj. Haz un barrido completo de la cavidad del ojo, como si estuvieras siguiendo la segunda manecilla de un inmenso reloj. Empieza poco a poco, pero gradualmente gíralos tan deprisa como puedas. Es importante que la boca permanezca abierta con la mandíbula relajada y que la respiración sea suave y uniforme. Esto centrará tus energías en el tercer ojo.

CUARTA ETAPA: 15 MINUTOS

Cierra los ojos y permanece sin moverte.

NOTA: En la primera fase existe una alternativa para las personas que tengan demasiadas dificultades para correr. Esa alternativa es pedalear. Túmbate sobre la espalda, con las caderas sobre el suelo, y mueve las piernas como si estuvieses pedaleando. Es una alternativa que puede servir para suplir la carrera.

ENCONTRAR EL TESTIGO

Shiva dice: «*Con la atención entre las cejas, deja que la mente esté delante del pensamiento. Que la forma se llene con esencia de la respiración hasta la coronilla y que allí se desborde como luz*».

Esta es la técnica que le fue dada a Pitágoras. Pitágoras se la llevó a Grecia con él. Él fue el origen, la verdadera fuente del misticismo occidental. Él es el padre del misticismo de Occidente.

Esta técnica es uno de los métodos más profundos. Trata de entender: *Con la atención entre las cejas*... La ciencia médica moderna, la investigación científica, dice que entre las cejas se encuentra una glándula que resulta ser la parte más misteriosa del cuerpo. Esta glándula, llamada la glándula pineal, es el tercer ojo de los tibetanos: el *Shivanetra* del tantra, el ojo de Shiva. Entre los dos ojos existe un tercer ojo, pero normalmente no funciona. Tienes que hacer algo para abrirlo. No está ciego; simplemente está cerrado. Esta técnica es para abrir el tercer ojo.

Cierra los ojos, luego enfoca ambos ojos justo en medio de las dos cejas. Enfoca exactamente en el medio, con los ojos cerrados, como si estuvieras mirando con tus dos ojos. Presta total atención.

Este es uno de los métodos más simples para estar atento. No puedes estar atento a ninguna otra parte del cuerpo tan fácilmente. Esta glándula absorbe la atención como ninguna otra. Si le prestas atención, tus dos ojos se hipnotizan con el tercer ojo. Se quedan fijos; no pueden moverse. Si tratas de estar atento a cualquier otra parte del cuerpo, es difícil. Este tercer ojo capta la atención, fuerza la atención; es un imán para la atención. Por eso, todos los métodos del mundo lo han utilizado. Es la forma más simple de entrenar la atención porque no es solo tu intento de estar atento, la glándula en sí misma te ayuda, es magnética. Tu atención se ve forzosamente atraída hacia ella, es absorbida.

Pero cuando estás centrado en el tercer ojo, de pronto te conviertes en un testigo. A través del tercer ojo te conviertes en el testigo. A través del tercer ojo puedes ver los pensamientos pasando como nubes en el cielo o como gente que pasa por la calle.

Estás sentado junto a la ventana mirando al cielo o a la gente de la calle; no estás identificado. Te mantienes distante, como quien observa desde una colina, diferente. Si hay ira, puedes mirarla como a un objeto. Ya no sientes que *tú* estás enfadado. Sientes que estás rodeado de ira —una nube de ira ha llegado a ti—, pero no eres la ira. Y si no eres la ira, la ira se vuelve impotente, no puede afectarte, permaneces imperturbable. La ira vendrá una y otra vez, pero tú permanecerás centrado en ti mismo.

Cuando la atención está centrada en el centro del tercer ojo, entre las dos cejas, suceden dos cosas. Una es que, de pronto, te vuelves un testigo.

Esto puede suceder de dos maneras: si te vuelves un testigo, estarás centrado en el tercer ojo. Intenta ser un testigo. No importa lo que esté pasando, intenta ser un testigo. Estás enfermo, el cuerpo está lleno de dolor, eres infeliz y estás sufriendo, sea lo que sea, sé un testigo de ello. Independientemente de lo que esté pasando, no te identifiques. Sé un testigo, un observador. Entonces, si consigues ser un testigo, es que estás centrado en el tercer ojo.

Esto también sucede a la inversa. Si te centras en el tercer ojo, te vuelves un testigo. Estas dos cosas son parte de un mismo fenómeno. Así que lo primero es que si te centras en el tercer ojo, surgirá el testigo. Ahora puedes presenciar tus pensamientos. Esta es la primera.

Y la segunda es que ahora puedes sentir la vibración, sutil y delicada, de la respiración. Ahora puedes sentir cómo estás respirando, la esencia misma de la respiración.

MIRARSE LA PUNTA DE LA NARIZ

Lu-Tsu dice: *«Uno debería mirarse la punta de la nariz»*.

¿Por qué? Porque esto ayuda, te alinea con el tercer ojo. Cuando los dos ojos están fijos en la punta de la nariz, esto provoca muchas cosas. Lo primordial es que tu tercer ojo está exactamente en línea con la punta de la nariz, solo está unos centímetros por encima, pero en la misma línea. Y cuando estás en línea con el tercer ojo, la atracción de este, la fuerza, el magnetismo es tan grande que, si te has alineado con el tercer ojo, este tirará de ti incluso contra tu voluntad. Tienes que estar exactamente en línea con él para que la atracción, la gravitación del tercer ojo, empiece a funcionar. Cuando estés exactamente en línea con él, no habrá necesidad de hacer ningún esfuerzo. De pronto notarás que ha cambiado la Gestalt porque los dos ojos crean la dualidad del mundo y el pensamiento, y el tercer ojo, que se encuentra entre esos dos ojos, crea los lapsos. Este es un método sencillo para cambiar la Gestalt.

Uno debería mirarse la punta de la nariz. Pero esto no significa que uno deba fijar sus pensamientos en la punta de la nariz. Así es como la mente puede distorsionarlo. La mente puede decir: «Muy bien, mírate la punta de la nariz. Piensa en la punta de la nariz, concéntrate en ella». Si te concentras demasiado en la punta de la nariz te lo perderás porque, para que el tercer ojo pueda atraerte, tienes que estar ahí, en la punta de la nariz, pero muy relajado. Si estás demasiado concentrado en la punta de la nariz —arraigado, enfocado, fijo en ese—, el tercer ojo no podrá llevarte hacia adentro porque nunca ha funcionado antes. Al principio su atracción no puede ser muy grande. Poco a poco va aumentando cada vez más. En cuanto empieza a funcionar y el polvo que ha ido acumulando desaparece con el uso, y el mecanismo suena bien, entonces, aunque estés fijado en la punta de la nariz, serás atraído hacia adentro..., pero no al principio. Tienes que hacerlo con mucha delicadeza, sin presión, sin tensión, sin tirantez. Simplemente tienes que estar ahí, presente, dejándote llevar.

Lu-Tsu dice: *«La punta de la nariz solo se puede ver correctamente cuando los párpados se bajan hasta la mitad. Por tanto, esto se toma como guía. Lo más importante es bajar los párpados correctamente, y luego dejar que la luz entre por sí sola».*

Es fundamental recordar que no tienes que atraer la luz hacia dentro, no tienes que forzar su entrada. Cuando abres la ventana, la luz entra ella sola; cuando abres la puerta, la luz entra a raudales. No tienes que hacer que entre, no tienes que empujarla hacia dentro, no tienes que tirar de ella. ¿Y cómo vas a tirar de la luz? ¿Cómo vas a empujar la luz? Lo único que hace falta es que estés abierto y vulnerable a ella.

Y eso es justo lo que sucede cuando te estás mirando la punta de la nariz. Cuando miras sin concentrarte, cuando miras sin ninguna carga, sin ninguna tensión, de repente se abre la ventana del tercer ojo y la luz empieza a entrar a raudales. La luz que, hasta ahora, siempre ha estado saliendo, empieza a entrar y se completa el círculo.

Este círculo hace que el hombre sea perfecto. Este círculo hace que el hombre esté absolutamente descansado, relajado.

Este círculo hace al hombre completo y sagrado. Ya no está dividido.

26

Simplemente sentado

Simplemente estás ahí sentado, sin hacer nada. Todo es silencio, todo es paz, todo es una bendición. Te has adentrado en lo divino, te has adentrado en la verdad.

ZAZEN

Instrucciones

Siéntate cómodamente frente a una pared lisa, más o menos a la distancia de tus brazos extendidos. Los ojos deben estar medio abiertos permitiendo que la mirada descanse suavemente sobre la pared. Como alternativa también te puedes sentar delante de un jardín o mirando al cielo, en cualquier lugar donde no haya demasiado movimiento. Mantén la espalda recta y apoya una mano sobre la otra con los pulgares tocándose formando un óvalo. Permanece tan quieto como te sea posible durante 30 minutos. A continuación, si quieres, puedes caminar un poco y sentarte de nuevo.

Mientras estés sentado, permite una atención no selectiva,

sin dirigirla a nada en concreto, manteniéndote tan receptivo y tan alerta como te sea posible en cada momento.

Guía adicional de Osho: Los seguidores del zen dicen: «Simplemente siéntate y no hagas nada». Lo más difícil del mundo es estar sentado sin hacer nada. Pero cuando le hayas cogido el truco, si continúas sentándote sin hacer nada unas horas al día durante unos cuantos meses, poco a poco, sucederán muchas cosas. Te dará sueño, soñarás. Tu mente se llenará de pensamientos y de cosas. La mente dirá: «¿Por qué estás perdiendo el tiempo? Podrías haber estado ganando dinero. Al menos podrías haber ido al cine, haberlo pasado bien o haberte relajado charlando. O haber visto la televisión o escuchado la radio, o por lo menos podrías haber leído el periódico que ni siquiera has ojeado. ¿Por qué estás perdiendo el tiempo?».

La mente te dará mil y una razones, pero si eres capaz de seguir escuchándola sin hacerle caso..., utilizará todo tipo de trucos: alucinará, soñará, le entrará sueño. Hará todo lo posible para impedirte que sigas simplemente sentado. Pero si continúas, si perseveras, un día saldrá el sol.

Un día ocurre: dejas de tener sueño, la mente se ha cansado de ti, se ha hartado de ti, ha renunciado a la idea de que puede atraparte, ¡no quiere saber nada más de ti! No tienes ganas de dormir, no tienes ninguna alucinación, ningún sueño, ningún pensamiento. Simplemente estás ahí sentado, sin hacer nada... y todo es silencio, todo es paz, todo es bendición. Te has adentrado en lo divino, te has adentrado en la verdad.

Puedes sentarte en cualquier lugar, pero sea lo que sea que estés mirando no debe ser demasiado excitante. Por ejemplo, las cosas no deben moverse mucho porque se convierten en una distracción. Puedes observar los árboles, esto no es un problema, porque no se mueven y la escena no cambia. Puedes observar el cielo o simplemente puedes sentarte en un rincón observando la pared.

En segundo lugar no mires a nada en particular, solo al vacío. Como tenemos ojos tenemos que mirar a algo, pero tú no estás mirando a nada en particular. No te enfoques ni te concentres en nada, que sea solo una imagen difusa. Eso relaja mucho.

Y en tercer lugar relaja tu respiración. Tú no hagas nada, deja que suceda, deja que sea natural, y eso te relajará aún más.

En cuarto lugar, permite que tu cuerpo permanezca tan inmóvil como sea posible. Primero encuentra una buena postura —puedes sentarte sobre un cojín, un colchón o en lo que más te apetezca—, pero una vez que estés asentado, permanece inmóvil, porque si el cuerpo no se mueve, la mente automáticamente se queda en silencio. Cuando el cuerpo está en movimiento la mente también se mueve, porque el cuerpo-mente no son dos cosas, sino una. Es la misma energía.

Al principio te parecerá un poco difícil, pero después de varios días lo disfrutarás enormemente. Verás que, poco a poco, cada capa de la mente empieza a caer. Llega un momento en el que simplemente estás ahí, sin mente.

SENTARSE EN SILENCIO SIN NINGÚN MOTIVO

Hay que aprender a no preocuparse tanto por el resultado, por el objetivo. Tendríamos que empezar a disfrutar del viaje mismo. Tendríamos que empezar a disfrutar de los árboles a un lado del camino, de los pájaros cantando, de la salida del sol, de las nubes flotando en el firmamento. Deberíamos movernos despacio, cada uno a su ritmo. No deberíamos competir con los demás porque todo el mundo tiene su propio ritmo natural y su propia personalidad única.

Por eso deberíamos escuchar nuestro propio corazón. Y no es difícil darse cuenta: si tienes prisa, estarás tenso. Esa tensión sirve para indicarnos, es una indicación de que estás haciendo algo en contra de tu naturaleza, de que te estás esforzando demasiado. Vete más despacio. Muévete de una forma más relajada, como si tuvieses a tu disposición todo el infinito. De hecho es así, el infinito entero está a tu disposición. Nosotros no nacemos en el momento de nuestro nacimiento, ni tampoco morimos con nuestra muerte. Somos eternos.

Solo podrás profundizar en la meditación si has entendido esto. Deberías olvidarte completamente de si está sucediendo algo o no. Deberías comenzar a disfrutar de sentarte en silencio, sin motivo alguno, solo respirando, siendo, escuchando a los pájaros u observando tu respiración. Poco a poco comenzará a surgir en tu ser una nueva fragancia. Esa fragancia, ese equilibrio, esa calma, esa tranquilidad, es la meditación. Es un regalo del más allá. Y siempre que alguien está listo sucede, es inevitable.

SENTADO EN UN AUTOBÚS O EN UN TREN

Estás usando la conciencia sin darte cuenta de ello, pero solo para las cosas externas. Es la misma conciencia que hay que utilizar para el tráfico interno. Cuando cierras los ojos, encuentras un tráfico de emociones, sueños, imaginaciones; empiezan a aparecer todo tipo de cosas.

Lo mismo que has estado haciendo hasta ahora en el mundo exterior, hazlo con el mundo interior y te convertirás en un testigo. Y una vez que lo hayas probado, la alegría de ser un testigo es tan grande, tan de otro mundo, que querrás ir cada vez más hacia dentro. Querrás hacerlo siempre que tengas tiempo.

Y no se trata de hacer ninguna postura, no se trata de ir a un templo, una iglesia o una sinagoga. Basta con cerrar los ojos cuando no tengas nada que hacer sentado en un autobús o en un tren. Esto evitará que tus ojos se cansen de mirar afuera, y tendrás tiempo suficiente para observarte a ti mismo. Y esos serán los momentos en los que tendrás las experiencias más bellas.

27

La risa como meditación

Aprende a reír. La seriedad es un pecado y una enfermedad. La risa tiene una enorme belleza y ligereza. Te hará sentir más ligero y te dará alas para volar.

La vida está llena de oportunidades de reír, solo necesitas tener sensibilidad para verlas. Y crea ocasiones para que los demás se rían. La risa debería ser una de las cualidades más apreciadas y valoradas de los seres humanos.

MEDITACIÓN DE LA RISA OSHO

Esta meditación te ayudará a empezar a disfrutar de las cosas pequeñas de la vida, como si fueras un niño, cristalino, como un espejo. La primera fase consiste en soltar risas y carcajadas, en la segunda etapa te enraízas; energetizado por este proceso, tu baile en la última etapa tendrá una cualidad diferente.

Esta meditación se puede hacer con la grabación específica de la Meditación de la Risa OSHO, que indica y apoya energéticamente las diferentes etapas. (Consulta más detalles en los recursos online al final del libro).

Instrucciones

Esta meditación dura una hora y tiene tres etapas. Permanece en tu espacio sin interactuar durante toda la meditación.

PRIMERA ETAPA: 20 MINUTOS

Sentado en silencio, con los ojos cerrados, empieza a sonreír en las mismas entrañas de tu ser, como si todo tu cuerpo estuviese soltando risitas y carcajadas. Empieza a balancearte con la risa y deja que esta se extienda desde tu vientre a todo el cuerpo: las manos se ríen, los pies se ríen. Ríete como un loco. Si surge una risa estruendosa, ruidosa, permítelo; si surge una risa silenciosa, deja que a ratos sea silenciosa y a ratos ruidosa, pero no dejes de reír.

SEGUNDA ETAPA: 20 MINUTOS

Acuéstate, extiéndete en el suelo bocabajo. Establece contacto con la tierra, con todo tu cuerpo acostado allí, y siente que la tierra es la madre y tú eres su hijo. Piérdete en esa sensación. Respira con la tierra, siéntete uno con la tierra.

TERCERA ETAPA: 20 MINUTOS

Ponte de pie y empieza a bailar. Energetizado por la tierra, dispondrás de tanta energía que tu baile tendrá una cualidad diferente. Solo baila, baila como quieras.

Guía adicional de Osho: Si hace calor, puedes hacerlo en el jardín, en la tierra, eso será lo mejor; si lo puedes hacer desnudo, mejor todavía. Toma contacto con la tierra, el cuerpo entero tumbado sobre ella. Venimos de la tierra y un día volveremos a ella.

Después de 20 minutos energetizado, baila durante otros veinte, baila como quieras; la tierra te habrá dando tanta energía que tu baile tendrá una cualidad diferente; pon música y baila.

Si resulta complicado, si hace frío, entonces puedes practicar la meditación dentro de tu habitación; cuando haga sol, hazlo fuera. Si el frío es intenso, tápate con una manta. Busca la manera, pero no dejes de hacerlo.

DESPIERTA, ESTÍRATE Y RÍE

Por la mañana, cuando sientas que el sueño se ha ido, no abras los ojos inmediatamente. La mente tiene tendencia a abrir los ojos inmediatamente. Estás perdiendo una gran oportunidad porque, cuando el sueño desaparece y las energías vitales están despiertas en tu interior, las puedes observar, y esa observación te resultará de gran ayuda para profundizar más en tu meditación.

Después de toda una noche de descanso, la mente está fresca, el cuerpo está fresco, todo está fresco, ligero. No hay polvo, no hay cansancio; puedes mirar de una forma profunda, penetrante. Tus ojos están más frescos; todo está más vivo. No desperdicies esos momentos. Cuando sientas que el sueño te ha abandonado, no abras de inmediato los ojos. Sigue dejándolos cerrados y siente la energía que ahora está cambiando del sueño al estado de despertar. Solo observa.

Podrías estar letárgico en ese momento, te gustaría darte la vuelta y volver a dormir, de modo que durante 3 minutos, con los ojos cerrados, estira tu cuerpo como un gato. Pero mantén los ojos cerrados; no los abras y no mires el cuerpo desde fuera. Mira el cuerpo desde dentro. Estírate, muévete, deja que fluya la energía del cuerpo y siéntelo. Cuando está fresco es bueno notarlo; la sensación te acompañará todo el día.

Hazlo durante 2 o 3 minutos, y si lo disfrutas, hazlo durante 5 minutos. Y luego ríete fuerte como un loco durante 2 o 3 minutos, pero con los ojos cerrados. No abras los ojos, ríete fuerte, pero mantenlos cerrados. Las energías están ahí, fluyendo; el cuerpo está despierto, está alerta y vivo. El sueño se ha ido. Tú estás lleno de una nueva energía, rebosante.

Lo primero que tienes que hacer al despertarte es reírte, porque marcará la tendencia de todo el día. Si lo haces, después de dos o tres días sentirás que durante toda la jornada tu humor sigue siendo reírte y disfrutar.

EMPIEZA A REÍR

La risa necesita de un gran aprendizaje y la risa es una gran medicina. Puede curar muchas de tus tensiones, ansiedades, preocupaciones; toda esa energía se puede convertir en risa.

Y no hace falta que sea una ocasión especial o que haya alguna razón. En mis campos de meditación solía utilizar la meditación de la risa:, la gente se sentaba y se empezaban a reír sin razón alguna. Al principio, se sentían un poco raros porque no tenían un motivo, pero cuando todo el mundo lo hacía, ellos también empezaban a hacerlo. Pronto todo el mundo estaba riéndose tanto que la gente estaba revolcándose por el suelo. Se reían de que hubiera mucha gente riéndose sin razón alguna; en efecto, no había ninguna, ni siquiera se había contado un chiste. Y continuaba en oleadas.

De modo que no hace ningún daño. Incluso sentado en tu habitación, cierra la puerta y durante una hora ríete.

SUELTA UNA BUENA CARCAJADA

Cuando te des cuenta de que estás serio, ríete de ello y mira dónde está esa seriedad. Ríete, suelta una buena carcajada, cierra los ojos y busca dónde está. No la encontrarás. Existe solo en aquel que no puede reír.

No se puede concebir una situación más desafortunada, no se puede concebir un ser más pobre que alguien que no se puede reír de sí mismo. De modo que empieza la mañana riéndote de ti mismo y siempre que encuentres un momento durante el día en el que no tengas nada que hacer, échate unas risas sin un motivo en particular; solo porque el mundo entero es tan absurdo, solo porque la manera de ser que tienes es tan absurda. No hace falta encontrar una razón en particular. Todo es tan absurdo que uno tiene que reírse.

Deja que la risa salga de tu vientre, que no sea algo mental. Uno puede reírse desde la cabeza; esa risa está muerta. Todo lo que viene de la cabeza está muerto; la cabeza es completamente mecánica. Te puedes reír desde la cabeza, entonces tu cabeza creará esa risa, pero no llegará hasta el fondo de tu vientre, al *hara*. No llegará hasta la punta de tus pies, no se extenderá a todo tu cuerpo.

Una risa auténtica tiene que ser como cuando se ríe un niño pequeño. Observa cómo se agita su vientre, todo su cuerpo está palpitando. Quiere revolcarse por el suelo; es una cuestión de totalidad. Se ríe tanto que empieza a llorar; se ríe tan profundamente que la risa le hace llorar, se le saltan las lágrimas. La risa debería ser profunda y total. Esta es la medicina que yo prescribo para la seriedad.

28

Hacer del sueño una meditación

Por la noche, Buda dormía solo de un lado. Ananda le preguntó un día: «Cada vez que me levanto por la noche siempre estás durmiendo del mismo lado. Ni siquiera se mueven tus manos, siempre están en la misma posición. ¿Tú duermes conscientemente? ¿No te relajas mientras duermes?».

Buda contestó: «Aquel que está despierto no duerme. Tiene que dormir conscientemente. Yo duermo, pero hay algo en mí que siempre está despierto porque si dentro no hay un estado de despertar, empiezas a soñar. Y si sigues soñando en tu interior, los pensamientos continuarán durante el día. Si uno no está despierto durante la noche, es difícil que esté despierto incluso durante el día. Estar despierto debería ser natural todo el tiempo: día y noche. Ese flujo interno de conciencia debería continuar».

Por eso, Buda dormía conscientemente incluso por la noche y mantenía sus manos en la misma posición. No permitía que entrara la inconsciencia ni siquiera durante el sueño.

DUÉRMETE MEDITATIVAMENTE

Hay una historia acerca del Buda Gautama. Todas las noches antes de irse a dormir, sus discípulos tenían que meditar, y era algo muy importante, porque si te puedes ir a dormir en silencio, con la mente en paz, ese espacio de silencio y paz continuará a lo largo de toda la noche; una sola hora de meditación antes de dormir se transforma en ocho horas de meditación.

Cualquiera que sea tu último pensamiento cuando te quedas dormido será tu primer pensamiento cuando te despiertes; puedes comprobarlo. Recuerda cuál fue tu último pensamiento y te asombrarás. Cuando comiences a sentir que te estás despertando, ese mismo pensamiento estará esperándote delante de tu puerta.

Esto significa que puedes usar seis u ocho horas del sueño de una manera sumamente creativa. Y lo más importante es irse a dormir y deslizarse en el sueño meditativamente. La meditación, poco a poco, se convierte en tu sueño, y entonces este se convierte en meditación. Y meditar durante ocho horas o seis horas va a cambiarte tanto y sin hacer ningún esfuerzo que te sorprenderás. No has hecho nada, pero has dejado de ser la persona que solía enfadarse por cualquier cosa, que solía sentir odio, que solía ser codiciosa, violenta, celosa, competitiva.

Todas estas cualidades negativas han desaparecido y no has hecho nada, simplemente has estado meditando antes de irte a dormir. Este es el mejor momento, porque durante el día no puedes dedicarle seis horas a la meditación, pero como de todas maneras tienes que dormir, ¿por qué no transformar tu sueño en meditación? Esa fue una gran contribución del Buda Gautama.

OBSERVA CÓMO VIENE Y SE VA EL SUEÑO

La meditación tiene que ser solo observación, así es posible mantenerla durante las veinticuatro horas del día. Incluso cuando te vas a dormir, observa. Hasta el último momento, cuando ves que ahora te estás quedando dormido, que la oscuridad va aumentando, que el cuerpo se está relajando y llega el momento cuando, de repente, pasas de la vigilia al sueño, observa ese momento. Y lo primero por la mañana, cuando estás tomando conciencia de que el sueño ha terminado, ponte inmediatamente a observar; pronto serás capaz de observar incluso mientras estás durmiendo. La observación se convertirá en una lámpara que sigue encendida día y noche en tu interior.

Esta es la única meditación auténtica. Todo lo demás que te han contado en nombre de la meditación son simplemente juguetes para jugar, para hacerte creer que estás haciendo algo espiritual. Con esta meditación te encontrarás con lo ineludible. Todo lo ilusorio desaparecerá.

DORMIR TOTALMENTE CONSCIENTE

Mi meditación no es algo que esté separado de la vida, sino algo que tiene que impregnar toda tu vida. Tiene que colorear toda tu vida. De modo que, hagas lo que hagas, ya sea hacer el amor, la meditación continúa. No la puedes dejar ni siquiera haciendo el amor. No es como unas gafas, ¡no te la puedes quitar! Es como tus ojos, siempre están ahí. No puedes quitártelos y volvértelos a poner.

Mi meditación es un método para ser consciente de todo lo que estás haciendo, pensando, sintiendo. Debes hacerte consciente en los tres niveles. Llega un momento incluso cuando vas a dormir... Incluso entonces, mientras estás sentado en la cama, siéntate con conciencia, acuéstate con conciencia. Espera al sueño, totalmente consciente: cuándo llega, cómo llega, cómo desciende lentamente sobre ti, cómo tu cuerpo empieza a relajarse, en qué puntos había tensión y cómo ahora ha desaparecido.

Llegará un día, con toda seguridad, en que el cuerpo se duerma y tu meditación siga estando como una llama en tu interior, encendida, totalmente consciente. Ahora puedes meditar incluso mientras duermes. De modo que cuando estás despierto ni se plantea; serás capaz de meditar, no tendrás ningún problema.

Y el hombre que puede meditar mientras está durmiendo será capaz de meditar cuando se esté muriendo, porque el proceso es el mismo. Igual que durante el sueño poco a poco sigues profundizando dentro de ti —el cuerpo queda a lo lejos, relajado, la mente se ralentiza, los pensamientos empiezan a desaparecer—, en el momento de la muerte sucede exactamente lo mismo. Un hombre que conoce la meditación nunca muere. Permanece vivo, consciente. La muerte está ocurriendo y él está allí.

SI PADECES DE INSOMNIO

Nota: Esta meditación es una adaptación de «El corazón en paz» (véase el capítulo 14: «Meditaciones del Corazón»)*; la técnica dice: «Cierra los ojos y percibe el espacio entre las dos axilas: la zona del corazón, del pecho. Primero pon toda tu atención y conciencia en sentir lo que hay entre las dos axilas. Olvídate del resto del cuerpo, fíjate solo en esa zona, en el pecho, y siente que se llena de una gran paz».*

Prueba esto. Siempre que puedas sentir la paz entre las dos axilas, llenándote, impregnando tu centro del corazón, el mundo parecerá ilusorio. Esto es una señal de que has entrado en meditación: cuando el mundo se siente y aparece como ilusorio. No pienses que el mundo es ilusorio, no hay necesidad de pensar eso: lo sentirás. De repente se le ocurrirá a tu mente: «¿Qué le ha sucedido al mundo?». De pronto, el mundo se ha vuelto como un sueño. Está ahí, una existencia como soñada, sin ninguna sustancia. Parece tan real..., igual que una película en la pantalla. Incluso aunque sea tridimensional. Parece algo, pero es una proyección. No es que el mundo sea una proyección, no es que sea realmente irreal; no. El mundo es real, pero tú creas la distancia, y la distancia se vuelve cada vez mayor. Y puedes saber si la distancia se está haciendo cada vez mayor, o no, sabiendo cómo sientes el mundo. Ese es el criterio. Se trata de un criterio meditativo. No es verdad que el mundo sea irreal; si el mundo se ha vuelto irreal, te has centrado en el ser. Ahora la superficie y tú estáis tan lejos que puedes mirar la superficie como si fuera algo objetivo, algo aparte de ti. No estás identificado.

Esta técnica es muy fácil y no te llevará mucho tiempo probarla. Con ella a veces sucede que incluso con el primer esfuerzo sentirás su belleza y su milagro.

Hazlo durante 10 minutos por la noche, antes de dormirte. Haz que el mundo sea irreal, y dormirás tan profundamente que puede que nunca antes hayas dormido así. Si el mundo se vuelve irreal justo antes de que te duermas, soñarás menos porque, si el mundo se ha vuelto un sueño, entonces los sueños no pueden continuar. Y si el mundo es irreal, estás totalmente relajado, porque la realidad del mundo no tendrá efecto sobre ti, no te golpeará.

He sugerido esta técnica a las personas que padecen de insomnio.

Ayuda muchísimo. Si el mundo es irreal, las tensiones se disuelven. Y si puedes salir de la periferia, ya has ido a un estado de sueño muy profundo: antes de conciliar el sueño, ya estás profundamente en él. Y, entonces, por la mañana es muy hermoso porque te sientes tan renovado, tan joven..., toda tu energía está vibrando. Esto ocurre porque estás volviendo a la periferia desde el centro.

OLVÍDATE DE DORMIR

Intenta una noche irte a dormir, haz un esfuerzo por dormirte, y se volverá cada vez más imposible. Todas las noches te duermes muy fácilmente. Si quieres tener insomnio, este es un método que no falla. Inténtalo, haz el esfuerzo para irte a dormir. Ponte a dar vueltas en la cama, toma largas respiraciones, cuenta ovejitas y haz footing en la habitación, date un baño y haz un poco de Meditación Trascendental. Y luego, naturalmente, te resultará imposible conciliar el sueño porque todas estas cosas serán molestias, distracciones. ¿Cómo vas a dormir? Si alguien te lo pregunta, ¿serías capaz de explicárselo? ¿Cómo lo consigues? Cada noche cuando te quedas dormido estás haciendo un milagro. Estás yendo de la acción a la no-acción. ¿Cómo lo consigues? ¿Existe algún arte? ¿Lo has aprendido? ¿En qué consiste el truco? Trata de pensar sobre ello y después no serás capaz de dormirte.

Si alguien te pregunta cómo te quedas dormido, no trates de encontrar la respuesta, si no sufrirás insomnio por eso cada día. La gente que sufre de insomnio solo necesita olvidarse de dormir; no hace falta preocuparse. Si no tienes sueño, sé feliz, disfruta, lee algo, escucha música, canta, baila, vete a dar un paseo. Eres más afortunado que la gente que está profundamente dormida y roncando. Pero olvídate del todo de dormir. Mira las estrellas, disfruta de las estrellas, siéntete más afortunado que otros, y te quedarás dormido sin esfuerzo alguno por tu parte. Pero no hagas ningún esfuerzo.

29

Cualquier cosa puede ser meditación

Cuando conseguimos desautomatizar nuestras actividades, la vida entera se convierte en meditación. Entonces cualquier cosa, por pequeña que sea —ducharse, comer, hablar con un amigo— se convierte en meditación.

Meditar es una cualidad y, por tanto, puede llevarse a cualquier cosa. No es un acto específico. La gente piensa que meditar es un acto específico, como sentarse de cara al este, repetir ciertos mantras, quemar incienso, hacer esto y aquello a una hora determinada de una forma específica y con un gesto especial. Meditar no tiene nada que ver con eso. Esas no son sino formas de automatizarla, mientras que la meditación va en contra de la automatización.

Por tanto, si te mantienes alerta, cualquier actividad es meditación.

TRABAJO FÍSICO O EJERCICIO

Para un meditador, el trabajo físico es de gran importancia y utilidad, no porque produzcas algo determinado con ello, sino porque, cuanto más implicado estés en algún tipo de trabajo, más centrada comenzará a estar tu conciencia. Empezará a descender de la mente. Y no es necesario que el trabajo sea productivo. También puede ser no productivo, puede ser simplemente ejercicio. Pero algún trabajo físico es absolutamente esencial para la habilidad del cuerpo, la alerta completa de la mente y el despertar absoluto del ser.

CORRER, HACER FOOTING Y NADAR

Es fácil y natural estar alerta mientras estás en movimiento. Cuando estás simplemente sentado, en silencio, lo natural es quedarse dormido. Cuando estás tumbado en la cama es muy difícil estar alerta porque toda la situación favorece que te quedes dormido. Pero cuando te estás moviendo, naturalmente no puedes quedarte dormido y funcionas de un modo más alerta. El único problema es que el movimiento puede convertirse en algo mecánico.

Aprende a integrar cuerpo, mente y alma. Encuentra la forma de actuar como una unidad.

Esto les ocurre a menudo a los corredores. Tal vez no creas que correr sea una meditación y, sin embargo, hay corredores que han tenido una extraordinaria experiencia meditativa. Y se llevaron una gran sorpresa porque no era eso lo que estaban buscando. ¿A quién se le puede ocurrir que un corredor pueda llegar a experimentar a Dios? Pero así ha ocurrido. Y ahora, y cada vez más, correr se está convirtiendo en un nuevo tipo de meditación. Te puede ocurrir mientras estás corriendo.

Si alguna vez has sido un corredor, y has disfrutado corriendo por la mañana temprano cuando el aire es fresco y renovado y el mundo entero está saliendo del sueño, despertando..., y tú estás corriendo y tu cuerpo funciona maravillosamente, el aire fresco, y un nuevo mundo renace de la oscuridad de la noche, y todo canta a tu alrededor, y te sientes tan vivo... Entonces llega un momento en el que el corredor desaparece y solamente queda el correr. El cuerpo, la mente y el alma empiezan a funcionar al unísono, y de pronto, se libera un orgasmo interior.

A veces los corredores llegan a experimentar el cuarto estado, *turiya*, accidentalmente a pesar de que no se hayan dado cuenta porque creerán que disfrutaron de ese momento solo porque estaban corriendo: porque era un día muy hermoso, que el cuerpo estaba sano y el mundo era bello, y que se trataba solo de un estado de ánimo. No se darán cuenta. Pero si se diesen cuenta, sé —por propia observación— que un corredor puede acercarse a la meditación más fácilmente que ninguna otra persona. Hacer footing o nadar puede ser de una inmensa ayuda. Todas estas cosas tienen que transformarse en meditación.

Empieza a correr por la mañana en la calle. Empieza con un kilómetro, y después dos kilómetros, y finalmente llega a cinco kilómetros por lo menos. Mientras corres, utiliza todo el cuerpo; no corras como si llevases puesta una camisa de fuerza. Corre como un niño pequeño, utilizando todo el cuerpo —las manos y los pies—, y corre. Respira profundamente desde el vientre. A continuación, siéntate bajo un árbol, descansa, suda y deja que llegue la brisa fresca; siéntete lleno de paz. Esto te ayudará profundamente.

Nunca te conviertas en un corredor experto; sigue siendo un simple aficionado para poder conservar ese alerta. Si en algún momento sientes que tu forma de correr se ha vuelto automática, déjalo; prueba con la natación. Si eso se vuelve automático, entonces prueba a bailar. Lo que tienes que recordar es que el movimiento es solo un estado para crear conciencia. Mientras cree conciencia, es bueno. Si deja de crear conciencia, entonces deja de tener ninguna utilidad. Cambia entonces a otro movimiento en el que nuevamente tengas que estar alerta. Nunca permitas que ninguna actividad se vuelva automática.

PON LOS PIES EN LA TIERRA

De vez en cuando ponte de pie descalzo con los pies en el suelo y siente el frescor, la suavidad, la calidez. Cualquier cosa que la tierra esté dispuesta a darte en ese momento, siéntelo y deja que fluya a través de ti. Y permite que también tu energía fluya a la tierra. Conéctate con la tierra.

Cuando estás conectado con la tierra, estás conectado con la vida. Si estás conectado con la tierra, estás conectado con tu cuerpo. Si estás conectado con la tierra, te volverás muy sensible y centrado; y eso es lo que hace falta.

CUANDO ESTÉS COMIENDO, COME

Si estás comiendo, deja que toda tu conciencia se convierta en el sabor o el olor. Olvídate de todo. Entonces hasta el pan más vulgar puede saber como el alimento más delicioso posible. Pero tú no estás presente...

Mira a la gente comiendo; está hablando, hay gente que está escuchando la radio o viendo la televisión. He oído que hay estadounidenses estúpidos que incluso ¡hacen el amor mientras ven la televisión! ¿Qué se puede decir acerca del comer? ¿Por qué perdérselo? Puedes hacer ambas cosas: puedes hacer el amor mientras ves la televisión. Ahora bien, ni estarás viendo la televisión ni estarás haciendo el amor; ni serás capaz de disfrutarlo, te perderás las dos actividades. Hay gente que no puede comer si no está acompañada, para hablar, chismorrear y discutir. Mientras hablas, simplemente sigues tragando; y tragar no es comer.

Comer debería ser meditativo, como una oración. Deberías ser más respetuoso con la comida porque es la vida, es el alimento. Y entonces, a partir de ahí, surgirán mil y un problemas. Mientras estás comiendo, te pones a leer el periódico o a discutir con tu mujer o a escuchar la radio o a ver la televisión o a hablar con un amigo o a coger el teléfono; te perderás todo el disfrute de comer. Comerás más porque tus papilas gustativas no se sentirán satisfechas ni contentas. Acumularás demasiada grasa en tu cuerpo. Entonces uno tiene que ponerse a dieta, empezar a ayunar, hacer naturopatía, todo ello seguido de un sinfín de tonterías. Pero lo que tendrías que haber hecho, desde el principio, era comer y nada más.

FUMAR

Un hombre vino a verme. Había sido un fumador empedernido durante treinta años, y ahora estaba enfermo y los médicos le habían dicho: «Nunca te curarás si no dejas de fumar». Pero como era fumador crónico no podía evitarlo. No es que no lo hubiese intentado. Lo había intentado, sí. Había hecho un gran esfuerzo y había sufrido mucho en el intento, pero solo lo lograba durante uno o dos días y después sentía unas ganas tan tremendas de fumar que empezaba de nuevo.

Por este hábito de fumar había perdido toda confianza en sí mismo. Sabía que no podía hacer una pequeña cosa: no podía dejar de fumar. Se había convertido en un ser despreciable ante sus propios ojos; se veía como la persona más despreciable del mundo. No tenía respeto hacia sí mismo. Vino a mí y me dijo:

—¿Qué puedo hacer? ¿Cómo puedo dejar de fumar?

—Nadie puede dejar de fumar —le dije—. Tienes que comprenderlo. De hecho, fumar no depende solo de tu decisión. Ha entrado en tu mundo de hábitos, ha echado raíces. Treinta años es mucho tiempo. Ha arraigado en tu cuerpo, en tu química; se ha esparcido por todo tu ser. No es algo que tu cabeza pueda decidir. Tu cabeza no puede hacer nada, la cabeza es impotente. Puede empezar cosas, pero no puede detenerlas tan fácilmente. Una vez que has empezado y lo has practicado tanto, eres un gran yogui. ¡Treinta años fumando! Ahora se ha convertido en algo automático; tendrás que desautomatizarlo.

—¿Qué quieres decir con desautomatizarlo? —preguntó entonces.

Y de eso es de lo que trata la meditación: de desautomatización.

—Haz una cosa: olvídate de dejarlo. Tampoco hay ninguna necesidad. Durante treinta años has fumado y has vivido. Desde luego, ha sido un sufrimiento, pero también te has acostumbrado a eso. Y ¿qué importa si te mueres unas horas antes de cuando te hubieras muerto sin fumar? ¿Qué vas a hacer aquí? ¿Qué has hecho? Entonces, ¿qué sentido tiene? ¿Qué importa si te mueres un lunes, un martes o un domingo, este año o el que viene? —le dije.

—Sí, es verdad; no importa.

—Pues olvídalo; no vamos a dejarlo en absoluto. Haremos algo mejor aún: vamos a entenderlo. Por tanto, la próxima vez conviértelo en una meditación.

—¿Fumar, una meditación?

—Sí, ¿por qué no? La gente zen puede hacer una meditación y una ceremonia del hecho de beber té. Fumar puede ser una meditación igual de bella.

—¿Qué estás diciendo? —Me miró encantado y, con renovada vitalidad, añadió—: ¿Meditación? Dime cómo. ¡Me muero de ganas de hacerlo!

—Haz una cosa: cuando saques el paquete de cigarrillos del bolsillo, hazlo lentamente. Disfrútalo, no hay ninguna prisa. Sé consciente, permanece alerta; date cuenta. Sácalo lentamente y con toda conciencia. A continuación, saca el cigarrillo del paquete con completa conciencia, lentamente, y no como antes, de forma apresurada, inconsciente y mecánica. Luego empieza a golpear ligeramente el cigarrillo sobre el paquete, pero estando muy alerta. Escucha el sonido, exactamente como hace la gente zen cuando el samovar empieza a cantar y el té empieza a hervir, y el aroma... Entonces huele el cigarrillo y aprecia su belleza...

—¿Qué estás diciendo? ¿Su belleza? —dijo él.

—Sí, es hermoso. El tabaco es tan divino como cualquier otra cosa. Huélelo; es el olor de Dios.

Parecía sorprendido, y dijo:

—¿Qué? ¿Estás bromeando?

—No, no estoy bromeando. Incluso cuando bromeo, no bromeo. Soy muy serio.

»Póntelo en la boca con absoluta conciencia, y enciéndelo con absoluta conciencia. Disfruta de cada acción, de cada pequeña acción, y divídelo en tantas acciones como te sea posible para que seas más y más consciente.

»Después aspira la primera bocanada: Dios en forma de humo. Los hindúes dicen: *Annam Brahm*, “El alimento de Dios”. ¿Por qué no el humo? Todo es Dios. Llena tus pulmones profundamente. Esto es *pranayama*. ¡Te estoy dando el nuevo yoga para la nueva era! Después, suelta el humo, relájate; otra bocanada y continúa así muy lentamente.

»Si lo puedes hacer te sorprenderás; pronto verás toda la estupidez que entraña. No porque otros hayan dicho que es estúpido; no porque otros hayan dicho que es malo. Lo verás tú mismo. Y ese darte cuenta no será solo intelectual; será una visión de todo tu ser, será una visión de tu totalidad. Y entonces si un día lo dejas, lo dejas; y si continúas, continúas. No tienes que preocuparte por ello.

Después de tres meses vino y me dijo:

—Lo he dejado.

—Ahora, inténtalo también con otras cosas —le dije.

Ese es el secreto, *el* secreto: desautomatizarte. Al caminar, camina despacio, observando. Al mirar, mira con atención, y te darás cuenta de que los árboles son más verdes que nunca y las rosas parecen más rosas de lo que habían sido hasta ahora. Alguien está hablando, cotilleando: escucha, escucha con atención. Cuando hables, habla con atención. Mientras estés despierto, deja que todas tus actividades se desautomaticen.

TRAE ALEGRÍA A CADA ACTO

Se alegre, como los pájaros temprano por la mañana. Deja que en tu interior haya siempre una canción, un murmullo, constante.

Tiene que convertirse en una corriente subterránea. Sigue haciendo lo que estés haciendo, pero deja que exista una corriente oculta de alegría. Todo lo demás cambiará, pero no dejes que cambie la alegría. Incluso si algunas veces en la superficie estás triste, deprimido, no te olvides de que en lo profundo existe una corriente que aun así está alegre, está dichosa.

Poco a poco esa conciencia transformará todo tu ser. La tristeza simplemente desaparecerá, lo negativo no está en absoluto, y con lo negativo lo positivo también desaparece. Entonces surge la verdadera alegría. Entonces no hay nadie que esté alegre sino solo un estado de alegría. No lo puedes llamar positivismo porque no hay contrario. Simplemente es, ni esto ni aquello; simplemente es. Ese ismo es Dios, y no hay otro Dios excepto este; todos los demás dioses son invenciones del hombre.

Busca y encuentra dicha, y uno no necesita ir a ningún lugar. Uno tiene que crear su disciplina interna. Así que si estás haciendo la comida, continúa haciendo la comida, pero deja que allí haya una canción, un zumbido; cocinar se tiene que convertir en un juego. Si estás limpiando el suelo, continúa limpiándolo, pero ¿por qué no zumbar, por qué no permanecer en un ritmo interno?

Trae alegría a cada acción y a cada actividad.

30

Los niños y la meditación

La meditación es una manera de entrar en ti mismo a una profundidad tal en la que los pensamientos no existen, así que no es un adoctrinamiento. No te enseña nada; de hecho, solamente te hace consciente de tu capacidad de ser sin pensamientos, de ser sin mente. Y el mejor momento para empezar es cuando el niño está todavía sin corromper.

LA MEDITACIÓN COMO UN JUEGO

Los niños pueden entrar en meditación con mucha facilidad; uno solo tiene que saber cómo ayudarles hacia esa dirección. No se les puede obligar; eso es imposible. Nadie puede imponer a nadie la meditación porque la coerción es violencia. ¿Cómo puede uno forzar la meditación? Llega cuando llega. Pero puedes persuadir.

Puedes invitar al niño con profundo respeto. Baila con él, canta con él, siéntate en silencio con él. Poco a poco comenzará a empaparse. Poco a poco empezará a disfrutar de este juego. Para él no supone un trabajo. Para él no supone algo serio; no debería serlo para nadie. Solo puede ser un juego. Así que ayúdale a jugar a la meditación. Deja que sea un juego. Conviértelo en un juego para él, y poco a poco comenzará a gustarle. Empezará a preguntarte: «¿Cuándo vamos a jugar a la meditación?». Y una vez que comienza a aprender las maneras del silencio, la meditación empezará a funcionar en él, y un día verás que ha profundizado más de lo que podrías haber esperado nunca. Por eso debes crear una atmósfera meditativa.

Solo tienes que persuadirle hacia la meditación. No tiene nada que ver con la ideología: cristiana, hindú, musulmana; todas carecen de importancia. Es más como el amor; es un sentimiento. Y si él aprende algo de ello, entonces empezará a crecer por su cuenta. Un día te estará agradecido porque tú le ayudaste. Ahora mismo no lo puede entender, así que toda la responsabilidad es tuya.

Mi observación es que si los adultos son un poco más meditativos, los niños se empapan de este espíritu con mucha facilidad. Son muy sensibles. Ellos aprenden lo que quiera que haya en el ambiente; aprenden la vibración.

HAZ RUIDO, QUÉDATE EN SILENCIO

Osho:

A mis hijos de seis y siete años les gusta hacer ruido y correr en el colegio, y yo no quiero obligarles a que se estén quietos en un sitio y en silencio.

Haz una cosa: cada día, por lo menos dos veces, dales 15 o 20 minutos para que enloquezcan, se vuelvan completamente locos y hagan lo que quieran: saltar, gritar y chillar. Veinte minutos por la mañana antes de que empieces tu clase. Tú también puedes participar, eso les gustará mucho; salta y participa con ellos, entonces se meterán a fondo. En el momento que vean que su profesor hace lo mismo, disfrutarán de todo el viaje. Bastará con 15 minutos. Diles que sean tan ruidosos como les sea posible y que pueden hacer todo lo que quieran. Después, diles que paren y durante 5 minutos se queden en silencio; esto supondrá para ellos una gran meditación.

Y si te parece que funciona, entonces hazlo otra vez en algún momento por la tarde antes de irse. En dos o tres meses verás un cambio increíble en los niños...

Su energía emocional reprimida tiene que ser liberada. De hecho, tienen mucha energía y, en cambio, les estamos obligando a sentarse, cosa que no pueden, ¡por eso están en ebullición! Encuentran cualquier ocasión para ponerse a hacer travesuras. Dales permiso, pruébalo. Será una gran ayuda, y verás: se volverán más inteligentes, su concentración mejorará, su capacidad de escuchar mejorará y entenderán mejor porque ya no se sentirán agobiados.

DEL GIBBERISH AL SILENCIO

Esta es una meditación que deja la mente más pura y fresca. Los niños y los profesores pueden intentarla juntos y también la pueden hacer en casa, pero no debe hacerse de forma obligatoria.

Osho sugirió esta meditación cuando un maestro le pidió una meditación adecuada para niños. Dispone de tres etapas para niños menores de doce años, y de cuatro etapas para niños mayores de doce años.

Instrucciones

Puedes hacer la meditación con cada etapa con una duración de 5 o de 10 minutos.

PRIMERA ETAPA:

Gibberish. Haz sonidos sin sentido y habla cualquier idioma que no conozcas. Tienes libertad total para gritar, chillar y expresar tus sentimientos.

SEGUNDA ETAPA:

Reír. Puedes reírte totalmente, sin ninguna razón en absoluto.

TERCERA ETAPA, EXTRA PARA AQUELLOS CON MÁS DE DOCE AÑOS:

Grita y llora sin ninguna razón, hasta quedarte a gusto.

ÚLTIMA ETAPA:

Túmbate, tranquilo y en silencio, como si estuvieses muerto, solo la respiración va y viene.

SIENTE QUE ERES UN ÁRBOL Y BALANCÉATE

Osho:

Tengo doce años, ¿puedo empezar a meditar?

Esta es la edad correcta en la que uno debería aprender a meditar, justo cuando te estás acercando a los catorce años. Tienes doce; estos dos años serán de inmenso valor para ti. Cada siete años la mente cambia. Tus catorce años serán un año de muchos cambios, de modo que si uno está listo, muchas cosas se vuelven posibles; si uno no está listo, uno se pierde el cambio. Y todo lo que es hermoso sucede siempre cuando estás en ese momento de cambio. A los siete años la infancia desaparece; a los catorce el adolescente desaparece, y a los veintiuno y a los veintiocho las cosas siguen cambiando. Cada siete años es un ciclo.

Así que empieza a meditar. Y la meditación quiere decir que cada vez que estés sentado en silencio, comienza a oscilar... Siente que eres un árbol y balancéate. Mientras te balanceas y te sientes como un árbol, desaparecerás como ser humano y esa desaparición es meditación. Hay mil y una maneras de desaparecer. Te estoy dando la más simple, y esa la puedes hacer muy fácilmente. Baila y desaparece en la danza, gira y desaparece en el giro. Trota, corre y desaparece en la carrera. Deja que el correr esté allí y olvídate de todo lo demás. Ese olvidarse es meditación, lo cual es posible a esta edad.

Luego hay diferentes puertas a la meditación que se vuelven posibles más adelante; pero para un niño, el hecho de olvidarse de uno mismo es meditación. Así que olvídate de ti mismo en cualquier cosa y verás cómo la meditación llega a ti.

BAILAR COMO UNA MEDITACIÓN

Véase Meditación Nataraj OSHO en el capítulo 8.

El niño puede entrar en la meditación a través de la danza muy fácilmente porque la danza no es algo antinatural, artificial; el hombre nace con facilidad para la danza. Como hemos dejado de bailar naturalmente, el cuerpo está sufriendo mucho. Hay algunas cosas que solo pueden suceder a través de la danza. De modo que ayuda a tu hijo a participar en las meditaciones con baile. Si él puede entrar en la danza, la meditación sucederá espontáneamente.

Recursos online

LA MÚSICA PARA LAS MEDITACIONES ACTIVAS OSHO®

Mucha de la música de las Meditaciones Activas OSHO ha sido compuesta bajo la dirección de Osho y con la instrucción de que, una vez terminada, la música deberá permanecer la misma y sin ningún tipo de cambios. La música de cada meditación en particular fue compuesta para esa meditación.

DÓNDE ENCONTRAR LA MÚSICA

La música para cada una de las Meditaciones Activas OSHO (OSHO Active Meditations) —incluyendo la Meditación Dinámica OSHO (OSHO Dynamic Meditation), la Meditación Kundalini OSHO (OSHO Kundalini Meditation), la Meditación Nataraj OSHO (OSHO Nataraj Meditation), la Meditación Nadabrahma OSHO (OSHO Nadabrahma Meditation) y otras— están disponibles, con sus nombres originales en inglés mostrados aquí arriba, de múltiples fuentes: en formato CD, descarga, o en formato *streaming*.

Los CD están disponibles en tiendas online autorizadas y minoristas como SILENZIO, Amazon, y otros; los formatos de descarga y streaming se pueden encontrar en Apple Music, Amazon, Spotify y muchas otras fuentes.

www.silenzio.com

INSTRUCCIONES EN VÍDEO

Una lista creciente de instrucciones en vídeo para las meditaciones descritas en este libro está disponible online:

Osho International YouTube Channel

OSHO INTERNATIONAL ONLINE ofrece programas y oportunidades para participar en vivo desde tu casa. Una variedad de cursos a tu disposición para aprender estas técnicas de meditación.

Todo sobre Osho

Tu enlace web más importante:
OSHO.com/es/AllAboutOSHO

Esta página web es un amplio portal de acceso a todo tipo de contenido OSHO, que incluye información sobre sus libros y sus técnicas de meditación, grabaciones de sus charlas y audio y vídeo, y un archivo de texto disponible para búsquedas con sus charlas en inglés y hindi. Aquí podrás encontrar aplicaciones para tu teléfono o suscribirte a el «no-pensamiento del día», sacar una carta o hacer una tirada con el OSHO Zen Tarot. Puedes suscribirte a un boletín regular de noticias o a la OSHO Radio o a la OSHO TV. Existe una tienda donde puedes encontrar la música de las Meditaciones Activas OSHO o música meditativa para escuchar.

Esta página se actualiza regularmente para informarte sobre el lanzamiento del libro más reciente o los nuevos artículos en la revista online OSHO Times. Se añaden regularmente nuevas funciones y extractos de las charlas de Osho que se refieren a las preguntas más comunes que tienen las personas acerca de Osho y su trabajo y ponen luz sobre los temas sociales y políticos y medioambientales más urgentes de nuestro tiempo.

Una sección completa está dedicada a las Meditaciones OSHO, con actualizaciones frecuentes y contenido de apoyo para aquellos que experimentan con estos métodos. Otra sección cubre los programas y los servicios ofrecidos en el OSHO Internacional Meditación Resort en Puna, India, en donde se puede tener una experiencia de inmersión en profundidad de un estilo de vida meditativo de acuerdo a la visión de Osho.

OSHO Internacional Online también ofrece un programa creciente de meditaciones online, cursos, grupos, Terapias Meditativas OSHO, sesiones individuales y otras oportunidades para aprender, todas desarrolladas para profundizar en tu ser y descubrirte a ti mismo.

Para contactar con OSHO INTERNATIONAL ONLINE:
www.osho.com/oshointernational,
oshointernational@oshointernational.com

Otros títulos de Osho en español sobre la meditación

EL LIBRO DE LOS SECRETOS

112 Meditaciones para descubrir tu misterio interior

Osho describe cada método desde todos los ángulos posibles y sugiere que si sientes afinidad con él pruebes con un método durante tres días. Si te parece que encaja y produce algún efecto en ti, continúa haciéndolo durante tres meses.

TÓNICO PARA EL ALMA

La meditación como primeros auxilios para el bienestar espiritual

Esta es una selección de métodos de conciencia y meditación extraídos de las charlas individuales de Osho con personas de todo el mundo. Incluye meditaciones, ejercicios de risa y respiración, vocalizaciones, visualizaciones, cánticos y otras cosas.

APRENDER A SILENCIAR LA MENTE

Un camino al bienestar a través de la meditación

La mente, dice Osho, tiene el potencial de ser tremendamente creativa al enfrentarse a los desafíos de la vida cotidiana. ¡Si hubiera alguna forma de desconectarla y permitirle descansar! La meditación es encontrar el interruptor que acalla la mente por medio de la comprensión, la observación y un sano sentido del humor.

EQUILIBRIO CUERPO-MENTE

Relajarse para aliviar las molestias relacionadas con el estrés y el dolor

Este libro es una gran ayuda para aprender a hablar con tu cuerpo, escucharlo, reconectar con él y comprender profundamente la unidad del cuerpo, la mente y el ser. El punto de partida más sencillo es tomar conciencia del cuerpo, dice Osho.

La Terapia Meditativa OSHO «Recordar el lenguaje olvidado de hablar con el Cuerpo-Mente OSHO» es una terapia Meditativa y proceso de relajación guiado parte del libro, está disponible en formato audio y se puede descargar online con un código que viene en las páginas finales del libro.

DE LA MEDICACIÓN A LA MEDITACIÓN

La meditación base de la salud física y psicológica

Osho solicitó que se hiciera esta compilación con sus percepciones acerca de lo que contribuye a crear un ser humano sano y completo. El libro incluye muchos de los métodos de meditación de Osho.

MINDFULNESS EN EL MUNDO MODERNO

¿Cómo hago de la meditación parte de mi vida cotidiana?

Osho nos ayuda a explorar los obstáculos, internos y externos, que nos impiden traer más conciencia a nuestra vida diaria. Él enfatiza que, mientras las técnicas pueden ser útiles para ayudarnos a señalar el camino, en sí mismas no son meditación. En su lugar, la meditación —o mindfulness— es en última instancia un estado del ser en el que somos capaces de ambos, acción y tranquilidad, trabajo y juego, y de estar totalmente presentes en cada momento de la vida tal como viene.

Acerca del autor

Osho desafía las clasificaciones. Sus miles de charlas lo cubren todo, desde la búsqueda individual del significado hasta los problemas sociales y políticos más urgentes a los que se enfrenta la sociedad en la actualidad. Los libros de Osho no han sido escritos, sino transcritos de las grabaciones de audio y vídeo de sus charlas extemporáneas ante audiencias internacionales. Tal como él lo expone: «Recordad: lo que os digo no solo es para vosotros..., estoy hablando también para las futuras generaciones». Osho ha sido descrito por el *Sunday Times* de Londres como uno de los «mil creadores del siglo XX» y por el autor estadounidense Tom Robbins como «el hombre más peligroso desde Jesucristo». El *Sunday Mid-Day* (India) ha destacado a Osho como una de las diez personas —junto con Gandhi, Nehru y Buda— que han cambiado el destino de la India. Con respecto a su propia obra, Osho declaró que está ayudando a crear las condiciones necesarias para el nacimiento de una nueva clase de seres humanos. Con frecuencia caracteriza a este nuevo ser humano como «Zorba el Buda», capaz tanto de disfrutar de los placeres terrenales de un Zorba el Griego, como de la serenidad silenciosa de un Gautama el Buda. Un tema principal en las charlas y meditaciones de Osho es una visión que abarca tanto la sabiduría eterna de todas las eras pasadas como el potencial más alto de la ciencia y la tecnología de hoy en día (y del mañana). Osho es conocido por su contribución revolucionaria a la ciencia de la transformación interna, con un enfoque en la meditación que reconoce el paso acelerado de la vida contemporánea. Sus Meditaciones Activas Osho están diseñadas para liberar primero las tensiones acumuladas del cuerpo y la mente, de tal manera que después sea más fácil emprender una experiencia de quietud y relajación libre de pensamientos en la vida diaria.

Una de sus obras autobiográficas disponible:

Autobiografía de un místico espiritualmente incorrecto, Barcelona, Kairós, 2001.

Osho International Meditation Resort

Ubicación: Situado a unos 160 kilómetros al sudeste de Bombay, en la moderna y floreciente ciudad de Pune (India), el Osho International Meditation Resort es un destino vacacional que marca la diferencia: el Resort de Meditación se extiende sobre unas 16 hectáreas de jardines espectaculares en una magnífica área residencial bordeada de árboles.

Originalidad: Cada año, el Resort de Meditación da la bienvenida a miles de personas provenientes de más de cien países. Este campus único ofrece la oportunidad de vivir una experiencia personal directa de una nueva forma de vida: con mayor sensibilización, relajación, celebración y creatividad. Existen gran variedad de programas durante todo el día y durante todo el año. ¡No hacer nada y simplemente relajarse es una de ellas!

Todos los programas se basan en la visión de Osho de «Zorba el Buda», una clase de ser humano cualitativamente diferente, capaz tanto de participar de manera creativa en la vida diaria como de relajarse en el silencio y la meditación.

Meditaciones: El programa diario completo de meditaciones para cada tipo de persona incluye métodos activos y pasivos, tradicionales y revolucionarios, y en particular las Meditaciones Activas OSHO®. Las meditaciones se llevan a cabo en lo que debe de ser la sala de meditación más grande del mundo: el Auditorio Osho.

Multiversidad: Las sesiones individuales, cursos y talleres lo cubren todo, desde las artes creativas hasta la salud holística, la transformación personal, las relaciones y la transición de la vida, el trabajo como meditación, las ciencias esotéricas, y el enfoque zen ante los deportes y la recreación. El secreto del éxito de la Multiversidad reside en el hecho de que todos sus programas se combinan con la meditación, la confirmación de que como seres humanos somos mucho más que la suma de nuestras partes.

Cocina: Diferentes áreas gastronómicas sirven deliciosa comida vegetariana occidental, asiática e hindú, en su mayoría preparada con ingredientes cultivados de forma orgánica especialmente para el Resort de Meditación. Los panes y pasteles se hornean en la panadería propia del centro.

Vida nocturna: Durante la noche tienen lugar diversos eventos, entre los cuales ¡bailar es el número uno de la lista! Otras actividades incluyen meditaciones con luna llena bajo las estrellas, espectáculos de variedades, interpretaciones musicales y meditaciones para la vida diaria. O simplemente puede disfrutar conociendo gente en el Café Plaza o caminar bajo la serenidad de la noche por los jardines de este escenario de cuento de hadas.

Instalaciones: En la Galería puede adquirir artículos de tocador y todo lo que precise para sus necesidades básicas. La Galería Multimedia vende una amplia gama de productos multimedia Osho. También dispone de un banco, una agencia de viajes y un Cibercafé en el campus. Para aquellos que disfrutan con las compras, Pune ofrece todas las opciones, desde los productos hindúes étnicos y tradicionales hasta todas las tiendas de marca mundiales.

Alojamiento: Puede elegir alojarse en las elegantes habitaciones de la Casa de Huéspedes de Osho o, para permanencias más largas, optar por uno de los paquetes del programa Living-in. Además, existe una abundante variedad de hoteles y apartamentos con servicios incluidos en los alrededores.

www.osho.com/meditationresort
www.osho.com/guesthouse
www.osho.com/livingin